IOD·创新引领

科技城市产业发展研究

IOD-Industrial Development Research of Innovation Oriented Tech Cities

鑫创科技·著

中国经济出版社
CHINA ECONOMIC PUBLISHING HOUSE
·北京·

图书在版编目（CIP）数据

IOD·创新引领．科技城市产业发展研究／鑫创科技著．--北京：中国经济出版社，2022.5
ISBN 978-7-5136-6856-9

Ⅰ．①I… Ⅱ．①鑫… Ⅲ．城市发展战略-研究
Ⅳ．①F291.1

中国版本图书馆 CIP 数据核字（2022）第 047100 号

选题策划　汪　京
责任编辑　葛　晶
责任印制　马小宾
封面设计　任燕飞

出版发行　中国经济出版社
印 刷 者　北京艾普海德印刷有限公司
经 销 者　各地新华书店
开　　本　710mm×1000mm　1/16
印　　张　19
字　　数　321 千字
版　　次　2022 年 5 月第 1 版
印　　次　2022 年 5 月第 1 次
定　　价　88.00 元
广告经营许可证　京西工商广字第 8179 号

中国经济出版社 **网址** www.economyph.com **社址** 北京市东城区安定门外大街 58 号 **邮编** 100011
本版图书如存在印装质量问题，请与本社销售中心联系调换（联系电话：010-57512564）

编委会

主　　编　陈立洋

编委会成员　梁　进　李森文　张其恩　张　华

创作团队　孟德建　雷玉茜　朱蓉蓉　葛　伟　李　端　段晨阳
陈　峥　徐光瑞　梁明淑　贾博文　王　栋

学术支持　中国国际贸易学会
中国国际工程咨询公司高技术咨询中心
清华大学五道口金融学院
中外企业家联合会科技创新专委会

PREFACE
序

当前，国际形势错综复杂，新冠肺炎疫情反复，经济增长基础尚不牢固。面对来势迅猛的新冠肺炎疫情，我国充分发挥党的集中统一领导这一最大的政治优势和“集中力量办大事”这一显著的制度优势，率先实现了疫情的有效控制，经济率先实现“V型”反转并稳步复苏，2020年国内生产总值超过100万亿元，比上年增长2.3%，成为全球唯一实现经济正增长的主要经济体。

2021年是中国共产党建党100周年，是“十四五”规划开局之年，也是我国进入新发展阶段、构建新发展格局的起步之年。站在重要的历史交汇点上，“国家‘十四五’规划和2035年远景目标纲要”为我国开启全面建设社会主义现代化国家新征程绘制了宏伟蓝图。

面对新发展形势、立足新发展阶段，国家提出要坚定不移贯彻创新、协调、绿色、开放、共享的新发展理念，加快构建以国内大循环为主体、国内国际双循环相互促进的新发展格局。在今后五年、十五年国民经济和社会发展的过程中，我国将“坚持创新驱动发展”“深入实施制造强国战略”“重点发展数字经济”等，同时“要将常住人口城镇化率提高到65%，发展壮大城市群和都市圈，深入推进以人为核心的新型城镇化战略”。在新发展格局下，“中国式增长”的逻辑已经从要素驱动、投资驱动转向创新驱动。我们看到，我国的城镇化进程已走向高质量发展阶段，科技创新被提升到前所未有的高度，已成为驱动区域经济增长的核心力量。如何把握好城市发展与科技创新之间的关系，产城企业需要更多的思考与实践。

为推动科技创新与新型城镇化深度融合，让创新成为城市发展的主动力，加速释放城市发展新动能，为地方经济发展贡献增量效益，鑫苑集团从2016年开始就思考如何助力我国的新型城镇化建设和创新能力提升。为此，我们携手清华大学五道口金融学院和中国国际工程咨询公司高技术咨询中心等国家级智库平台持续开展理论研究，并结合鑫苑的产城业务不断进行探索和实践。多年来，鑫苑集团持续加大在科技领域的投入，不仅培育出人工智能、金融科技等领域的高科技企业，还不断加大在产城开发、城市运营领域的投资力度。作为鑫苑集团投资的科技城市运营商，鑫创科技深耕产城运营，坚持“科技服务城市发展、城市带动科技应用、科技与城市智慧融合”的开发理念，构建了“海外创新中心—科技加速器—国内科技城市”的全球协同创新网络，提供科技城市规划—投资—建设—招商—运营一体化服务，具备科技园区、科技小镇全链条的闭环服务能力，打造可持续发展的创新型城市。

鑫创科技确立的科技城市发展模式（Innovation Oriented Development，简称“IOD”），是以创新为主动力的区域经济发展模式，是解决城市群和都市圈产业、人才、技术、资本与城市融合发展的有效路径，并在实践中不断得到验证。目前，鑫创科技已经在英国、美国、爱尔兰、日本、新加坡、以色列等全球创新高地设立了海外科技中心，国内主要布局在京津冀、粤港澳大湾区、长江经济带、成渝城市群、中原城市群等区域的核心城市，事业版图已遍布北京、上海、天津、广东、浙江、山东、湖北、河南、四川和云南等地，并已在上海、郑州、佛山、湖州、大连等地成功落地科技城市产品。鑫创科技牢牢把握国家创新驱动发展战略和新型城镇化进程的“两新”机遇，以“科技赋能城市发展、创新助力产业升级”为使命，秉承“共生共赢、合作分享”的企业文化精神，致力于成为中国领先的科技城市运营商，做中国产业升级与城市高质量发展的时间合伙人。

本书是继《IOD · 创新引领　科技城市发展模式研究》和《IOD · 创新引领　科技城市实践与能力评价》出版后的第三本专著，是针对 IOD 模式持续研究的成果。在前两本书的研究基础上，本书深化了 IOD 模式的理论体系，重点针对科技城市产业发展进行深入研究，通过分析全国 33 个重点城市的产业发展成效，并结合企业在打造科技城市过程中的实践经验，总结出科技城市产业发展实现路径。在深入剖析典型科技城市产业发展案例和具体实践基础上，根据国家“十四五”规划和科技产业最新发展趋势，提出科技产业发展的重点方向。本书是鑫苑在产城运营领域理论与实践相结合的重要成果之一，期望有持续的研究成果输出，能够为地方发展高科技、培育新产业乃至建设创新型城市贡献绵薄之力。

2022 年是鑫苑集团成立 25 周年，回望过去，无论身处行业顺境还是波动周期，鑫苑人始终心怀“创享城市智慧家园”的发展使命，在创新探索中与时俱进，锐意前行，坚持以高品质产品和服务反哺社会。从郑州到全国，从全国到世界，正是创新的勇气和坚持铺就了鑫苑脚下宽广的道路。未来，鑫苑将不断强化科技服务内核，积极探索和形成多元协同的业务能力，致力于成为“国际化科技地产生态的引领者”，为构建新发展格局，推动以人为核心的新型城镇化建设贡献更多鑫苑方案和鑫苑智慧。

鑫苑集团董事长　张勇

2022 年 1 月 30 日

CONTENTS

目 录

第一章 IOD模式基础理论与创新实践

IOD模式，即科技城市发展模式，因其具有创新发展、持续演进等特性，业界对其内涵、特征、构成要素等基本理论体系尚未达成共识，结合区域经济发展实践案例，深入研究国内外创新型城市的发展历程与特点，有助于我们不断加深对IOD模式的理解和认知。本章基于已有研究，归纳并进一步深化了IOD模式的内涵、特征和构成要素，介绍和分析了国内外政府和机构在科技创新助力区域发展方面的实践做法和先进经验。

第一节　内涵与特征

一、内涵

城市发展经历了不同的发展模式，有学者将这些城市发展模式总结为XOD模式，即以城市经济、社会、生态等为导向的城市开发模式①。XOD模式主要包括IOD（创新导向）、TOD（交通导向）、SOD（公共服务设施导向）、AOD（规划理性预期导向）、EOD（生态保护环境治理导向）等。其中，以公共交通为导向的TOD模式是近现代城市发展模式的主导模式，以交通半径定义城市边界，推动了城市从点状分布向圈层分布的大都市圈形态发展。

（一）IOD模式产生及定义

随着城市交通网络和城际网络的逐步完善，交通对城市发展的边际效应逐步递减，创新将成为城市变革的主要推动力，创新能力决定了城市的繁荣程度，从而产生了以创新为导向的城市发展新模式。特别是，随着中国经济发展步入新常态、中国城镇化进入以人为核心的新型城镇化，依靠传统要素驱动、投资驱动的增长模式已难以为继，升级到创新驱动型增长模式已刻不容缓。科技城市发展模式（Innovation Oriented Development，IOD）是以创新为主动力的区域经济发展模式，是解决城市群和都市圈产业、人才、技术、资本与城市融合发展的有效路径。城市开发模式对比见表1-1。

① 王国平．浅论XOD+PPP模式［N］．中国城市报，2017-08-07（023）．

表 1-1　城市开发模式对比

模式	模式导向	概念对比
IOD	创新导向	以创新为主动力的区域经济发展模式，是解决城市群和都市圈产业、人才、技术、资本与城市融合发展的有效路径
TOD	交通导向	对轨道交通（地铁、城际铁路）站点周围进行开发，将交通和城市发展紧密结合，形成一体化社区
SOD	公共服务设施导向	通过完善大型公共服务设施配置，为物质生产流通等创造条件，提升新区功能，导入人口，带动城市整体发展①
AOD	规划理性预期导向	通过预先发布规划公开信息，来激发、引导市场力量进行先期的相关投入，以尽快形成与规划目标相一致的外围环境和所需氛围②
EOD	生态保护环境治理导向	强调生态建设在城市建设中的引领作用，解决城市发展与环境保护之间的矛盾，实现人与自然的和谐统一

资料来源：鑫创科技产业研究院整理。

（二）IOD 模式内涵及意义

IOD 模式内涵是以科技创新为引领，以打造产业聚集、生态宜居、充满活力的城市空间为目标，最终形成技术、人才、资本、机制、载体、文化、配套等创新要素融合的科技城市生态系统。从 IOD 模式与科技城市的关系来看，IOD 模式是区域经济发展模式，科技城市是 IOD 模式的落地形态。只要是一定区域内涵盖产、城、人、文一体化发展的形态，且创新在区域发展中起到绝对主导作用，都可以认为是 IOD 模式下的科技城市形态。根据这一基本理念，小到产业园区、特色小镇，大到开发区，甚至是我们比较熟悉的符合行政区划的城市，都可以纳入潜在的科技城市范畴。

IOD 模式与我们所熟知的城市发展模式不同，是包含技术创新、机制创新、模式创新、管理创新、组织创新等全方位创新的城市发展模式。区域协同方面，IOD 既可以应用于城市的行政区，也可以应用在城市的某个独立区域，融合产业园区、创新街区、生活社区等功能，实现区域自身成长，并带动区域周边共生共长。经济发展方面，IOD 通过构建国际创新型产业生态和吸引高端科技人才来促进城市产业转型升级和科技水平提升，从而引领城市经济实现高质量发展。创新发展方面，IOD 要让地处全球不同国家、地域的

① 赵庆国．尊重规律开放合作促进都市圈高质量发展［N］．中国改革报，2019.

② 顾翠红，魏清泉．城市住区开发区位选择过程中的多方博弈及规划引导［J］．热带地理，2008（5）.

创新要素汇聚起来，使用互联网、信息通信技术的力量让所有人都参与创新，利用各种技术手段，让知识和创新共享和扩散。

IOD 模式将城市从传统依靠要素驱动、投资驱动的增长模式升级到创新驱动型增长模式，其将成为我国新型城镇化和经济高质量发展的新动能，以及未来全球城市发展的主导模式。目前，国内外对于 IOD 相关的研究虽然不多，但提出了“创新型城市”“全球城市”“全球科技创新中心”等概念。上述这些概念都承认了科技在城市发展中的核心作用，提出未来城市将是“全球创新要素的集聚之地”“全球科技创新的重要枢纽节点”“在全球资源配置特别是科技资源配置中处于重要支配或引领地位”。具体来看，IOD 模式在新型城镇化和创新驱动发展战略引导下，推动科技与城市的智慧融合，造福居民美好生活；通过国际协同创新深度融入全球开放性创新网络，持续驱动科技场景迭代应用，系统构建创新型产业生态圈；是城市迭代升级的一种新型城市综合开发和持续运营模式。

二、特征

作为一种新型城市形态，科技城市具有强烈的时代特征。随着新一轮技术革命在全球的扩张，特别是大量高新技术企业的兴起和产业集聚，新时期的科技城市成为以高新技术产业为主，同时拥有生活、服务等城市配套功能的全新城市。世界上代表性的科技城市包括韩国大田、美国得克萨斯州首府奥斯汀、加拿大渥太华等。通过研究这些创新型科技城市的发展历程及特点可以发现，典型的科技城市具有创新性、系统性、内生性、开放性、集聚性和可持续性六大特征。①

（一）创新性

科技城市是一个国家或地区甚至全球的新知识、新产品和新技术的产生中心，是科技创新机构集聚、创新活动发生频繁的区域，同时，其创新文化发达、创新氛围浓郁，因而创新性是其最根本的特征。这种创新性主要表现为城市发展观念的创新和发展模式的创新，包括科学技术创新、制度创新、管理创新、商业模式创新、业态创新和文化创新。其中，科学技术创新是科

---

① 鑫创科技. IOD · 创新引领 科技城市实践与能力评价［M］. 北京：中国经济出版社，2020.

技城市创新的重点领域。

（二）系统性

科技城市是一个多层次、多功能、多目标的立体动态系统，由各种资源在空间上集聚、在时间上协调运转而建立。科技城市的社会经济系统是由众多子系统构成的，包括城市创新、城市管理、城市环境、城市交通、城市生产、城市消费等子系统。各子系统之间彼此影响、互相协调，既存在产业链条的直接关联，又存在人脉和关系网络，共同保持着科技城市系统的稳定有序运行。

（三）内生性

科技城市的发展模式，主要是依托于自身的资源和能力而形成的“内生式发展模式”，即由城市内部的发展动力来推动科技城市发展。这些内生要素包括人力资本、社会资本、文化资本、智力资本、环境资本、自然资本和城市资本等，能够帮助科技城市建立起以自身科创资源为基础、以科技创新为强大驱动力的城市经济发展模式。

（四）开放性

科技城市的科技创新主体除了本地的企业、高校与研究机构外，还拥有大量慕名而来的域外乃至国际级的公司和研发机构。在全球化及市场充分竞争的背景下，科技城市必须坚持不断扩大开放，吸取国际优质科创资源和力量，让技术、人才、知识、资本、数据及先进管理经验等要素快速流动起来，从而保持同步甚至领先的创新力。

（五）集聚性

随着科技城市的逐步发展，其影响力和吸引力不断增加，越来越多的政府、高校、研发机构、科技人才、研发配套设备及生产性服务等科创资源向城市内集聚。因此，科创资源的集聚是科技城市的重要特征之一。多领域的科技产业集群，同步带动了各行业的科技人才的集聚，而专业创新人才之间的交流和思想碰撞又会进一步激发他们的创新热情，加速新创意、新技术、新产品的产生。

（六）可持续性

科技城市作为 IOD 模式的落地形态，具有可持续发展的特征。一是经济可持续，科技城市能创造稳定的就业岗位和财富产出；二是社会可持续，能够确保社会的和谐稳定；三是环境可持续，会建立起绿色环保、协调稳定的生态系统；四是生活可持续，会发展健康有活力的城市精神文明和文化事业；五是治理可持续，由政府和城市主体共同制定城市发展的决策。

科技城市的可持续性，既是核心特征，也是发展目标。科技城市的可持续发展需要科技作为支撑。科技进步有助于推动城市节能降耗，实现社会、环境、治理等可持续发展。可以说，科技创新是科技城市可持续发展的技术保障。

第二节　构成要素

哈坎森（Hakansson）（1987）提出，网络创新模式包括行为主体、活动的发生和资源三个基本要素①，而活动的发生和资源可通过环境来反映。基于此，可认为全球协同创新驱动的科技城市的创新系统由主体要素和环境要素组成。其中，主体要素由企业、高校及科研机构、政府、金融机构以及科技中介机构等与创新相关的要素组成，环境要素由宏观经济、市场、政策和基础设施等构成。在创新过程中，各要素之间相互支持、相互影响，共同促进创新系统不断优化。

一、科技创新主体要素

（一）企业

企业是城市创新的重要载体。在科技城市创新系统中，以主导企业为核心，由合作伙伴、供应商和经销商等构成的支撑企业和辅助企业所组成的企

① Hakonsson H. Industrial technological development: A network approach [M]. London: Routledge, 1987.

业集群，共同成为科技创新的主体之一。

值得注意的是，企业创新不仅是技术创新，更是一个系统工程，是涉及企业战略、机制、流程、人才与文化建设等方面的创新。清华大学技术创新研究中心主任、经济管理学院教授陈劲认为，“创新必须重视科研，但是创新不能只有科研或者只有技术。创新缺乏长期规划，研发创新体系管理不当，人才与文化建设没有跟上都是大问题。帮助企业理解创新，帮助企业战略与创新对接，帮助企业设计和研发创新体系，是非常重要的”。① “十四五”规划纲要中不仅专门用一章“提升企业技术创新能力”来集中描述企业创新，致力于形成以企业为主体、市场为导向、产学研用深度融合的技术创新体系，而且将企业创新融入其他章节中，如强调依法保护企业家的创新收益，建立健全高等院校、科研机构、企业间创新资源自由有序流动机制。

进入21世纪，企业创新模式逐渐从封闭式创新、开放式创新升级到嵌入/共生式创新。其中，封闭式创新局限于企业内部，强调建立内设研发机构进行自研，创新驱动力来自需求与科研的“双螺旋”作用；开放式创新广泛获取来自企业外部的创新源，强调产学研协同，即政府、企业、大学与科研院所的“三螺旋”作用；而嵌入/共生式创新的企业创新行为更加重视资源整合与共生发展，进一步体现为产学研用的“共生”关系，以及政府、企业、大学与科研院所和用户的“四螺旋”作用，其中用户体验是核心部分。

我国的海尔公司已步入嵌入式创新阶段。海尔打破原来的科层管理结构，在与用户交互的过程中，整合大量创新、创业团队及全球研发人员等资源，构建了“10+N”开放式创新生态体系，其中10代表在全球的十大研发中心，N代表根据用户痛点随时并联的N个创新中心和逾万人的创新合伙人专家社群。同时，海尔把传统的瀑布式研发颠覆为迭代式研发，创新的理念从产品的迭代转变为用户体验的迭代（见图1-1）。“无尘”洗衣机、“烤熟不烤干”的透明屏射频烤箱、海尔星盒、空气魔方、无压缩机酒柜等智能家居产品就是开放式创新的产品。其中“空气魔方”的研发团队来自全球8个国家的内外部专家，在研发阶段与全球超980万各类用户交互意见，利用大数据分析筛出122个产品痛点，最终实现加湿、除湿、净化、香薰等多模块的自由组合。

① 李艳．企业创新，仅研发新技术还远远不够［N］．科技日报，2018-07-09.

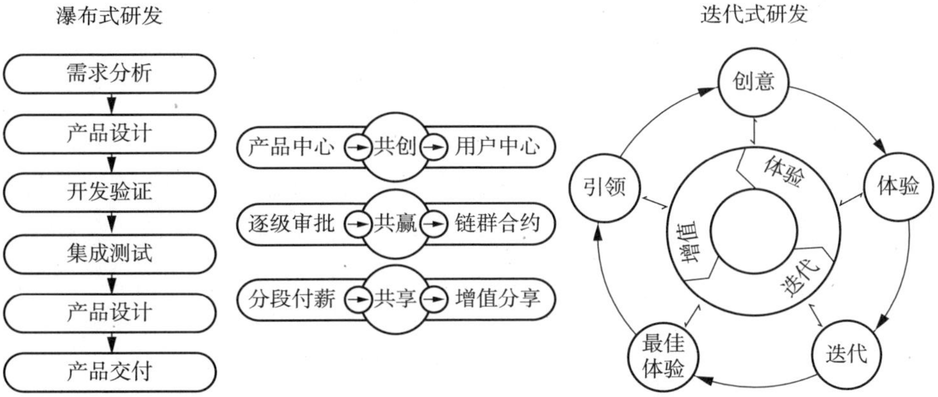

图 1-1 海尔研发模式从瀑布式研发转变为迭代式研发

资料来源：海尔官网。

（二）高校及科研机构

高校与科研机构是知识创新的主导机构，也是科技创新成果产出的源头。高校与科研机构承担着两项主要职责：一是通过专业教育来实现知识的产生和扩散，利用知识获得解决问题的方法，从而加强城市管理、促进城市高质量发展；二是通过培训、咨询等途径提供创新的经验知识，培养技术人才，成为科技城市的创新源头和人才宝库。创新型高校是最重要的知识创新主体。科研机构包括独立法人科研机构和企业研发机构两类，其中企业研发机构本质上是企业的一个职能部门，其从事的科技创新活动主要服务于企业的技术和产品创新需求；独立法人科研机构的功能主要包括科学研究、成果转化和文化创新。

“十四五”期间国家支持发展新型研究型大学、新型研发机构等新型创新主体，新型研发机构是投入主体多元化、管理制度现代化、运行机制市场化、用人机制灵活化的独立法人机构。深圳清华大学研究院作为我国第一家新型研发机构，建立之初就采用企业化方式运作，实行理事会领导下的院长负责制，并有着鲜明的产学研结合导向。研究院提出了著名的“四不像”理论，在高校与企业之间、科研成果和市场产品之间搭建起一座桥梁，通过 20 余载累计孵化企业 1500 余家，培养上市公司 20 余家。2021 年 5 月，教育部公布首批 12 家未来技术学院名单，瞄准未来 10~15 年的前沿性、革命性、颠覆性技术，着力培养具有前瞻性、能够引领未来发展的技术创新领军人才，推动从“中国制造”到“中国创造”的转型升级。

当前，促进高校及科研机构科技成果向市场转化已成为我国创新驱动发展的关键任务。在国家科技成果转化“三部曲”和地方成果转化条例的出台及各级政府的大力推动下，高校及科研机构科技成果转化取得了实际成效。成果转化典型成功案例层出不穷、多元转化模式不断涌现、全过程转化链条不断完善、转移转化组织机制日趋成熟。下一步，如何切实把成果转化的思想融入政府决策中，把成果转化的导向根植到实际研发中，把成果转化的服务覆盖到创新全链条中，是当前深度落实国家科技成果转化“三部曲”的核心与关键。

合理设计高校知识产权管理和转移转化部门的职能与权限，是推动高校科技成果转移转化的重要一环。发达国家高校通过设立“技术转移办公室”（Technology Transfer Office，TTO）来开展技术转移转化工作，作为推进科技成果转化的主要手段。20 世纪 80 年代以来，以斯坦福大学等为代表的高校技术转移办公室，在知识产权规划与管理、科技成果转移转化等方面发挥了巨大作用。

（三）政府

政府作为城市的设计者和管理者，是促进创新的润滑剂和推动器。一方面，政府作为创新主体之一，为适应经济社会发展需求，需不断推进自身变革；另一方面，政府作为制度供给主体和主要创新投入者，为其他创新主体的创新提供制度保障和资金支持。政府以产业政策服务于城市的技术创新系统，以科技政策服务于城市的知识创新系统，以金融政策服务于投融资系统，以科技扶持政策服务于科技成果转移转化，以文创政策服务于城市精神文明发展，引导社会文化发展方向。

从世界范围看，硅谷的诞生和发展、纽约和伦敦由国际经济中心向科技创新中心转型、慕尼黑由传统工业向智能工业升级，以及印度班加罗尔等创新城市的兴起，政府均扮演了重要的角色。一是政府是科技创新的直接投入者；二是政府制定发展规划蓝图，是推动科技创新发展的必要力量；三是政府作为创新优惠政策和法律法规的制定者，是保护创新投入及产出的重要支撑。

从全国范围看，深圳国资委成为各地国资委争相学习的标杆。深圳国资委参考新加坡淡马锡国资运作模式，不直接参与入股企业的经营投资，充分尊重企业自身管理运作，通过董事会聘请职业经理人来管理公司。此外，深圳国资委的运作模式不是传统的自上而下而是自下而上倒推出来的，比如深投控聚焦科技金融领域正是在探索过程中逐渐形成的，而不是由早期的顶层设计决定的。其他城市都在学习深圳并开发属于自己的“国资委模式”，比如茅台背后的贵州国资委结合当地优势产业进行资产升级，京东方背后的安徽国资委、格力背后的珠海国资委等根据城市产业升级需求不断优化产业结构。

（四）金融机构

金融机构和资本市场的支持为创新成果最终实现产业化提供了资本保障，有利于促进城市的科技创新和经济增长。金融机构对本地企业、高校及科研院所进行贷款或投资，建立机构间合作网络，能够强力支持其科技创新活动，提高科技城市的知识和技术储备。

科技创新各阶段存在的风险各不相同，需要金融机构提供有针对性的金融支持。科技创新前段的基础研究和应用基础研究是以政府财政支持为主，科技创新后段的商业化阶段以企业投资和银行支持为主，中段的小试、中试以及应用研发则同时需要企业、风险投资、政府资金等多方支持。因此，为了实现科技城市的建立和发展，应大力创新金融机构管理体制，积极设立各类创新发展基金，努力完善创投市场。

着重发挥金融功能支持科技创新，一直以来都是欧美等国推动科技发展的重要举措。早在 20 世纪，欧洲一些国家以及美国、日本、韩国、以色列等国就开始从政府引导、银行业务创新、资本市场建设以及风险投资发展等多个维度，对科技创新给予大力扶持。

第一，科技银行是银行业务创新的典型案例。不同于一般的商业银行，科技银行只服务于科技型中小企业，主要为企业的技术转移、产品研发、试验等具有创新内涵的业务提供融资服务。最具代表性的科技银行是 1983 年成立的美国硅谷银行。硅谷银行具有清晰的战略定位，重点支持生命科学、计算机、软件等领域的科技型企业，持续进行金融创新来控制风险和损失，例如重点支持获得风投资金支持的企业，提供知识产权质押贷款，针对不同发展阶段的企业提供差异化的金融产品等。我国通过建立科技银行、鼓励银行科技小额贷款业务、设立北京中关村示范区等系列科技金融试点工作，开启了科技金融服务的创新发展之路。

第二，多层次资本市场有助于满足不同投融资企业的资本需求。美国资本市场是世界上规模最大、层次最丰富的市场，各种类型的科技型企业几乎都能获得融资支持，为美国成为世界技术创新中心提供了重要支撑。被誉为“美国新经济的摇篮”的纳斯达克市场，包括全球精选市场、全球市场和资本市场三个层次，吸引了美国90%以上具有高成长性的企业在此上市，对促进美国IT、软件、生物等新兴技术的发展产生了巨大作用。我国已初步形成了由场内交易市场和场外交易市场构成的多层次资本市场，其中场内市场包含主板、中小板、创业板和科创板，场外市场包括全国中小企业股份转让系统（新三板）、区域性股权交易市场和券商OTC市场（见图1-2）。

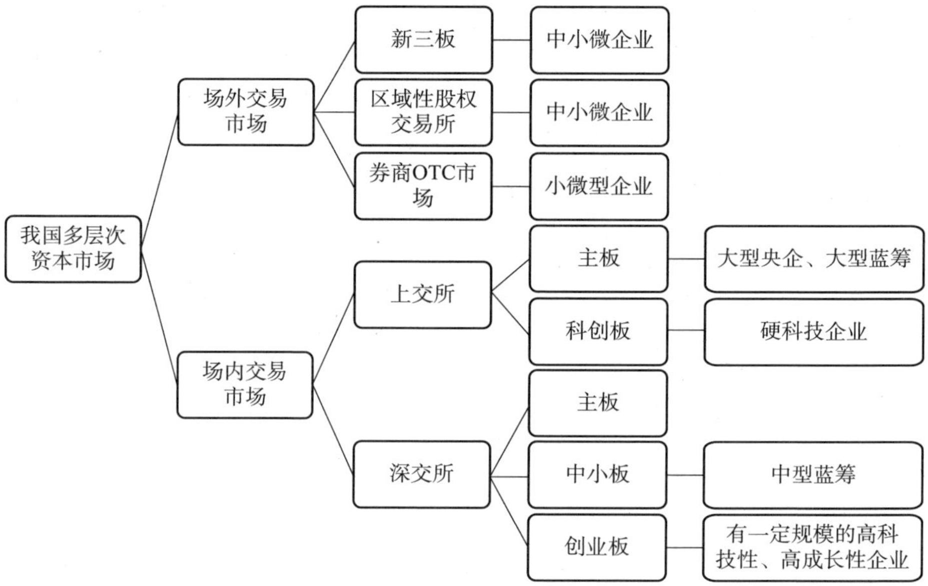

图1-2　我国多层次资本市场

资料来源：鑫创科技产业研究院整理。

第三，风险投资是资本市场的有益补充，具有促进科技创新行为、完善资本市场结构的功能。根据Crunchbase的预测，2010—2019年，全球风险投资交易额超1.5万亿美元。美国风险投资融资额长期保持全球第一，连续三年超1000亿美元，政府推出小企业投资计划、信用担保等多种政策和计划来推进风险投资市场的发展，但并不出手直接干预，是典型的“官助民营”模式。以色列作为全球另一个风险投资的中心，将风投作为推进国家经济改革的重要途径，人均风投额超美国，位列世界第一。我国的风险投资行业经过十几年的飞速发展，已稳居世界第二大风投市场，风投资本占全球比重翻了三倍以上。其中，我国的互联网等相关产业已获得较多风投，医疗保健、生命科技、教育、人工智能和其他应用范围较广的科技创新将持续吸引大量风投资金。

（五）科技中介机构

科技中介机构作为科技城市的重要创新主体之一，面向社会提供技术传播、科研成果评估和转化、科技资源配置、创新策略和管理咨询等专业化服务，是桥接科技城市创新其他主体的纽带，是优化创新资源配置的助推器，使创新资源溢出和流动更便捷。

科技中介机构包括三大类功能主体：一是直接帮助创新主体进行技术创新的机构，主要包括生产力促进机构、创业服务机构、工程技术研究中心等；二是向创新主体提供科技、管控、市场等咨询服务的机构，主要包括各类科学技术咨询和评估机构、科技项目招投标机构、知识产权机构等；三是促进科创资源合理配置的机构，包括技术转化机构、人才中介机构、科技产权交易机构等。

德国是依托科技中介服务机构进行科技成果转化的代表国家之一，中介服务机构帮助各行业的中小企业与高校共同开展研发活动，促进科技成果尽快在市场中得以应用。德国的科技中介机构种类多、服务范围大，主要包括评估和监管科技项目、信息咨询、职业培训、技术转移等。比较著名的科技中介机构有德国联邦工业合作研究会、SIGNO 技术平台、“史太白”（Steinbeis）技术转移中心等。

我国科技中介服务机构近年来发展迅速，但在技术、信息、市场及运作模式上，与欧美国家相比仍存在较大差距，无法满足我国科技事业快速发展的需要。一是科技中介服务机构中，私营性质的较少，官办性质的较多。官办科技中介服务机构由政府管理并提供拨款，市场化程度较低，未能建立现代企业制度，同时利用政府权力垄断行业资源，形成与私营科技中介服务机构的不公平竞争，造成资源配置不合理。二是科技中介服务机构的专业人才极度缺乏。在我国绝大部分科技中介服务机构中，员工大多学历较低，工作经验较少，距离高素质复合型人才的差距较大。三是与科技中介服务相关的法律法规不健全，行业协会作用未充分发挥。目前，我国尚未出台规范科技中介运营的专门性法律，缺乏行业准入标准和资质认证，使得我国科技中介服务机构良莠不齐，服务不规范，收费不合理。我国科技中介行业协会因行政独立性较差以及协会组织结构、员工素质等方面的问题，未能充分发挥促进各创新主体之间交流与合作的作用。

二、科技创新环境要素

（一）基础设施

基础设施指应用于创新及其相关活动的硬环境，既包括电力、土地、医疗等传统基础设施，也包括信息基础设施、融合基础设施、创新基础设施等新型基础设施。传统基础设施和新型基础设施共同为新知识、新技术的产生和外溢提供了基本的物质保障。

（二）制度环境

科技创新活动所必需的制度环境，不仅包括国家对创新系统建立和完善所设计的政策和规则，如知识产权保护、法律法规等正式制度，还包括基于地域特征所具有的非正式制度，如社会准则、价值观、风俗习惯等非正式制度。此外，必须要有规范化和适宜的制度，以平衡各方利益，从而消除交流障碍。同时，政府可以通过对集体行为的规范和合作报酬机制的设定平衡企业间的利益，达到企业间在合作中的互惠互利。①制度环境作为标准化结构和游戏规则的制定者，使合作、知识溢出和转移更方便。

（三）市场环境

市场环境是整个科技城市创新系统的基础支撑，对整个城市经济体系的有效运行起到关键的作用，包括要素市场环境和产品市场环境两个因素。垄断会使企业缺乏有效威胁，难以激发其创新的动力；而分散过度又会使竞争缺乏效率。因此，需要塑造适宜创新的市场环境，如建立动态竞争型市场结构，消除行政垄断；维护适宜的市场集中度，减少低水平竞争，最终形成优胜劣汰的市场机制，让市场成为科技创新的检验场。

（四）城市宏观经济基础

城市的宏观经济表现决定了城市科技创新系统的发展阶段和发展进程，对城市科技创新系统的发展和演化具有重要的作用。城市宏观经济发展水平

---

① 孙红兵．城市创新系统的动力、能力和绩效研究［D］．昆明：昆明理工大学，2011.

是过去长期创新和产业发展的结果，并不是当期创新直接的绩效。一个城市的经济社会发展水平越高，所能提供的创新资源就会越多，支撑城市创新的能力就越强；创新能力的提高反过来又会促进城市经济社会的发展，这是一个良性循环的反馈过程。

第三节　创新实践

从世界范围来看，欧、美、日等全球领先国家和地区以及包括我国在内的不少新兴经济体，都在积极打造适应本地区发展的创新生态体系。科技创新和产业发展是现代化城市发展的核心，无论是发达国家还是新兴经济体，都为加速本国科技创新和产业创新制定了系列创新举措。

一、国际实践篇

为全面提升本国科技和产业核心竞争力，抢占未来竞争制高点，发达国家和地区已探索建立了以新型创新载体为关键节点的协同创新网络和科技/产业创新生态系统。美国政府先后投资建设了 14 家制造业创新中心；英国政府近年来创建了 11 个“弹射中心”；德国弗劳恩霍夫应用研究促进协会已成为目前世界上最高效的技术转移源泉之一；法国“卡诺研究院网络”已成为法国国家科技创新体系的重要组成部分和欧洲最重要的应用型科研机构组织体系。①

（一）从美国“国家制造业创新网络”到“美国制造”计划

2012 年，美国政府宣布由联邦政府投资 10 亿美元打造一个由全国范围内相互联系的制造业创新中心组成的“国家制造业创新网络”（NNMI），旨在打通基础研究和产业化链条，解决基础研究和商业化之间“死亡之谷”问题，提升美国制造业创新能力，激发美国经济新活力。2014 年“国家制造业创新网络”计划正式启动，2016 年更名为“美国制造”计划（Manufacturing USA）。

① 工科所．主要发达国家创新载体运营研究［J］．工业科技研究，2017（12）．

1. 功能定位

创新中心的主要作用是解决基础研究和市场化之间的隔阂，促进科技成果转化和市场化应用。创新中心定位为全球领先的区域性技术中心和服务中心，向本地初创企业和中小企业开放共享设施，帮助其开发新技术，加快技术成果转移转化。同时，创新中心也作为"教学工厂"提供劳动技能培训。[①]

2. 建设成效

该计划通过16个制造业创新机构及其赞助的联邦机构促进相关技术协同发展，成员组织达1900余个。2020年吸引了4.25亿美元资金，支持开展了500余项重大应用研发项目，涉及2000多家企业，为7万余人提供了先进制造人才开发和培训。

3. 聚焦领域

美国"国家制造业创新网络"实施期间，创新中心聚焦于起步阶段到商业化之前的创新活动，主要聚焦制造过程、先进材料、使能技术等领域。与"国家制造业创新网络"强调提升制造业创新能力不同，"美国制造"计划更强调技术创新的商业化，如通过创新实现本土化制造，满足军民融合等重大战略需求，利用科研机构平台打造创新生态。"美国制造"计划希望构建一个政产学研共同参与的创新生态系统，使创新技术的鉴别和路线选择更符合市场需求。

4. 资金来源

创新中心的资金采用联邦政府投入与配套资金相结合的方式，联邦政府的投资比重不高于50%。联邦政府投入资金主要用于创新中心成立初期（7年以内）的实物产品投资，如设备采购和载体购置等。随着创新中心运营逐渐成熟，创新中心将通过收取会费、提供收费服务、提供合同研究或产品试制、收取IP使用费等多种灵活方式来自主筹措资金，实现创新中心的可持续发展。

（二）英国"弹射中心"

2008年全球金融危机后，经济低迷的英国将科技创新作为实现经济复苏的主要出路。2010年10月，英国首相卡梅伦宣布，英国政府将投资2亿英镑

① 工科所．主要发达国家创新载体运营研究［J］．工业科技研究，2017（12）．

建立一系列“弹射中心”（Catapult Centres），旨在促进科技成果转化，加快打造科技与经济紧密结合的科技创新体系。弹射中心采取“政府+企业”的管理模式，政府部门负责监管和设定目标，企业负责独立运营。每个弹射中心都是非营利性独立法人实体，其董事会以及执行管理团队负责自主运营。弹射中心特别重视通过 IP 转移或授权的形式推动其研发成果产业化。

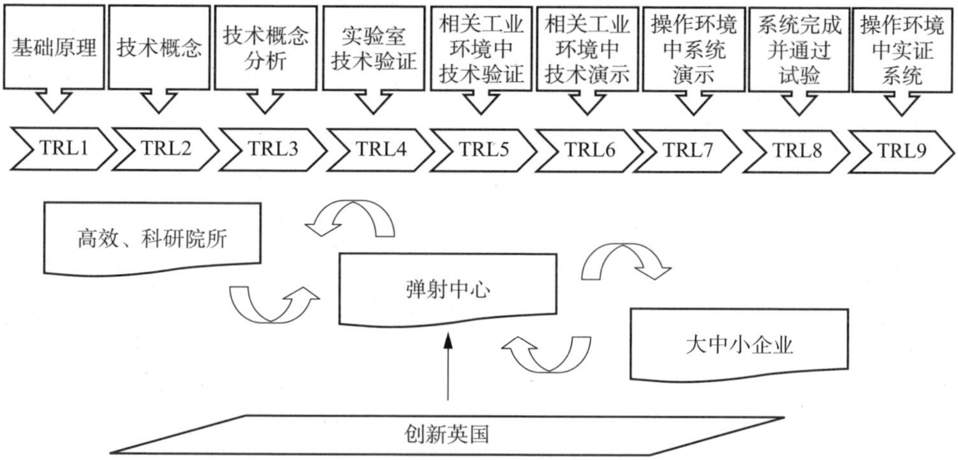

图 1-3　基于技术成熟度的弹射中心组织定位

资料来源：工科所．主要发达国家创新载体运营研究［J］．工业科技研究，2017（4）.

1. 功能定位

弹射中心拥有先进技术和装备，定位于消除科技成果与产业化之间的鸿沟，解决技术成熟度（Technology Readiness Level，TRL）4～6 级进度的问题（见图 1-3）。弹射中心通过整合现有创新资源来促进科技成果转移转化。弹射中心承担着五项主要任务：一是使其成为世界领先的科研中心；二是促进企业获得世界领先的知识和技术；三是与企业协同研发应用项目，满足企业需求；四是举办创新活动，推动企业与科研机构的需求对接和协同发展；五是提供多层次技能培训，提高企业和科研机构雇员的技能水平。

2. 建设成效

目前已建成 11 个弹射中心。自 2013 年至 2019 年 6 月，各“弹射中心”累计参与了 2260 项学术合作项目和 12379 项产业合作项目，管理价值超过 10 亿英镑的研究项目和示范项目，参与了 491 项国际项目，支持了 4389 家中小企业发展，2019 年该计划参与人员达 4100 人。

3. 聚焦领域

弹射中心重点发展新兴技术领域，目前已在 9 个重点领域 30 多个城市建立弹射中心，重点领域包括细胞与基因疗法、化合物半导体应用、物联网、数字化、能源系统、高价值制造、医药研发、海洋可再生能源、卫星应用等。

4. 资金来源

弹射中心的资金主要来自企业合同收入、公共或私营机构资助的合作研发收入以及政府补助投资，三类资金比重大致相当。企业合同研究资金和合作研发项目资金是竞争性收入，主要用于人力成本和启动项目。政府补助投资的资金主要用于基建和设备购置，每年对每个弹射中心投入 500 万～1000 万英镑，投资周期不超过 10 年。

（三）德国弗劳恩霍夫应用研究促进协会

德国弗劳恩霍夫应用研究促进协会（FHG）成立于 1949 年，是德国四大主要科研机构之一，也是欧洲最大的从事应用研究的科研机构。

1. 功能定位

FHG 协会承担着五项主要任务：一是应用技术研发，包括样品的开发和优化、生产工艺的开发与优化等。二是促进科技成果产业化，包括新技术推广，产品中式及规模化生产的技术支持。三是提供检验检测、认证等服务。四是为政府和企业提供技术和信息咨询服务，包括技术评估、可行性报告、产业发展分析等。五是服务中小企业，包括为中小企业开发新技术新产品、提供融资服务等。

2. 聚焦领域

FHG 协会研究活动聚焦旨在解决未来需求的七个战略领域，包括生物经济、数字医疗、人工智能、下一代计算、量子技术、资源效率和气候技术、氢技术。

3. 建设成效

截至 2019 年底，FHG 协会在德国国内拥有 74 个研究所和独立研究机构以及 27988 名科研人员和工程师，年度科研经费达 28 亿欧元。FHG 协会一直是德国和欧洲最活跃的专利申请者之一，2018 年申请专利 612 件，2019 年申请专利 623 件，相当于每个工作日都有两个以上的专利申请。

4. 资金来源

与英国弹射中心相似，FHG 协会的资金来源也主要来自企业合同收入、政府或私营机构资助的研究项目收入及德国各级政府赞助三个渠道。前两个渠道的资金为“竞争性资金”，约占资金总额的 70%，主要用于产业应用研究，为企业提供技改、产品开发或生产管理等科研服务。最后一个渠道的资金是“非竞争性资金”，约占资金总额的 30%，德国联邦教育及研究部（BMBF）与各州政府按 9∶1 的比例承担该笔费用，主要用于支持未来科技产业发展的前瞻性研究和基础研究。

（四）法国“卡诺研究院网络”

20 世纪七八十年代，在法国经济增速逐渐放缓的情况下，法国政府开始重视推动产学研合作。2006 年，法国政府发布《研究法案》（*Law for Research*）并发起卡诺计划（Carnot Initiative），力图减少公共科研机构与产业界的隔阂，加快技术创新与成果转化。卡诺计划将符合标准的法国公共科研机构纳入体系，逐步形成了卡诺研究院网络。现在，卡诺研究院网络已成为法国国家科技创新体系的重要一环，也是欧洲影响力较大的应用型科研机构体系。

1. 功能定位

卡诺研究院网络的主要功能定位是促进公共科研机构与企业合作，加快先进创新成果到企业转化的进程。卡诺负有三大任务：一是为企业提供技术支持；二是为企业提供专利申报、成本核算等专业服务；三是形成内部网络结构，便于按企业需求调动跨学科的研发资源。

2. 聚焦领域

为解决法国当前面临的能源短缺、公共卫生服务不足和通信技术相对落后等问题，卡诺主要聚焦能源和交通、环境、化工、医疗服务和营养健康、信息通信技术以及软科学等应用型领域。

3. 建设成效

目前卡诺由法国境内的 39 家卡诺研究院组成，主要是法国知名的高校实验室和国家科学研究院系统（CNRS）等公共科研机构。卡诺会集了 18%的法国公共实验室工作人员（3 万名研究人员、9600 名博士），承担了 50%的法国公共实验室和工业界之间的合同研发项目。

4. 资金来源

卡诺的研究资金有三大来源渠道：一是政府和企业合作研发项目的合同收入。二是直属上级机构的拨款，卡诺研究院都是来自现有的公共科研机构，因此可以从直属上级部门继续获得资金拨款。三是来自卡诺研究院网络的管理机构——法国科研署的资金支持，每年对整个卡诺研究院网络的支持力度可达上亿欧元。为了鼓励卡诺研究院支持产业发展，法国科研署分配的资金与企业合同收入密切相关，为上一年合同收入的 20%，如果合同收入主要来自中小型企业，那么该资金配比最高达 30%。

二、国内实践篇

在总结借鉴国际领先科技城市发展经验的基础上，结合区域发展战略和产业发展规律，我国也开展了一系列创新性的科技城市发展模式探索。例如，在产学研协同创新方面，提出了制造业创新中心建设工程；在区域城市协同发展方面，相继提出了“一带一路”建设、京津冀协同发展、长江经济带发展、粤港澳大湾区建设、长三角一体化、黄河流域生态保护和高质量发展等区域的国家级重大战略；在创新空间方面，推进载体多元化发展，如经开区、高新区、自贸试验区、国别园、大学科技园、特色小镇、创新综合体等。

（一）产学研协同创新

2016 年，我国政府提出实施制造业创新中心建设工程，要求围绕重点行业转型升级和新一代信息技术、智能制造、增材制造、新材料、生物医药等领域创新发展的重大共性需求，形成一批制造业创新中心，重点开展行业基础和共性关键技术研发、成果产业化、人才培训等工作。经过四年时间的探索，创新中心建设稳步推进，国家先后出台了《制造业创新中心建设工程实施指南（2016—2020 年）》（以下简称《实施指南》）、《关于推进制造业创新中心建设，完善国家制造业创新体系的指导意见》（以下简称《指导意见》）、《省级制造业创新中心升级为国家制造业创新中心条件》（以下简称《升级条件》）等指导性文件，创新中心建设的顶层设计和政策体系逐步完善。

《升级条件》明确了国家制造业创新中心建设领域，提出了 22 个未来创新中心重点建设升级的领域，具体如下：一是战略必争领域，包括新一代信息光电子、印刷及柔性显示、机器人、轻量化材料及成型技术与装备、燃气轮机、高档数控机床、稀土功能材料、传感器、集成电路先进工艺、工业信息安全、先进复合材料等领域；二是竞争优势领域，包括智能语音、石墨烯、深远海海洋工程装备等领域；三是深化两化融合领域，包括数字化设计与制造、智能网联汽车、工业云制造、工业大数据等领域；四是民生保障领域，包括高性能医疗器械、资源循环利用、医药高端制剂与绿色制药、先进功能纤维等领域。

建设制造业创新中心旨在聚集产业创新资源，发挥已有各类创新载体的作用，瞄准制造业创新链和供应链的薄弱环节及共性难题，促进科技成果转移扩散和首次商业化，最终形成以制造业创新中心为核心节点的制造业创新体系，支撑我国制造强国建设。自 2016 年第一个国家制造业创新中心——国家汽车动力电池创新中心组建以来，截至 2020 年 5 月，工信部已批准成立 16 个国家制造业创新中心。

（二）区域协同发展

“十四五”规划纲要明确推动共建“一带一路”高质量发展，深入实施五大国内区域重大战略，深入推进西部大开发、东北全面振兴、中部地区崛起、东部率先发展的区域协调发展战略。整体来看，“一带一路”更侧重于国际合作，五大国内区域发展战略都有“发展”和“互联互通”等核心主题，但又各有侧重。

“一带一路”是“丝绸之路经济带”和“21 世纪海上丝绸之路”的简称。2013 年 11 月，党的十八届三中全会将“一带一路”上升为国家战略。合作伙伴稳步增加，截至 2020 年底，已与 138 个国家、31 个国际组织签署 203 份“一带一路”合作文件。经贸合作持续深化，2020 年我国企业对 58 个沿线国家直接投资 178 亿美元，同比增长 18%；在沿线国家完成对外承包工程营业额 911 亿美元，占同期总额的 58%；与沿线国家货物贸易达 1.4 万亿美元，占同期总额的 29%。

“京津冀协同发展”最早由习近平总书记于 2014 年 2 月提出。2015 年 4 月，政治局会议审议通过《京津冀协同发展规划纲要》，标志着准备一年多的京津冀战略顶层规划出炉，并自此进入实质落地时期。其主要目的是疏解非首都核心功能，主要聚焦疏解北京非首都核心功能、调整优化城市布局和空间结构、构建现代化交通网络系统、扩大环境容量生态空间四个方面。

“长江经济带”发端于 20 世纪 80 年代提出的“长江产业密集带”的概念。2014 年 9 月国务院印发《关于依托黄金水道推动长江经济带发展的指导意见》，“长江经济带”作为重大战略在国家层面得以正式确立；2016 年 9 月

《长江经济带发展规划纲要》正式印发。长江经济带跨越中国11个省（直辖市），以全国1/5的土地面积贡献了全国2/5以上的经济总量，依托长江黄金水道，通过长三角、长江中游和成渝三大城市群的优势互补、协同发展，带动区域整体发展。

粤港澳大湾区包括香港、澳门和广东的九个市（广州、深圳、珠海、东莞、惠州、中山、佛山、肇庆、江门）。从经济基础看，大湾区覆盖全国经济最发达的珠三角城市群，不到1%的土地和5%的人口创造了全国13%的经济体量，同时坐拥全球最大的海港群和空港群，战略提出之际便对标三大世界级湾区，增长潜力巨大。目前以港珠澳大桥为代表的基础设施互联互通，已经取得了一定成效，未来在产业升级上，除了目前的优势产业制造业，还将向服务业等附加值更高的产业迁徙，增长潜力巨大。

长三角是我国经济最发达、人口最集中、区域消费能力最强的地区，其地理范围到2018年确定为三省一市。作为“一带一路”与长江经济带的重要交汇地带，在国家现代化建设大局和全方位开放格局中具有举足轻重的战略地位。2018年11月，国家主席习近平在首届中国国际进口博览会开幕式上提出，支持长江三角洲区域一体化发展并上升为国家战略；2019年12月国务院印发《长江三角洲区域一体化发展规划纲要》。

黄河流域流经9个省市，面积接近80万平方公里，2019年人口3.24亿，是我国重要的生态屏障和经济带。2019年，黄河流域生态保护和高质量发展上升为重大国家战略，2020年8月政治局会议审议《黄河流域生态保护和高质量发展规划纲要》，为实施该战略提供了决策方向。

（三）创新空间多元化发展

1. 经开区和高新区

经济技术开发区是中国最早在沿海开放城市设立的以发展知识密集型和技术密集型工业为主的特定区域，后来在全国范围内设立。经开区既着眼于产业发展的规律，又着眼于区域发展规律。截至目前，经国务院批准建设的国家级经开区共218家，2019年实现地区生产总值10.5万亿元，同比增长10.3%，增速高于全国平均增速4.2个百分点；每万人发明专利拥有量为94件，是全国平均水平的7.1倍。

高新技术产业开发区指建立发展高新技术的产业开发区，更多着眼于产业发展规律。高新区在发展初期需要政府的扶持，科技部对于“高新区”的介入甚至都细化到了产业的指导目录。截至目前，经国务院批准建设的国家高新区达 169 家，集聚了近 2 万家创新载体、全国一半的孵化器和众创空间；2019 年共实现生产总值 12.2 万亿元，占全国的 12.3%，聚集了 8.1 万家高新技术企业，占全国的 35.9%。

一般而言，一个城市先有“经开区”后有“高新区”，经开区主要承担迅速做大经济总量的任务，而高新区承担的是发展新兴产业、优化产业结构的任务。但随着中国经济全面步入新发展阶段，很难再把两者严格区分开来，走向融合、走向统筹发展是发展趋势。截至 2019 年初，全国至少有 12 个经开区和高新区进行了不同程度的合并，包括：上海高新区和浦东区合并，广州开发区、高新区、出口加工区和保税区四区合一，重庆高新区与经开区合并到北部新区等。

另外，随着我国持续扩大开发，国际间经贸关系更加紧密，一批新型园区——国际产业合作园逐步在对外开放程度较高、营商环境较好的经开区或高新区内建立起来。目前已有 19 个省市建设了国际合作园区，浙江省 19 家园区截至 2019 年底已引进 400 余个项目、投资额超 80 亿美元。合作园的建设大都以两国政府或省级政府的合作为基础，在政府国际合作平台的支持下开展工作。通过两国政府、园区、企业三层次的合作，在区内实现两国间产能分工合作和高端项目集聚。

2. 自由贸易试验区

自由贸易试验区（Pilot Free Trade Zone，PFTZ）是指在主权国家或地区的关境以内划出特定区域，提供比世贸组织有关规定更加优惠的贸易和投资政策，准许外国商品豁免关税自由进出。截至 2020 年底，我国先后批准设立了 21 个自贸区，所涵盖的省市 GDP 总量占全国的 88%，人口占全国的 83%，形成了全国布局协调、陆海统筹的开放格局，启动了我国新一轮对外开放格局。自贸区虽然处于不同发展阶段，但总体上看，各自贸区的目标产业集聚度不断提高，围绕产业链上下游创新成果丰富，对周边辐射带动效果明显。

3. 大学科技园

大学科技园的核心理念是服务于大学科技成果转化和科技企业孵化。1951 年，美国斯坦福大学建立了世界上第一个大学科技园——斯坦福研究园，即现在的硅谷。从此，大学科技园在世界各地生根发芽，快速发展。1988 年，东北大学科技园的建立开启了我国大学科技园的建设历程。为进一步提高高校社会服务水平，2000 年科技部、教育部颁布了《国家大学科技园管理试行办法》，2019 年印发了《国家大学科技园管理办法》。

我国的大学科技园按资质可分为国家大学科技园、省级大学科技园和区域大学科技园三类。我国的大学科技园已取得了显著成效，规模和实力不断壮大，转化了一批具有自主知识产权的科技成果，造就了如北大方正、清华紫光等一批知名高新技术企业，国内发展较好的园区集中于北京、上海、西安等地。同时，我国的大学科技园也存在一些问题，制约了其进一步发展。例如，缺乏兼具技术和市场两方面能力的复合型人才，风投企业和资金都跟不上发展需求，管理理念和方式不够开放、科学，科技中介服务机构缺失等。

4. 科技小镇

科技小镇是在特色小镇的基础上演化而来，是特色小镇的一个分类，它的特点是强调科技创新，积极引入前沿科创项目，具有科技创新、科创孵化、未来体验和科技产业化的功能。① 科技小镇是目前由要素驱动向创新驱动经济发展模式转化、推动新型城镇化建设及实现城镇一体化的重要实践及创新举措。一般由企业主导调配多方资源，联合政产学研机构共同开发建设运营。

综观我国目前做得较好的科技小镇运营商，其发展模式虽有差异，但普遍都非常重视小镇的产业发展。如招商蛇口依托招商局集团强大的品牌和资源优势，通过先期导入集团内部的金融资源和产业资源来吸引其他产业资源入驻，从而形成产业集聚。碧桂园选择与产业龙头企业结盟，形成核心产业群，构建高新产业共享平台。② 相比前三者，鑫创科技则专注于科技城市运营，通过构建"海外创新中心—国内科技加速器—科技城市载体"全链条孵化体系，全面融入全球创新网络，加速聚合和导入国际优质资本和创新要素，以"基金+基地+产业"的模式推动国际先进技术快速实现本地产业化，助力区域实现科技迭代创新和产业转型升级。目前，国内建设比较成熟的代表性科技小镇主要有上海枫泾科创小镇、杭州云栖小镇、余杭梦想小镇、成都菁蓉创客小镇、萧山机器人小镇、郑州中原创客小镇等。

经过半个多世纪的发展，我国虽然建成了门类齐全、独立完整的现代工

① 尚学峰，刘小青．建设科技小镇的广东路径［J］．广东科技，2017（9）．

② 廖振峰．"产城融合"新路径："科技小镇"的大布局［J］．房地产导刊，2018（2）．

业体系，并积累了较强的产品和技术基础，但传统的工业创新体系已难以适应新形势下的经济社会发展需要，亟须在三个方面实现转变：一是打造新型创新链，实现自主创新取代技术引进；二是打造新型产业链，实现全产业链创新取代单个技术产品突破；三是打造创新生态系统，实现产业跨界协同创新环境的营造取代单一企业局部创新环境的改善。①

① 工业和信息化部．制造业创新中心建设工程实施指南［Z］．2016.

第二章 科技城市创新能力与产业发展分析

从科技是第一生产力，到科教兴国战略和建设创新型国家，再到创新驱动发展战略，我国始终重视科技创新在国家发展中的重要作用。对科技城市而言，创新能力更是与其发展前景息息相关，甚至能决定一座城市未来的产业发展潜力。本章将在详细分析科技城市创新能力构成的基础上，对国内33个城市的创新能力进行评价和分析，同时分析科技创新与城市产业发展之间的关系，最终总结出科技城市产业的主要特征。

第一节　科技城市创新能力构成

2020 年《政府工作报告》中提出“提高科技创新支撑能力，稳定支持基础研究和应用研究。”2021 年《政府工作报告》中再次提出“强化科技战略支撑，基础研究是科技创新的源头。”据此，可以认为基础研究能力、应用研究能力、创新支撑能力是科技城市创新能力的主要构成部分。此外，创新成果的产业化不仅可以促进技术本身的产业化，而且可以加快对传统产业的改造，因此创新成果的产业化能力也是科技城市创新能力的主要构成部分之一。

一、科技城市基础研究能力

高校及科研机构是基础研究的主力军、高技术领域原始创新的源头，其数量和在校生人数是科技城市基础研究能力的主要决定因素之一。2020 年全国共有普通高校 2738 所，高等教育在校总规模从 2015 年的 3647 万人增加至 4183 万人，高等教育毛入学率从 2015 年的 40%提升至 54%，实现了从大众化向普及化的历史性跨越。① 但与高收入国家平均 70%的高等教育毛入学率相比，仍有较大差距。

国家实验室是基础研究的顶级平台，代表国家最高的科研水平，是大型综合型研究基地。2000 年之前的 5 个国家实验室已全部通过验收，但沈阳材料科学国家（联合）实验室已调整组建为沈阳材料科学国家研究中心。自 2000 年开始，科技部又分两批筹建了 16 个试点国家实验室，20 年来仅青岛

① 教育部. 2020 年全国教育事业统计主要结果［EB/OL］. http：//www.moe.gov.cn/jyb_xwfb/gzdt_gzdt/s5987/202103/t20210301_516062.html.

海洋科学与技术国家实验室正式获批，其他多个实验室已被降格为国家研究中心。2021 年《政府工作报告》在回顾 2020 年工作时提及“成功组建首批国家实验室”，“十四五”规划纲要进一步提出“加快构建以国家实验室为引领的战略科技力量”，浙江、安徽、江苏、广东等多地均将建设国家实验室列为重要任务。国家实验室名单见表 2-1。

表 2-1　国家实验室名单

国家实验室名称	依托单位	城市	建设情况
国家同步辐射实验室	中国科学技术大学	合肥	1983 年 4 月批准建立，1989 年 4 月建成出光，1991 年 12 月通过国家验收，1993 年 4 月正式向国内外开放
正负电子对撞机国家实验室	中国科学院高能物理研究所	北京	1990 年 7 月，通过国家正式验收
北京串列加速器核物理国家实验室	中国原子能科学研究所	北京	1987 年串列加速器通过国家验收正式投入运行，1988 年实验室成立
兰州重离子加速器国家实验室	中国科学院近代物理研究所	兰州	1988 年 12 月加速器建成出束，1991 年 8 月实验室成立并开放
青岛海洋科学与技术国家实验室	中国海洋大学、中科院海洋研究所等	青岛	2013 年 12 月获得科技部批复，2015 年 6 月试点运行

资料来源：鑫创科技产业研究院整理。

国家重点实验室是仅次于国家实验室的基础研究平台，是评价高校发展水平的重要晴雨表，经过 30 多年的发展，已成为解决国家战略重大科学技术问题的重要力量，有助于推动科研力量优化配置和资源共享。截至 2020 年末，正在运行的国家重点实验室共 522 个。“十四五”期间，科技部将重组国家重点实验室，使国家实验室和国家重点实验室形成结构合理、运行高效的实验室体系。

从基础研究产出来看，我国研究论文总数位居世界前列，但高被引论文占比只有 0.79%，低于美国（0.98%）、法国（1.03%）、德国（1.05%）、英国（1.15%），仍需继续提升基础研究能力（见图 2-1）。

二、科技城市应用研究能力

科技城市应用研究能力主要由专利产出数量、企业的研发能力和高技术企业的数量决定。“十三五”期间我国企业研发能力持续提升，研发投入年均

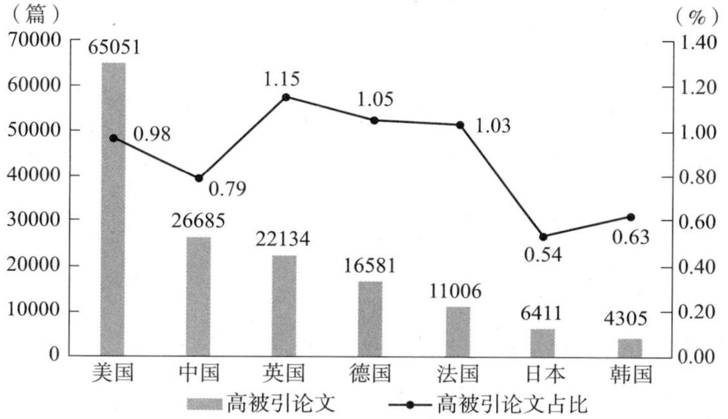

图 2-1　世界主要国家近 10 年高被引论文及占比

资料来源：https：//www. sohu. com/a/444165913_ 748530.

增长 12%，企业研发经费占全社会研发支出比重保持在 76%以上，企业发明专利授权量占国内授权量比重达 65%①。创新模式呈现多元化发展趋势，进行产品创新、生产方法工艺创新的企业占比均过半，产业数字化和数字产业化得到快速推动。2019 年规模以上工业企业中近 50%的企业开展了技术创新活动，同比显著提升 6. 6 个百分点。截至 2020 年底，我国科技型中小企业、高新技术企业的数量突破 20 万家；截至 2021 年 4 月中旬，科创板共上市 261 家企业，加速经济转型升级步伐，助力我国经济高质量发展。

国家工程研究中心和国家工程技术研究中心是应用研究领域的顶级平台，前者由发改委统一管理，战略性更强，服务于国家创新体系；后者由科技部统一规划，更加落地聚焦，为国家重大研发项目提供平台保障。根据科技部、发改委和财政部印发的《“十三五” 国家科技创新基地与条件保障能力建设专项规划》，国家发改委不再批复新建国家工程实验室，科技部不再批复新建国家工程技术研究中心。截至 2020 年底，已建设 346 个国家工程技术研究中心，共有近百家单位建成 350 家国家工程研究中心（含国家工程实验室）；其中近 50 所高校获得百余家“重量级”应用研究平台，集中分布在材料科学与工程、生物工程、交通运输工程和能源动力等领域。2021 年 2 月，发改委正式印发《国家工程研究中心评价工作指南（试行）》，专门设置了一套完备的评价指标体系，指标密切围绕国家级项目、奖项等科研成果展开，为未来国家工程研究中心的发展重点指明了方向。

① 董蓓．聚焦科技创新助力企业高质量发展［N］. 光明日报，2021-04-18.

从应用研究产出来看，2020 年我国通过《专利合作条约》（PCT）途径提交的国际专利申请达 6.9 万件，连续两年位居世界首位，同比增加 1 万件。2019 年，全国专利密集型产业增加值为 114631 亿元，同比增长 7%；占 GDP 的比重为 11.6%，与上年持平；其中新装备制造业、信息通信技术制造业、信息通信技术服务业的增加值较高，所占比重分别为 29.7%、20.1%和 19.9%。

2021 年中央经济工作会议专门提出，发挥企业在科技创新中的主体作用，支持领军企业组建创新联合体，带动中小企业创新活动。“十四五”期间，我国将从加大研发投入、支持产业共性基础技术研发和完善企业创新服务体系三方面统筹部署，提升企业技术创新能力。“十四五”规划纲要提出，支持行业龙头企业联合高等院校、科研院所和行业上下游企业共建国家产业创新中心，支持有条件的企业联合转制科研院所组建行业研究院，鼓励有条件的地方依托产业集群创办混合所有制产业技术研究院。

三、科技城市创新支撑能力

科技城市创新支撑能力主要包括制度保障、创新基础设施、资金支撑和人才支撑等。“十四五”期间，我国将优化国家科技计划体系和运行机制，建立健全高等院校、科研机构、企业间创新资源自由有序流动机制，推动重点领域项目、基地、人才、资金一体化配置。

（一）制度保障

制度具有根本性、全局性和稳定性，是推动经济社会发展更持久的动力源泉。针对基础研究，科技部将制定行动方案，部署未来十年的基础研究。针对制度探索，不断强化国家自创区、高新区、经开区等区域的带动作用。“十三五”期间，21 家国家自创区、169 家国家高新区成为地方创新发展“领头雁”，2019 年营业收入达 39 万亿元，比 2015 年增长 52%；每万名从业人员有 388 件有效发明专利，是全国平均水平的 11.3 倍。北京中关村、上海张江、广东深圳等自创区对本地 GDP 增长贡献率超 20%。此外，科技部联合其他部委建设国家国际科技合作基地，不断提升我国国际科技合作的质量和水平。国家国际科技合作基地有国际创新园、国际联合研究中心、国际技术转移中心和示范型国际科技合作基地四种类型。

（二）创新基础设施

创新基础设施已被纳入“新基建”范围，主要指支撑科学研究、技术开发、产品研制的具有公益属性的基础设施，比如重大科技、科教、产业技术创新等基础设施。为推动我国重大科技基础设施技术更先进、体系更完整，国务院及国家部委先后印发了《国家重大科技基础设施建设中长期规划（2012—2030年）》《国家重大科技基础设施管理办法》《国家重大科技基础设施建设“十三五”规划》等系列文件。截至2019年底，国家发改委已布局建设55个国家重大科技基础设施，其中依托中国科学院组织立项、建设和运行的设施约占总数的2/3。北京、上海、合肥、大湾区等地初步形成集群化态势、具有一定国际影响力的设施群，以此为核心，上海张江、北京怀柔、合肥三个综合性国家科学中心和大湾区综合性国家科学中心先行启动区相继获得国家批复。南京、杭州、武汉等地在“十四五”规划纲要中明确重大科技基础设施的布局方向及数量，为冲刺综合性国家科学中心或创新高地等保驾护航。设施高水平的建设和运行，推动我国粒子物理、凝聚态物理、生物大分子和蛋白质科学等领域部分前沿方向的科研水平进入国际先进行列。国家重大科技基础设施建设历程见表2-2。

表2-2　国家重大科技基础设施建设历程

时间	国家重大科技基础设施	影响
1984年	北京正负电子对撞机工程	树立了高水准的标杆
20世纪80—90年代	长短波授时系统、兰州重离子加速器、神光装置、合肥同步辐射装置、遥感卫星地面站等	设施建设开始向多学科扩展
2000—2005年	郭守敬望远镜、上海光源、全超导托卡马克核聚变实验装置、中国西南野生生物种质资源库等	—
“十一五”	散裂中子源、500米口径球面射电望远镜、海洋科学综合考察船、航空遥感系统等	设施建设加速发展，启动建设12项，验收10项
“十二五”	综合极端条件实验装置、高海拔宇宙线观测站、上海光源线站工程、强流重离子加速器等	部署16项设施
“十三五”	高能同步辐射光源、子午工程二期等	布局10项设施

资料来源：鑫创科技产业研究院整理。

（三）资金支撑

从资金支撑角度来看，我国研发经费部门来源结构已从政府和企业双主体转变为企业单主体，约80%的研发经费来自企业。为引导社会资金支持万众创新，国务院于2015年提出建立一批新兴产业“双创”示范基地，建设一批小微企业创业创新基地，完善国家级科研平台向社会开放机制，推动实施小微企业创业基地城市示范。未来需要进一步增加研发经费来源的多样化，从而形成持续稳定的投入机制。我国R&D经费内部支出主要集中在试验发展领域，2019年，对于基础研究投入仅占6%，相比美国、日本、英国、法国、韩国的占比12%~23%明显偏低；应用研究经费占比为11.3%，显著低于英国、法国超40%的占比，也低于美国20%的占比（见图2-2）。此外，政府研发经费主要流向科研机构和高等学校，流入企业相对较少。“十四五”期间需持续加大基础研究财政投入力度、优化支出结构，鼓励社会以捐赠和建立基金等方式多渠道投入；同时从减税降费、加强考核等方面激励企业加大研发投入。

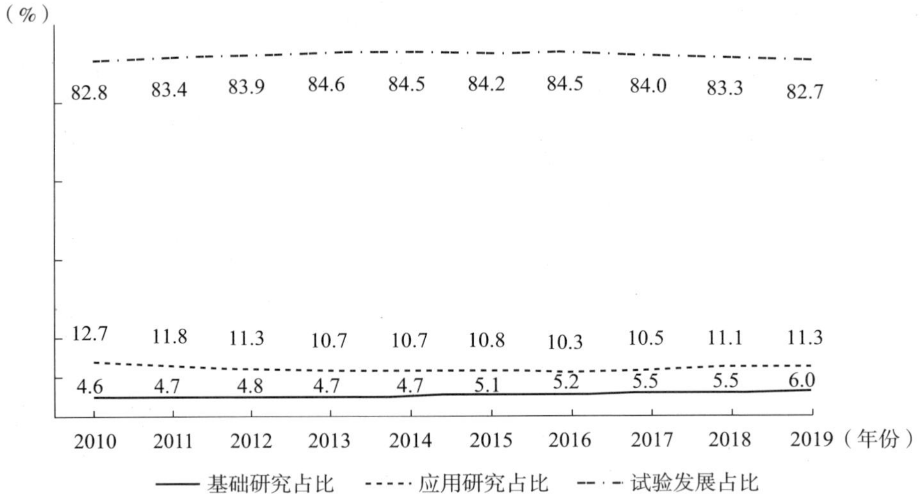

图2-2　2010—2019年我国R&D经费内部支出分类占比

资料来源：鑫创科技产业研究院整理。

此外，随着我国经济由高速增长阶段转向高质量发展阶段，传统的金融体系无法满足实体经济新的金融服务需求。创新的本质特征是周期长、高风险、不确定性大，这与多数传统金融机构要求的短周期、低风险、高回报之间存在必然矛盾。金融机构需要通过创新尽快克服双方之间的矛盾。“十四五”规划为金融机构的创新指明了方向，如规范发展非银行金融机构，增强金融普惠性；鼓励发展知识产权质押融资、科技保险等科技金融产品，开展科技成果转化贷款风险补偿试点。

（四）人才支撑

从人才支撑角度来看，虽然我国研发人员总量已接近 200 万人，连续多年位居世界第一，但研发人员占就业人员比重远低于其他发达国家（见图 2-3）。为激发人才创新活力，需完善人才评价和激励机制，健全以创新能力、质量、实效、贡献为导向的科技人才评价体系，构建充分体现知识、技术等创新要素价值的收益分配机制。

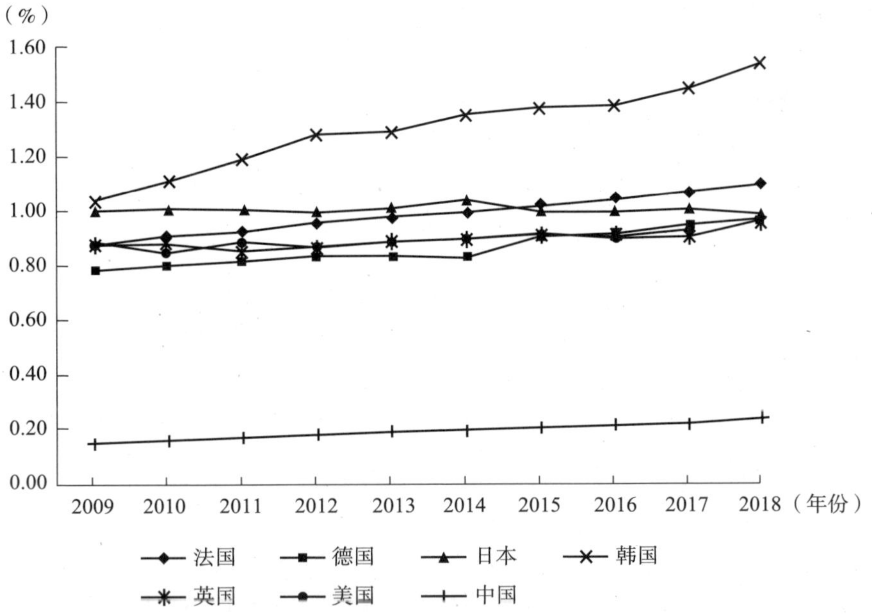

图 2-3 2009—2018 年全球部分国家研发人员占就业人员比重

资料来源：https：//www. sohu. com/a/444165913_ 748530.

四、科技城市产业化能力

科技城市产业化能力主要与创新创业孵化体系、成果转化体系有关，其产业化成果可从新产品销售收入、产业集聚化程度等方面衡量。

（一）创新创业孵化体系

针对创业孵化，我国已形成众创空间，科技企业孵化器、加速器，大学科技园等构成的全链条创新创业孵化体系，已建立了多个“双创”示范基地、小微企业创业创新基地、小微企业创业创新基地城市示范、国家海外人才离岸创新创业基地。

1. 国家大众创业、万众创新示范基地

截至 2020 年底，国务院办公厅分三批确定了 212 家大众创业、万众创新示范基地。前两批双创示范基地分为区域性示范基地、高校和科研院所示范基地、企业示范基地三种类型，2020 年底公布的第三批分为创业就业、融通创新、精益创业和全球化创业四种功能定位。其中区域性示范基地重在制度创新和区域资源整合，高校和科研院所示范基地具有科技成果和智力人才方面的优势，企业示范基地的主要优势是产业链和平台，通过产业链有助于实现大中小企业在产业上中下游的协同创新、有效整合。我们调研的这些区域性示范基地都在制度创新和区域资源整合上取得了很大的成效。

前两批共 120 家双创示范基地已运行五年，促进创新创业的效果非常显著。一是科技创新支撑能力不断夯实。示范基地新设立市场主体平均数量年均增长 8%，孵化平台载体平均面积增幅达 32%。2019 年新增 8000 余家高新技术企业，同比增速达 24%。二是产学研融通创新持续深入。示范基地实现超 1820 亿元的技术合同成交额，约 90 亿元的高校、院所成果转化交易额。三是创新创业生态不断优化。“放管服”改革持续深化，双创培训、讲座覆盖人数超过 240 万，年增长 23%；各高校双创教育和活动经费平均投入达 2000 万元，年增长 20%。[①]

2. 小微企业创业创新基地城市示范

2015 年，财政部、工信部、科技部、商务部、国家工商行政管理总局五部门分两批共确定了 30 城入围“小微企业创业创新基地城市示范”名单。2019 年财政部公布的第一批示范城市绩效评价排名前 8 的城市依次为杭州、江门、三明、张掖、厦门、石嘴山、合肥、南昌；第二批示范城市绩效评价排名前 7 的城市依次为扬州、昆明、北京昌平、重庆九龙坡、宁波、洛阳、柳州。

---

① 赵宇，邓元慧．国家双创示范基地类型特征浅析［J］．今日科苑，2020（9）．

3. 国家海外人才离岸创新创业基地

目前，中国科协在全国共设立 21 个海外人才离岸创新创业基地。其中 2017 年，继深圳、上海、武汉、苏州、成都之后，天津（滨海）、青岛、杭州、宁波四个海外人才离岸创新创业基地先后获批复；2019 年 10 月同意在重庆两江新区设立国家海外人才离岸创新创业基地；北京、南京、长沙、珠海、海口、南宁 6 城于 2020 年 6 月获批国家海外人才离岸创新创业基地；2020 年 12 月，中德（沈阳）高端装备制造产业园离岸中心获批为东北首家“国家海外人才离岸创新创业基地”。

（二）成果转化体系

成果转化体系与国家科技创新基地关系密切。国家科技创新基地作为我国创新体系的重要组成部分，是开展科技创新活动的重要载体，主要分为科学与工程研究、技术创新与成果转化和基础支撑与条件保障三类（见图 2-4）。接下来着重分析科技创新与成果转化类科技创新基地。其中国家工程研究中心属于应用研究领域的顶级平台，已在之前分析过。

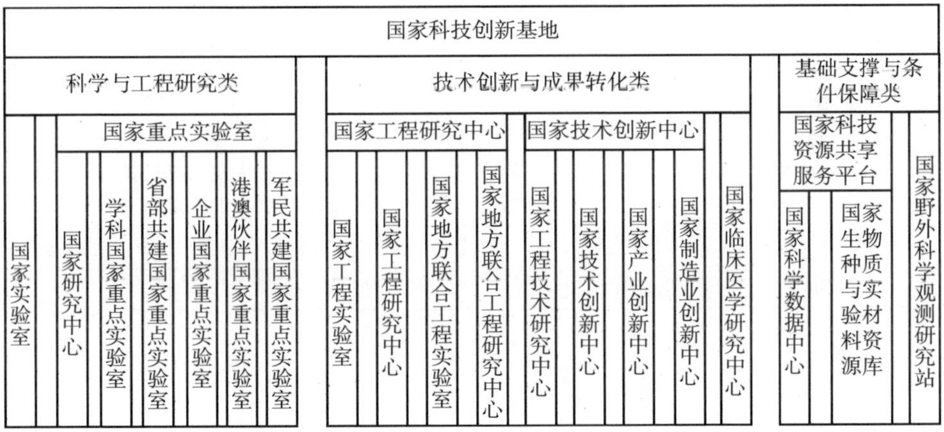

图 2-4 国家科技创新基地分类

资料来源：鑫创科技产业研究院整理。

1. 国家技术创新中心

国家技术创新中心定位于实现从科学到技术的转化，促进重大基础研究成果产业化。2017 年 11 月，科技部制定了《国家技术创新中心建设工作指引》；2020 年 3 月，科技部印发了《关于推进国家技术创新中心建设的总体方案（暂行）》，将国家技术创新中心分成了综合类和领域类两个类别（见表 2-3）；2021 年 2 月，科技部、财政部印发《国家技术创新中心建设运行管理办法（暂行）》，明确了国家技术创新中心的功能定位和建设布局。国家技术创新中心不同于高校和企业，其研究领域不受限于专业设置和资金实力，更符合提升国家科技核心竞争力的需求，研究空间更广阔，项目形式更灵活。

表 2-3　国家技术创新中心重点名单

类别	名称	城市	备注
综合类	京津冀国家技术创新中心	北京	2020 年 12 月成立
	长三角国家技术创新中心	—	正在筹建
	粤港澳大湾区国家技术创新中心	—	—
领域类	国家高速列车技术创新中心	青岛	2016 年 9 月（全国首个）
	国家新能源汽车技术创新中心	北京	2018 年 3 月（全国第二个）
	智能电网国家技术创新中心	北京	—
	国家智能网联汽车技术创新中心	重庆	依托长安汽车公司建立
	国家合成生物技术创新中心	天津	2019 年 11 月
	国家耐盐碱水稻技术创新中心	长沙	2021 年 3 月
	国家生猪技术创新中心	重庆	2021 年 3 月，全国农业及重庆首个
	国家新型显示技术创新中心	广州	2021 年 3 月，由 TCL 牵头
	国家生物医药技术创新中心	苏州	以苏州市生物医药产业创新中心为主体，聚焦靶点发现、新药研发、关键试剂与辅料、新型工艺等
	国家第三代半导体技术创新中心	苏州	2021 年 3 月，聚焦氮化镓等研究方向
	国家第三代半导体技术创新中心	深圳	2021 年 3 月

资料来源：鑫创科技产业研究院整理。

2. 国家临床医学研究中心

国家临床医学研究中心按照本领域疾病防治研究重点和实际需要搭建疾病研究协同网络，联合二、三级医院和基层医疗机构等，协同开展疾病防控研究。自 2012 年以来，科技部会同军委后勤保障部、国家卫生健康部门和国家食品药品监管部门携手已在 20 个疾病领域分 4 批建立了 50 家临床医学研究中心。中心着重关注两个转化和两个推广，即“基础研究向临床研究的转化、经验医学向循证医学的转化；临床研究成果要能够转化为可推广的产品，形成的疾病诊治先进经验和适宜技术要能够向基层推广”。基于此，覆盖全国

2000多家医疗卫生机构的专病防治创新协作网络初步建立，并形成了“自上而下、由点及面”的多层协同研究网络，这是落实健康中国行动的具体措施之一，也是构建人类卫生健康共同体的必由之路。

（三）产业化成果

从产品产出来看，创新产出效率不断增强。我国规模以上工业企业新产品销售收入与营业收入比重从2015年的13.6%上升至2019年的19.9%，其中制造业中全国领先的新产品销售占新产品销售额比例较2015年提升10个百分点以上。

此外，产业集聚程度进一步加强，国家级高新区营业收入在全国GDP中的占比从2015年的37.0%提升至2019年的38.9%，国家级高新区生产总值占全国GDP比重从2015年的11.9%增长至2019年的12.3%（见图2-5）。[①]利用外资和海外收入快速增长，2020年中国超越美国成为全球新增外商直接投资的主要目的地，实际利用外资近千亿元，同比增长6.2%，其中高技术产业利用外资同比增长11.4%；2020年中国制造业企业500强的海外营业收入为5.4万亿元，同比增长27.5%；2020年全国进出口、出口总值双双创历史新高，成为全球唯一实现货物贸易正增长的主要经济体。

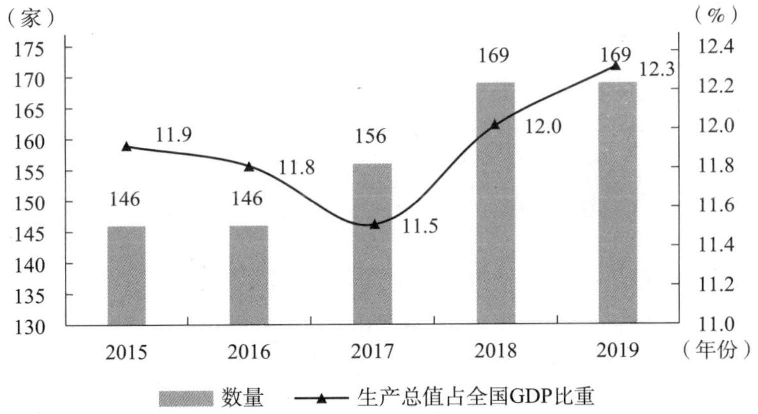

图2-5 国家级高新区数量及生产总值占全国GDP比重

资料来源：https：//www. sohu. com/a/444165913_ 748530.

① 武汉大学质量发展战略研究院．中国企业综合调查（CEGS）报告（2015—2018）[R]. 2019.

第二节　IOD 模式下科技城市创新能力评价

一、基本原则

（一）研究的指导原则

2021 年全球步入后疫情时代，世界经济政治格局复杂多变，而我国已转向高质量发展阶段，正处于“十四五”开局之年，机遇与挑战并存，经济长期向好，但发展不平衡不充分问题仍突出，创新能力与高质量发展要求不适应。科技城市作为科技与城市智慧融合的必然产物，既是国家创新驱动发展战略落地的重要载体，又是区域经济高质量发展的核心增长极，还是我国构建新发展格局的重要突破口。

科技城市创新能力评价以《国家创新驱动发展战略纲要》、2015 年中央城市工作会议的指示精神和《中华人民共和国国民经济和社会发展第十四个五年规划和 2035 年远景目标纲要》为总指导原则，结合新发展阶段、新发展理念和新发展格局，着重关注源头、转化、产出三个创新环节以及创新环境，通过构建适合时代的评价体系和采用恰当的评价方法，助力我国进入创新型国家前列和实现碳达峰碳中和，广泛形成绿色生产生活方式。

（二）体系的构建原则

评价指标体系的建立是对科技城市创新能力与产业发展关系进行分析的前提与基础。科技城市创新能力评价指标体系的构建需针对科技城市的内涵与特征，结合 IOD 模式的落地与实践，兼顾科技城市创新能力的构成。为使评价结果尽可能科学、客观，应该遵循以下四个原则：

第一，系统性原则。科技城市是一个综合概念，创新能力是其竞争力强弱的核心表征之一，且创新能力的构成与科技城市的构成要素之间有一定的逻辑关系。因此，衡量科技城市创新能力要从宏观到中观再到微观层层深入，既需要衡量产业的技术创新水平，也要衡量经济社会的整体创新能力，还需要衡量科技与生产和生活的协同共融。

第二，可比性原则。指标的选择必须充分考虑到不同城市在产业结构、自然条件等方面的差异，尽可能选取具有共性的综合指标，并且尽可能采用相对值而非绝对值，从而保证指标既能反映实际情况又便于比较。考虑到总量指标和特殊指标的可比性有一定局限，指标选择尽量采用均量指标和普适性指标。

第三，可量化原则。选取的指标应兼顾数据的可得性和量化的难易程度。在保证指标能尽可能全面反映科技城市创新能力的前提下，充分利用统计资料和有关规范标准，采取各种直接或间接的计算方法量化相关指标，从而在保证指标本身含义的同时提高其使用价值。①

第四，可扩展原则。所选择的指标要充分考虑城市发展的阶段性特征，重点突出现阶段城市发展的国家战略导向，构建出符合新发展理念、新发展阶段、新发展格局、创新型国家建设等时代发展要求的指标体系。同时，指标体系应注重完备性与可行性之间的平衡，不宜过分强调完备性。对于暂时无法纳入本评价体系的指标，后续可根据实际需要和可得性逐渐补充完善。

（三）指标的选取原则

指标的选择应根据科技城市的内涵特征和创新的渗透领域，确定评价指标体系的基本框架和主要指标，并根据内在逻辑要求选择具有代表性且可获得的指标。同时，指标数据应全部来源于政府部门发布的统计年鉴或权威机构发布的研究报告等，以保证评价结果的客观性。

二、研究范围

基于我们对 IOD 模式下的科技城市理解，并结合数据的可获得、可量化、可比性等要求，我们以科技部和国家发改委支持建设国家创新型城市的 78 个城市为选择目标城市依据②，从中选取省会和副省级城市共计 29 个，并加上 4 个直辖市，本章的科技城市评价范围包括北京、天津、石家庄、太原、呼和浩特、沈阳、大连、长春、哈尔滨、上海、南京、杭州、宁波、合肥、福州、厦门、南昌、济南、青岛、郑州、武汉、长沙、广州、深圳、南宁、海口、

① 罗文，徐光瑞．中国工业发展质量研究［J］．中国软科学，2013（1）：50-60.

② 中国科学技术信息研究所．国家创新型城市创新能力评价报告［R］．中国科学技术信息研究所，2019.

重庆、成都、贵阳、昆明、西安、兰州、乌鲁木齐，共33个城市。从区域分布来看，33个城市中，东部地区共14个，占42.4%（2019年东部10个省份GDP总量占全国51.8%）；中部地区有6个，占18.2%（2019年中部6个省份GDP总量占全国22.2%）；西部地区有9个，占27.3%（2019年西部11个省份GDP总量占全国19.9%）；东北地区有4个，占12.1%（2019年东北三省GDP总量占全国5.1%）（见表2-4）。这33个城市基本都是所在区域的人才、技术和资本的聚集地区，具有较强的代表性。

表2-4　科技城市评价标的所属区域

区域	城市	数量占比（%）	GDP占比*（%）	
			2018年	2019年
东部地区	北京、天津、石家庄、上海、南京、杭州、宁波、福州、厦门、济南、青岛、广州、深圳、海口	42.4	52.6	51.8
中部地区	太原、合肥、南昌、郑州、武汉、长沙	18.2	23.0	22.2
西部地区	呼和浩特、南宁、重庆、成都、贵阳、昆明、西安、兰州、乌鲁木齐	27.3	18.3	19.9
东北地区	沈阳、大连、长春、哈尔滨	12.1	6.2	5.1

注：*为城市所在省份GDP之和占全国比重。

需要强调的是，选取以城市作为研究标的，一方面考虑城市层面的数据质量较好、统计体系较完善；另一方面主要考虑到所有发展较好的科技城市形态，不论是园区还是开发区，都会对所在城市的经济发展和科技进步起到重要的推动作用，如北京的中关村、上海的张江园区等，其发展好坏，最终都会体现在城市发展的指标数据上。

三、指标体系

（一）体系构建

如前所述，设立评价指标体系，既要充分考虑科技城市内涵与创新能力构成，也要密切结合研究目的。首先，科技城市是一个综合概念，其创新能力的高低首先取决于创新的投入水平，包括劳动、资本等生产要素；其次，应考虑创新的产出水平，包括专利、产值、科技含量等方面；在从投入到产出的过程中，创新转化的能力以及创新环境的优劣，决定了创新产出的质量和效率，因此需要考虑实验室、研究中心、孵化器、城市营商环境、外资使用能力等要素。

综合来看，我们认为，基于系统性、可比性、可量化以及可扩展四个原则，结合数据的可得性并借鉴国内外评价体系构建经验，我们选取4个一级指标、16个二级指标构建了科技城市创新能力评价指标体系，如表2-5所示。

表2-5 科技城市创新能力评价指标体系

总指标	一级指标	二级指标	单位
科技城市创新能力	创新源头	研发经费投入强度	%
		研发人员投入强度	人/万人
		地方财政用于科技支出的比重	%
		万人普通高等学校在校生数	人/万人
	创新转化	国家重点实验室数量	个
		国家工程技术研究中心数量	个
		国家级科技企业孵化器等数量*	个
		技术合同成交额占地区GDP比重	%
	创新产出	万人发明专利授权量	件/万人
		科创板上市企业数量	家
		高新技术企业营业收入与规模以上工业企业主营业务收入之比	%
		规模以上工业企业新产品销售收入与主营业务收入之比	%
	创新环境	城市人口吸引力指数	—
		城市营商环境指数	—
		国家高新区营业收入与地区GDP之比	%
		实际使用外资金额占地区GDP比重	%

注：*为国家级科技企业孵化器（含众创空间）、大学科技园和双创示范基地数量之和。

资料来源：鑫创科技产业研究院整理。

相比2020年的指标体系，一级指标保持不变，将创新产出中高技术产品出口额占商品出口额比重更改为高新技术企业营业收入与规模以上工业企业主营业务收入之比，劳动生产率更改为规模以上工业企业新产品销售收入与主营业务收入比重；由于城市人才吸引力指数、城市发展潜力指数不可持续，故将这两个指标更改为相似的城市人口吸引力指数、城市营商环境指数；由于国家国际科技合作基地数量较难获取，故将其更改为国家高新区营业收入与地区GDP之比。

需要说明的是，鉴于科技城市内涵的丰富性、涉及领域的广泛性、理论体系和实践探索的快速发展，构建科技城市创新能力的评价指标体系成为一项需要持续探索和实践的工作。此外，我国幅员辽阔，不同城市的经济基础、资源基础、产业结构、发展环境和研究能力等方面均存在较大差异，用同一套指标进行评价虽具有一定参考价值，但对具体城市来讲其评价结果仍需仔细研究和考量。这些问题都将在今后的研究工作中不断改进。

（二）指标阐释

1. 创新源头

创新的人力、资金等投入水平是形成创新能力的重要基础，我们选取研发经费投入强度、研发人员投入强度、地方财政用于科技支出的比重及万人普通高等学校在校生数四项指标衡量科技城市创新投入水平（见表 2-6）。

表 2-6　创新源头类指标及说明

指标	计算公式	说明
研发经费投入强度	$\frac{\text{R\&D 经费支出}}{\text{地区 GDP}}\times 100\%$	反映一个地区在科技创新经费投入方面的水平
研发人员投入强度	$\frac{\text{R\&D 人员数}}{\text{就业人员数/10000}}$	反映一个地区在科技创新人员投入方面的水平
地方财政用于科技支出的比重	$\frac{\text{财政科技支出}}{\text{地方公共财政支出}}\times 100\%$	反映一个地区在财政资金分配使用时用于科学技术方面的支出力度
万人普通高等学校在校生数	$\frac{\text{普通高等学校在校生数}}{\text{年平均人口/10000}}$	反映一个地区高等教育发展水平与基础科研能力

资料来源：鑫创科技产业研究院整理。

2. 创新转化

科技成果转化是从基础研究到规模应用和产业化的关键环节，我们选取国家重点实验室数量、国家工程技术研究中心数量、国家级科技企业孵化器等数量以及技术合同成交额占地区 GDP 比重四项指标衡量科技城市的创新转化水平（见表 2-7）。

表 2-7　创新转化类指标及说明

指标	计算公式	说明
国家重点实验室数量	国家级重点实验室的数量	反映一个地区的基础和应用研究、聚集和培养优秀科技人才、开展高水平学术交流的能力
国家工程技术研究中心数量	国家级工程技术研究中心和技术创新中心的数量	反映一个地区开展工程技术研究开发、设计和试验，打造技术创新平台的能力

续表

指标	计算公式	说明
国家级科技企业孵化器等数量	国家级科技企业孵化器（含众创空间）、大学科技园和双创示范基地的数量之和	反映一个地区促进科技成果转化、服务大众创新创业，集聚资本、人才、技术、政策等优势资源的能力
技术合同成交额占地区GDP比重	$\frac{技术市场成交额}{地区\ GDP}\times 100\%$	反映一个地区市场中技术转让的活跃程度

资料来源：鑫创科技产业研究院整理。

3. 创新产出

创新的专利、产值等产出水平是衡量创新能力的重要方面，我们选取万人发明专利授权量、科创板上市企业数量、高新技术企业营业收入与规模以上工业企业主营业务收入之比以及规模以上工业企业新产品销售收入与主营业务收入比重共四项指标衡量科技城市的创新产出水平（见表2-8）。

表2-8　创新产出类指标及说明

指标	计算公式	说明
万人发明专利授权量	$\frac{发明专利授权量}{常住人口/10000}$	反映一个地区核心研发能力的强弱
科创板上市企业数量	在上海证券交易所科创板上市的企业数量（截至2021年4月中旬）	反映一个地区创新企业的培育和发展能力
高新技术企业营业收入与规模以上工业企业主营业务收入之比	$\frac{高新技术企业营业收入}{规模以上工业企业主营业务收入}\times 100\%$	反映一个地区规模以上工业企业中高新技术企业的营业收入占比，是知识技术密集型产业发展能力的重要表征之一
规模以上工业企业新产品销售收入与主营业务收入之比	$\frac{规模以上工业企业新产品销售收入}{规模以上工业企业主营业务收入}\times 100\%$	反映一个地区新产品销售收入在主营业务收入中的占比，衡量创新产出效率水平

资料来源：鑫创科技产业研究院整理。

4. 创新环境

城市的发展潜力、市场的营商环境等因素对创新成果转化、创新产出效率提高具有重要的影响，我们选取城市人口吸引力指数、城市营商环境指数、国家高新区营业收入与地区GDP之比以及实际使用外资金额占地区GDP比重四项指标衡量科技城市的创新环境（见表2-9）。

表 2-9　创新环境类指标及说明

指标	计算公式	说明
城市人口吸引力指数	由百度地图开放平台海量位置服务大数据、POI 大数据、交通出行大数据挖掘计算所得	反映一个城市人口吸引力状况
城市营商环境指数	由城市软环境、市场容量、生态环境、基础设施、社会服务、商务成本六个一级指标合成	反映一个城市的市场规模、监管与服务能力等综合营商环境水平
国家高新区营业收入与地区 GDP 之比	$\frac{\text{国家高新区营业收入}}{\text{地区 GDP}}\times 100\%$	反映一个地区的产业在高新区的集聚程度
实际使用外资金额占地区 GDP 比重	$\frac{\text{实际使用外资金额}}{\text{地区 GDP}}\times 100\%$	反映一个地区的外商投资环境和外向型经济贡献水平

资料来源：鑫创科技产业研究院整理。

（三）评价方法与指数合成

1. 评价方法

本章通过构建科技城市创新能力指数来反映目标城市创新能力在某一时点上的截面比较情况。按照统计指数的分类，本章构建的创新指数为静态指数，并在上述过程中计算了四方面的分类指数，包括创新源头、创新转化、创新产出和创新环境，即个体指数。

2. 权重确定

确定权重是科技城市创新能力评价过程中一个至关重要的环节，因为权重大小不仅直接关系到评价结果的准确性与可靠性，而且对于评价体系的导向性也有较强的表征作用。结合已有研究成果和本章研究目的来看，主客观综合赋权法具有较高的可信度，能兼顾主观偏好和客观信息，相对客观、科学地反映各指标之间的相对重要性。因此，科技城市创新能力评价采用德尔菲法和变异系数法主客观相结合的综合赋权法来确定权重，该方式能在充分挖掘数据本身的统计意义的基础上，充分利用数据指标的经济意义。选择变异系数法的原因在于，从评价体系中的各项指标来看，差异越大的指标越重要，因为它更能反映出各科技城市创新能力的差异，如果各个城市的某个指标没有多大差别，则没有必要再将其作为一项衡量的指标，且针对创新能力的评价不需要过多考虑平衡因素，所以对差异越大的指标应赋予更大的权重。[①]

权重的测算过程如下：第一步，按照式（2-1）计算各项指标的变异系数；第二步，按照式（2-2）计算各项指标的客观权重；第三步，对利用德尔菲法得到的主观权重和变异系数法得到的客观权重进行加权求和，得到各项指标的最终权重。

$$V_{jt} = \frac{\sigma_{jt}}{X_{jt}} \tag{2-1}$$

$$W_{jt} = \frac{V_{jt}}{\sum_{j=1}^{16} V_{jt}} \tag{2-2}$$

式（2-1）和式（2-2）中，j 代表 16 项二级指标，t 代表年份，σ_{jt}、V_{jt}、W_{jt}分别代表 t 年 j 指标的标准差、变异系数、客观权重。

3. 指数合成

首先，根据式（2-3）将 33 个城市的初始指标进行无量纲化处理；其次，根据式（2-4）得到各城市创新能力的总指数，根据式（2-5）得到各城市创新能力的分类指数。

$$X'_{ijt} = \frac{X_{ijt} - \min\{X_{jt}\}}{\max\{X_{jt}\} - \min\{X_{jt}\}} \tag{2-3}$$

$$SCII_{it} = \frac{\sum_{j=1}^{16} X'_{ijt} W_{jt}}{\sum_{j=1}^{16} W_{jt}} \tag{2-4}$$

$$I_{it} = \frac{\sum X'_{ijt} W_{jt}}{\sum W_{jt}} \tag{2-5}$$

式（2-3）至式（2-5）中，i 代表 33 个城市，j 代表 16 项二级指标，t 代表年份，X_{ijt}代表 t 年 i 城市 j 指标，$\max\{X_{jt}\}$ 和 $\min\{X_{jt}\}$ 分别代表 t 年 j 指标的最大值和最小值，X'_{ijt}代表 t 年 i 城市 j 指标的无量纲化指标，W_{jt}代表 t 年 j 指标的权重值，I_{it}代表 t 年 i 城市的分类指数，$SCII_{it}$代表 t 年 i 城市的科技城市创新指数（总指数）。

需要说明的是，在计算分类指数的过程中，需要将已确定的各指标权重在四个类别内进行百分制处理，这样得到的分类指数最高分即为 100，方便各

---

① 曾五一，庄赟．中国现代化进程的统计考察［J］．中国统计，2003（1）．

类指数在不同的城市之间进行比较。

（四）数据采集与处理

1. 数据采集

根据本章构建的评价指标体系，以北京、上海、深圳等33个城市为样本进行科技城市创新能力评价。本章所使用的数据全部来自国家科技部、统计局等官方发布的《中国统计年鉴》《中国城市统计年鉴》《中国火炬统计年鉴2019》和各地政府发布的统计年鉴、统计报告等，以及第三方权威机构或智库（中国科学技术信息研究所、百度地图慧眼、21世纪经济研究院等）发布的《国家创新型城市创新能力评价报告2019》《国家创新型城市创新能力评价报告2020》《2020年度中国城市活力研究报告》《2020年中国大中城市营商环境评价报告》等（见表2-10）。

表2-10 科技城市创新能力评价指标数据来源

二级指标	数据来源	发布机构
研发经费投入强度	《中国城市统计年鉴》《中国统计年鉴》、地方统计年鉴/统计公报	国家统计局、省科技厅、市统计局
研发人员投入强度	《中国城市统计年鉴》《中国统计年鉴》、地方统计年鉴/统计公报	国家统计局、市统计局
地方财政用于科技支出的比重	《中国城市统计年鉴》	国家统计局
万人普通高等学校在校生数	《中国城市统计年鉴》	国家统计局
国家重点实验室数量	国家重点实验室布局一二三	北京新智金数科技的“科创平台融合查系统”
国家工程技术研究中心数量	《国家创新型城市创新能力评价报告2019》《科技部：2018年拟验收的16个国家工程技术研究中心名单公布》	中国科学技术信息研究所、科技部
国家级科技企业孵化器等数量	《国家创新型城市创新能力评价报告2020》《中国火炬统计年鉴2019》、政府网站	中国科学技术信息研究所、国务院、科技部
技术合同成交额占地区GDP比重	《国家创新型城市创新能力评价报告2020》《中国统计年鉴》	中国科学技术信息研究所、国家统计局
万人发明专利授权量	《中国城市统计年鉴》、地方统计公报	国家统计局、市统计局
科创板上市企业数量	Wind数据库	上海证券交易所
高新技术企业营业收入与规模以上工业企业主营业务收入之比	《国家创新型城市创新能力评价报告2020》《中国火炬统计年鉴2019》《中国统计年鉴》	中国科学技术信息研究所、国家统计局

续表

二级指标	数据来源	发布机构
规模以上工业企业新产品销售收入与主营业务收入之比	《国家创新型城市创新能力评价报告2020》《中国统计年鉴》	中国科学技术信息研究所、国家统计局
城市人口吸引力指数	《2020年度中国城市活力研究报告》	百度地图慧眼联合中国城市规划院等多个规划院
城市营商环境指数	《2020年中国大中城市营商环境评价报告》	21世纪经济研究院、粤港澳大湾区研究院
国家高新区营业收入与地区GDP之比	《国家创新型城市创新能力评价报告2020》《中国统计年鉴》	中国科学技术信息研究所、国家统计局
实际使用外资金额占地区GDP比重	《中国城市统计年鉴》、地方统计年鉴	国家统计局、市统计局

资料来源：鑫创科技产业研究院整理。

2. 权重计算

结合全国各地创新能力差异较大的实际情况，科技城市创新能力综合权重合成中主观权重占60%，客观权重占40%。评价体系中各指标最终确定的权重如表2-11所示。

表2-11 科技城市创新能力评价指标权重

二级指标	主观权重	客观权重	综合权重
研发经费投入强度	8.0	3.5	6.2
研发人员投入强度	8.0	3.9	6.4
地方财政用于科技支出的比重	9.5	5.6	7.9
万人普通高等学校在校生数	5.0	3.4	4.4
国家重点实验室数量	4.0	13.5	7.8
国家工程技术研究中心数量	4.5	11.7	7.4
国家级科技企业孵化器等数量	7.0	6.3	6.7
技术合同成交额占地区GDP比重	4.5	5.7	5.0
万人发明专利授权量	5.5	7.7	6.4
科创板上市企业数量	4.0	14.1	8.1
高新技术企业营业收入与规模以上工业企业主营业务收入之比	4.0	3.6	3.8
规模以上工业企业新产品销售收入与主营业务收入比重	8.5	3.8	6.6
城市人口吸引力指数	9.5	5.1	7.7
城市营商环境指数	9.0	2.0	6.2
国家高新区营业收入与地区GDP之比	4.5	4.8	4.6
实际使用外资金额占地区GDP比重	4.5	5.3	4.8

资料来源：鑫创科技产业研究院整理。

3. 数据处理

（1）计算研发经费投入强度、研发人员投入强度、万人发明专利授权量等无法直接获取的二级指标。

（2）对所有指标进行无量纲化处理。

（3）根据无量纲化数据和综合赋权法确定的权重，加权求和得到科技城市的创新能力总指数。

（4）计算分类指数时，应首先将每类指标的权重进行百分制处理，然后再加权求和，以便于横向比较。

四、评价结果

（一）总排名

1. 横向对比

根据已经选取的评价指标、采集的数据和相应权重，按照前述指数合成方式，计算得到33个城市的创新指数（Sci-tech City Innovation Index，SCII），具体见表2-12、图2-6。从总排名来看，北京、深圳、上海、武汉、广州、西安、杭州、南京、合肥和成都排在前10位，这些城市不仅拥有丰富的创新源头、适宜创新的环境，而且具备较强的创新转化和产业化能力，科技创新能力从“跟跑”向“领跑”转变，逐渐适应当地高质量发展需求，为构建双循环新发展格局奠定技术基础，对周边地区乃至全国的创新能力提升都具有较强的辐射带动和示范引领作用。

表2-12　科技城市创新能力评价总指数及分类指数

城市	分类指数				总指数	
	创新源头	创新转化	创新产出	创新环境	创新指数	排名
北京	66.5	96.7	79.3	83.2	81.7	1
深圳	71.6	21.8	61.5	72.4	55.9	2
上海	43.2	37.5	59.8	71.7	52.5	3
武汉	51.3	29.5	48.3	55.0	45.6	4
广州	55.2	20.5	34.0	66.7	43.29	5
西安	48.7	32.3	27.9	61.9	42.17	6

续表

城市	分类指数				总指数	
	创新源头	创新转化	创新产出	创新环境	创新指数	排名
杭州	50.4	18.7	48.4	52.1	41.8	7
南京	52.2	27.3	31.4	36.8	36.7	8
合肥	53.0	11.0	44.7	31.9	34.7	9
成都	33.7	21.8	19.7	64.6	34.2	10
长沙	40.9	13.0	37.7	44.7	33.5	11
郑州	36.5	8.6	39.6	36.7	29.8	12
天津	34.0	24.1	21.2	29.2	27.0	13
青岛	28.7	18.1	26.1	32.8	26.2	14
厦门	34.5	7.8	26.0	33.0	24.9	15
济南	29.7	11.2	30.4	25.6	23.9	16
宁波	37.1	3.9	25.4	31.3	23.9	17
重庆	14.7	12.3	16.2	52.3	23.2	18
贵阳	33.3	13.4	12.6	32.8	22.7	19
南昌	31.6	8.0	18.5	34.0	22.6	20
太原	37.3	8.8	24.9	16.9	21.8	21
沈阳	25.4	13.4	22.0	17.5	19.5	22
大连	34.1	9.2	16.8	13.9	18.4	23
昆明	29.9	10.5	9.4	22.0	17.7	24
哈尔滨	21.5	9.7	11.6	29.3	17.7	25
长春	21.3	16.3	9.2	23.8	17.5	26
兰州	30.5	10.4	3.8	13.2	14.4	27
福州	25.4	4.0	12.6	16.6	14.4	28
石家庄	18.7	5.8	12.6	18.7	13.7	29
海口	14.6	2.8	16.9	21.0	13.5	30
南宁	13.7	4.2	7.9	24.1	12.1	31
乌鲁木齐	13.1	5.2	8.5	16.1	10.6	32
呼和浩特	21.2	2.3	11.0	6.4	10.1	33

资料来源：鑫创科技产业研究院整理。

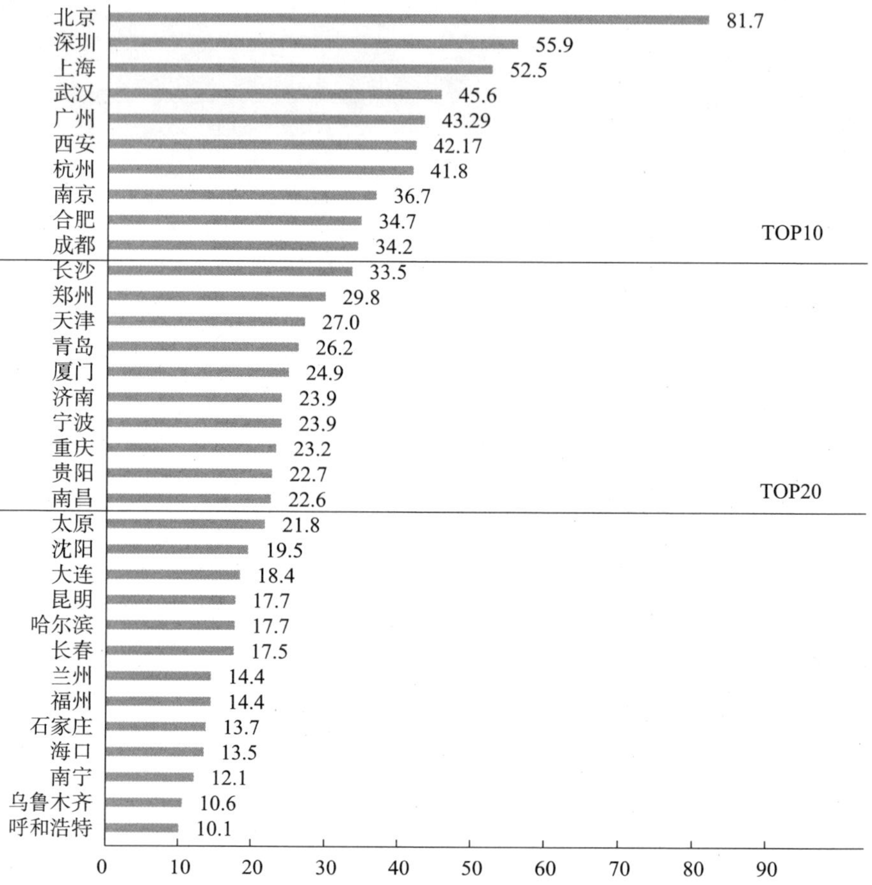

图 2-6　科技城市创新能力评价总指数（SCII）

资料来源：鑫创科技产业研究院整理。

2. 纵向对比

与2020年相比，科技城市创新能力在东西之间差异缩小，但南北差异扩大。从传统的东部、中部、西部和东北四大区域来看，在排名前20的城市中，有11个城市位于东部地区，数量占比达55%，与2020年持平；有4城位于西部，相比2020年贵阳从第22名上升到第19名；2020年东北唯一入选的大连2021年未入选，东北四市全部未入局。从南北来看，TOP20中南方城市从13个增加到15个，贵阳、南昌替代太原、大连跨入前20；TOP10中北方城市中仅剩北京一城（见表2-13）。评价结果表明，东南地区是我国经济社会发展的领头羊，具备较强的示范和带动作用。

中部崛起战略效果显著，中部六省的省会城市——武汉、合肥、长沙、郑州、南昌和太原6个城市中，除太原（排名第21位）外全部进入前20名。从我国经济发展所处阶段及产业发展规律看，中部地区承东启西、连南接北，是我国促进区域协调发展、加快构建新发展格局的中坚力量。面对我国经济步入高质量发展的新阶段，以及长江经济带、长三角一体化、黄河流域生态保护和高质量发展等多个国家重大战略的叠加，中部地区发展优势进一步凸显，尤其是2021年3月底审议的《关于新时代推动中部地区高质量发展的指导意见》，将进一步加速中部地区创新，为其高质量发展指明方向。

西部地区与东部地区发展差距扩大的趋势得到缓解，西部大开发已成为我国畅通国内大循环的必由之路。进入创新能力前20名的城市从2020年的3个增加到4个，包括西安、成都、重庆和贵阳，主要受益于20余年的西部大开发战略。2021年2月，科技部专门发布《关于加强科技创新促进新时代西部大开发形成新格局的实施意见》，提出到2035年形成以科技创新引领大保护、大开放、高质量发展的新格局，支持成渝科技创新中心建设，支持西安全国重要科研和文教中心建设。“十四五”规划纲要中，“推进西部大开发形成新格局”位列深入实施区域协调发展战略首位，提出推进成渝地区双城经济圈建设，打造具有全国影响力的科技创新中心。未来，西安、成都、重庆和贵阳四个创新能力较强的城市应着重发展基础研究和应用研究，而其他创新能力相对较弱的城市仍应以科技成果产业化为主要发力点，加大力度推动成熟产业的规模化和新兴技术的产业化落地。

表2-13 科技城市创新能力评价总指数纵向对比

城市	2020年排名	2021年排名	排名升降	排名变化原因
北京	1	1	0	—
深圳	2	2	0	—
上海	3	3	0	—
武汉	5	4	1	研发经费投入强度、万人发明专利授权量增加
广州	4	5	-1	—
西安	6	6	0	—
杭州	8	7	1	研发人员投入强度显著增加
南京	7	8	-1	—
合肥	13	9	4	创新产出中万人发明专利授权量、科创板上市企业数量显著增加

续表

城市	2020 年排名	2021 年排名	排名升降	排名变化原因
成都	9	10	-1	—
长沙	11	11	0	—
郑州	14	12	2	研发人员投入强度、国家重点实验室数量增加
天津	10	13	-3	科创板上市企业数量、城市人口吸引力排名显著下降
青岛	12	14	-2	创新转化中国家重点实验室数量、技术合同成交额占地区 GDP 比重排名下降
厦门	16	15	1	—
济南	15	16	-1	—
宁波	18	17	1	—
重庆	17	18	-1	—
贵阳	22	19	3	技术合同成交额占地区 GDP 比重、实际使用外资金额占地区 GDP 比重大幅提升
南昌	21	20	1	—
太原	20	21	-1	—
沈阳	23	22	1	—
大连	19	23	-4	实际使用外资金额占地区 GDP 比重明显下降
昆明	28	24	4	创新源头中研发经费投入强度、研发人员投入强度、地方财政用于科技支出的比重显著增加
哈尔滨	24	25	-1	—
长春	26	26	0	—
兰州	27	27	0	—
福州	25	28	-3	创新源头、创新环境排名下降
石家庄	29	29	0	—
海口	33	30	3	技术合同成交额占地区 GDP 比重、实际使用外资金额占地区 GDP 比重上升
南宁	30	31	-1	—
乌鲁木齐	32	32	0	—
呼和浩特	31	33	-2	创新产出排名下降

资料来源：鑫创科技产业研究院整理。

（二）分类排名

1. 创新源头指数

33 个城市创新源头指数排名见图 2-7。从图 2-7 中可以看出，深圳创新源头指数为 71.6，位列第 1。北京创新源头指数为 66.5，位列第 2。广州、合肥、南京、武汉、杭州 5 城创新源头指数在 50~60，分列第 3~7 位。西安、上海、长沙等 26 个城市创新源头指数在 50 以下，位列第 8~第 33。深圳、北京属于创新源头指数排名第一梯队，集聚了全国大量人才、资本等要素，是我国自主创新、原始创新的主要策源地。广州、合肥、南京、武汉、杭州属于创新源头指数排名第二梯队，西安、上海、长沙等属于创新源头指数排名第三梯队。

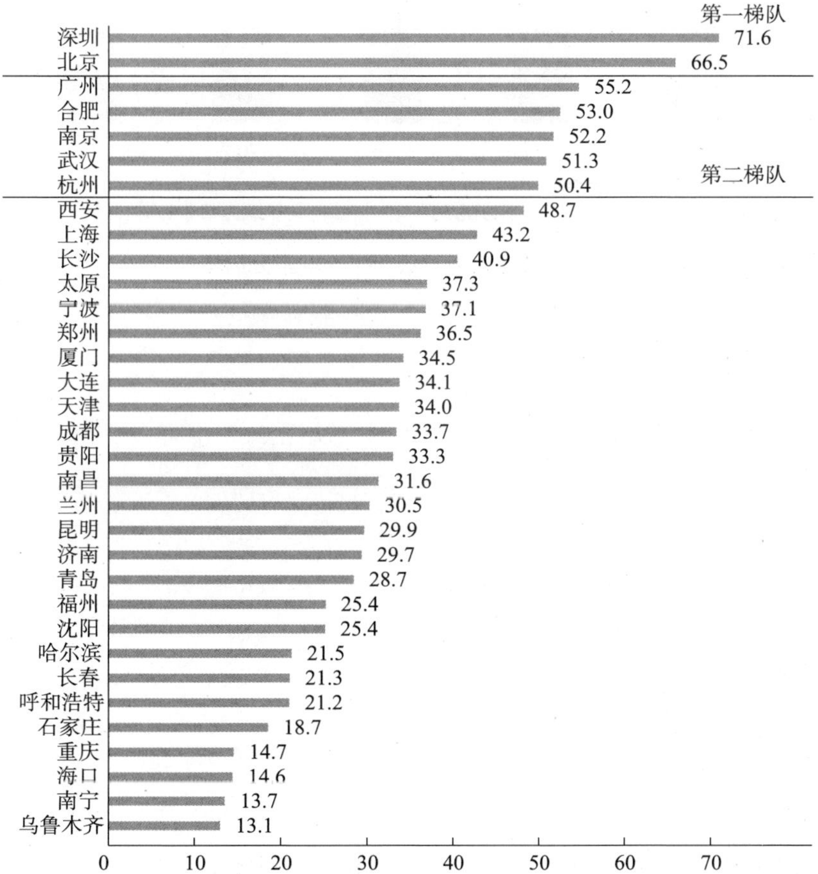

图 2-7　科技城市创新源头指数排名

资料来源：鑫创科技产业研究院整理。

创新源头富集的城市，政府和企业在人、财、物上均向科技创新倾斜。从创新源头 TOP5 城市的分项指标来看，研发经费投入强度、研发人员投入强度、地方财政用于科技支出的比重 3 个二级指标在 33 个城市中均排名前列，说明当地政府和企业对科技创新的资金支持力度较大。但 TOP5 城市中深圳、北京 2 个城市万人普通高等学校在校生数普遍排名靠后，这主要是由于深圳和北京常住人口均处全国前列，且深圳普通高等学校缺少（见图 2-8）。

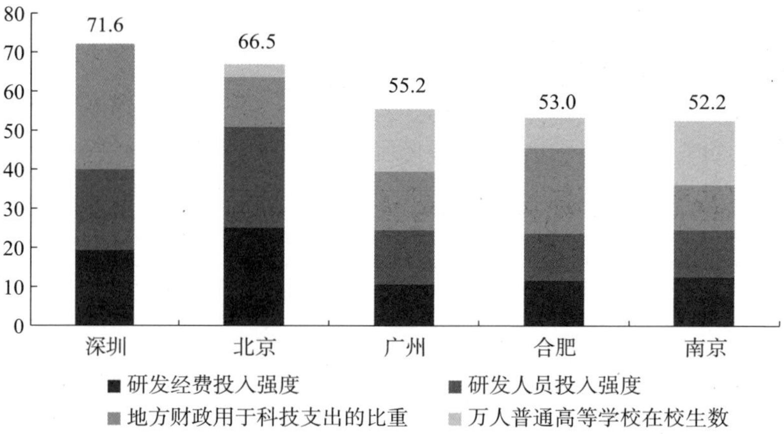

图 2-8　科技城市创新源头 TOP5 城市分项指标情况

资料来源：鑫创科技产业研究院整理。

2. 创新转化指数

33 个城市创新转化指数排名见图 2-9。从图 2-9 中可以看出，北京创新转化指数为 96.7，位列第 1。上海、西安、武汉、南京、天津、深圳、成都、广州 8 城创新转化指数在 20~40，位列第 2~第 9。杭州、青岛、长春等 24 个城市创新转化指数在 20 以下，位列第 10~第 33。北京属于创新转化指数排名第一梯队，创新转化指数远高于其他 32 个城市，这主要得益于北京市搭建了大量国家级的创新成果转化平台。上海、西安、武汉、南京、天津、深圳、成都、广州属于创新转化指数排名第二梯队，杭州、青岛、长春等属于创新转化指数排名第三梯队。

创新转化能力比较强的城市集聚了一批国家级创新成果转化孵化平台，为创新成果从实验室到用户手中架起了桥梁，催生大量新产业、新业态、新模式。从创新转化 TOP5 城市的分项指标来看（见图 2-10），北京、上海的前 3 个二级指标分别排名第 1、第 2；除西安的国家工程技术研究中心数量、上

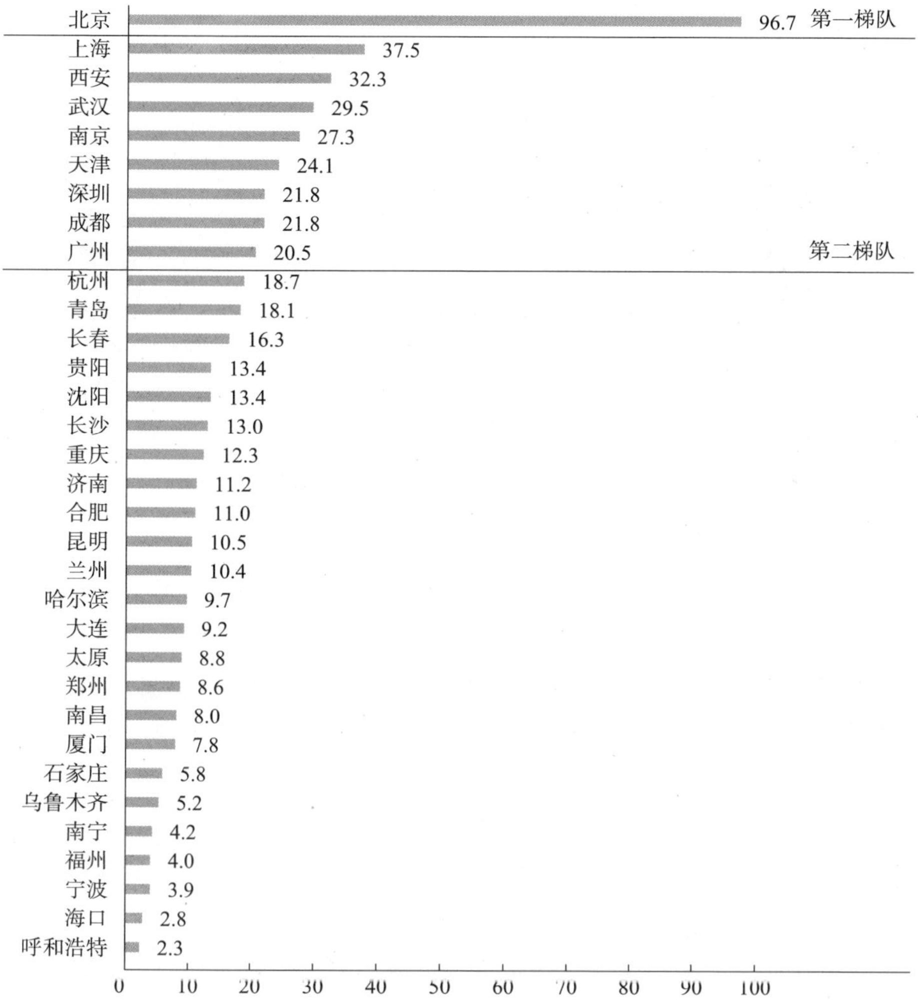

图 2-9 科技城市创新转化指数排名

资料来源：鑫创科技产业研究院整理。

海的技术合同成交额占地区 GDP 比重外，5 个城市的国家重点实验室数量、国家工程技术研究中心数量、国家级科技企业孵化器等数量和技术合同成交额占地区 GDP 比重 4 个二级指标在 33 个城市中均排名前 15。从国家重点实验室数量来看，截至 2020 年 5 月，我国已建成 542 个国家重点实验室，创新源头 TOP5 城市占比为 48%，其中北京占比达 25%。

3. 创新产出指数

33 个城市创新产出指数排名见图 2-11。从图 2-11 中可以看出，北京、

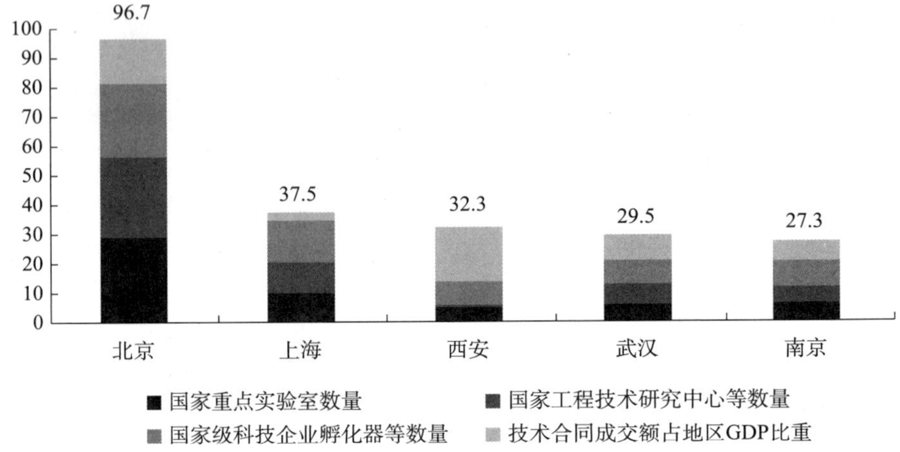

图 2-10 科技城市创新转化 TOP5 城市分项指标情况

资料来源：鑫创科技产业研究院整理。

深圳和上海创新产出指数分别为 79. 3、61. 5 和 59. 8，分列前三名。杭州、武汉、合肥创新产出指数在 40~50，位列第 4~第 6。郑州、长沙、广州、南京、济南创新产出指数在 30~40，位列第 7~第 11。西安、青岛、厦门、宁波等 22 个城市创新产出指数在 30 以下，位列第 12~第 33。北京、深圳、上海属于创新产出指数排名第一梯队，创新成果产业化能力强。杭州、武汉、合肥、郑州、长沙、广州、南京、济南 8 城属于创新产出指数排名第二梯队，西安、青岛、厦门、宁波等属于创新产出指数排名第三梯队。

创新产出密集的城市创新产出的效益和质量均较高，从专利到产品不仅数量上占优势，而且资本市场对其认可度更高。从创新产出 TOP5 城市的分项指标来看（见图 2-12），5 个城市的万人发明专利授权量、科创板上市企业数量和高新技术企业营业收入与规上工业企业主营业务收入之比 3 个二级指标均位居前 15；5 城中仅北京规上工业企业新产品销售收入与主营业务收入之比排名未进入前 15。从科创板上市企业数量来看，截至 2021 年 4 月中旬共上市 261 家企业，创新产出 TOP5 城市占比 46%，其中北京和上海分别占 15%。

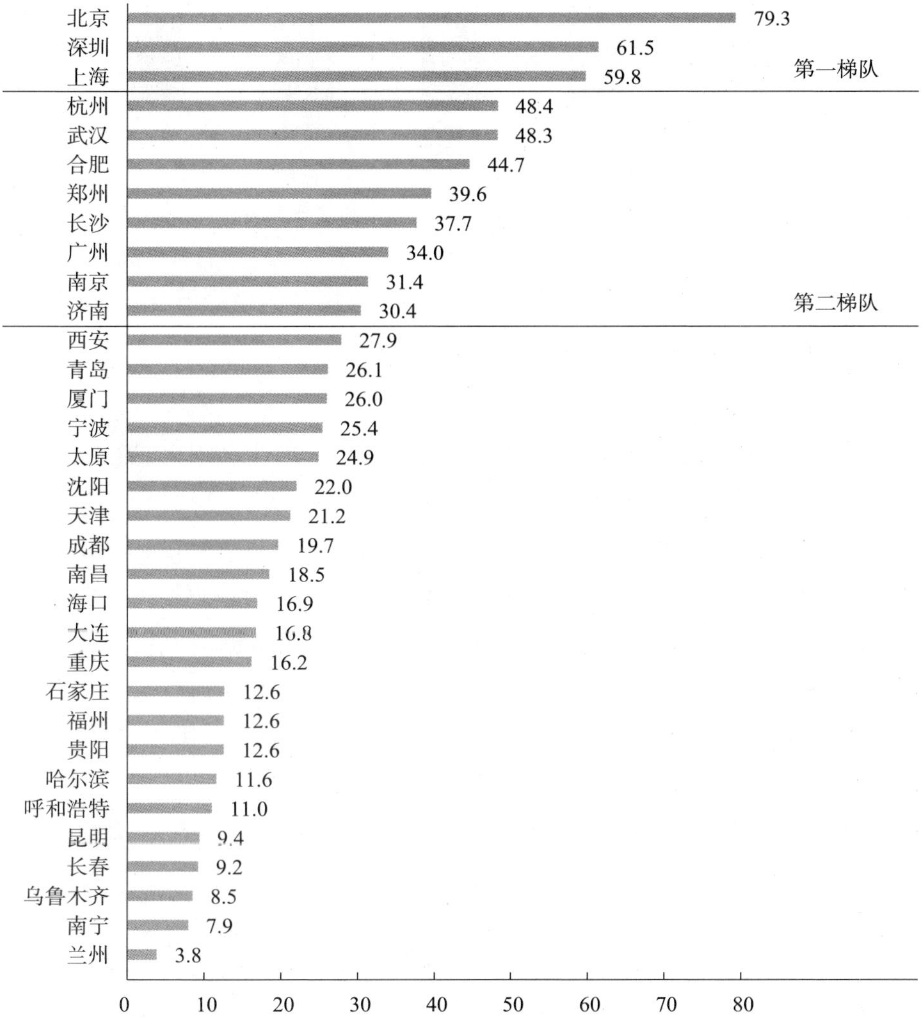

图 2-11 科技城市创新产出指数排名

资料来源：鑫创科技产业研究院整理。

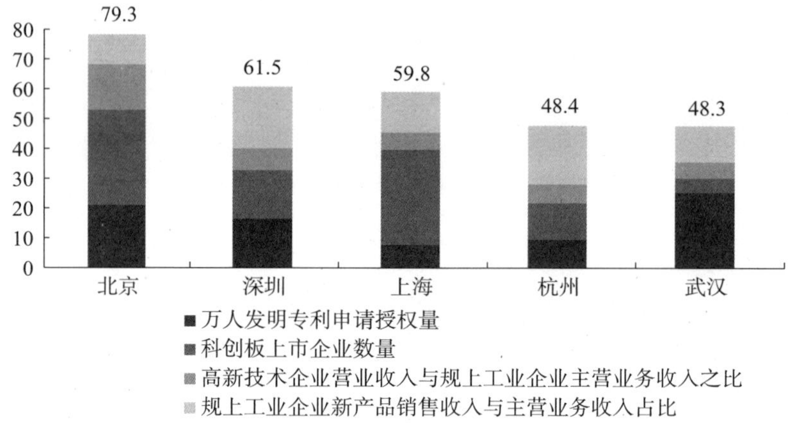

图 2-12　科技城市创新产出 TOP5 城市分项指标情况

资料来源：鑫创科技产业研究院整理。

4. 创新环境指数

33 个城市创新环境指数排名见图 2-13。从图 2-13 中可以看出，北京、深圳、上海创新环境指数均超过 70，位列前 3。广州、成都、西安、武汉、重庆、杭州、长沙 7 城创新环境指数在 40~70，位列第 4~第 10。南京、郑州、南昌、厦门等 23 个城市创新环境指数在 40 以下，位列第 11~第 33。北京、深圳、上海属于创新环境指数排名第一梯队，城市创新的硬环境越来越先进、软环境越来越宽松，创新氛围浓厚、可持续化发展前景大。广州、成都、西安、武汉、重庆、杭州、长沙属于创新环境指数排名第二梯队，南京、郑州、南昌、厦门等属于创新环境指数排名第三梯队。

创新环境比较好的城市能够充分融合人才、技术、资金、信息等创新要素。从创新环境 TOP5 城市的分项指标来看（见图 2-14），北京、上海 2 个城市的 4 个二级指标均排名前列。5 城的城市人口吸引力指数、城市营商环境指数均位居前列，国家高新区营业收入与地区 GDP 之比排名中仅广州、成都相对靠后，实际使用外资金额占地区 GDP 比重排名中仅深圳、广州相对靠后。

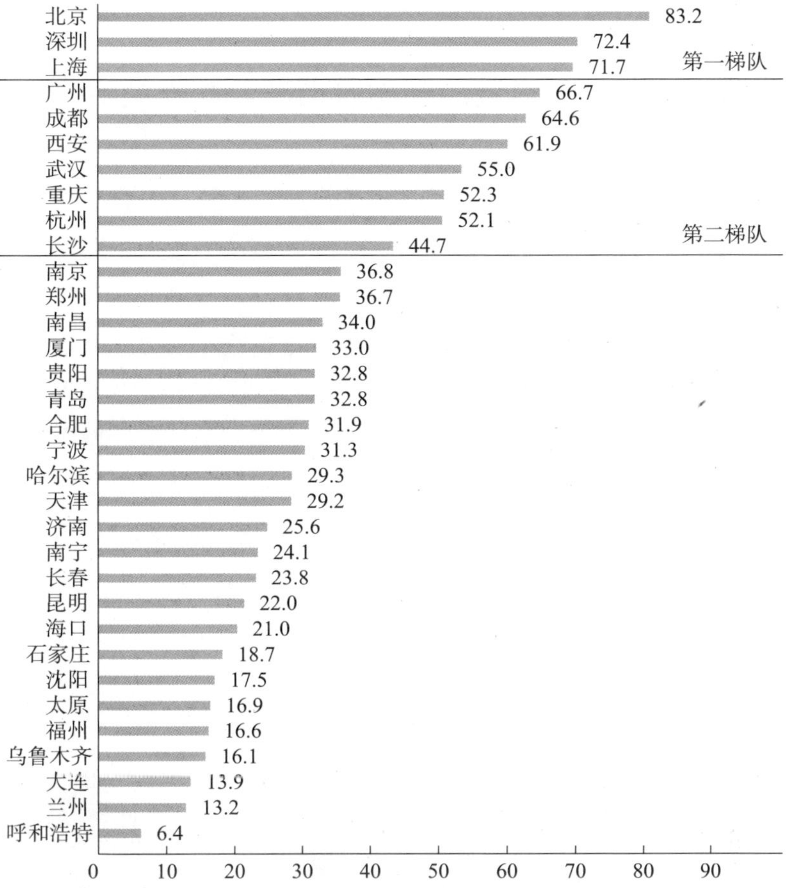

图 2-13 科技城市创新环境指数排名

资料来源：鑫创科技产业研究院整理。

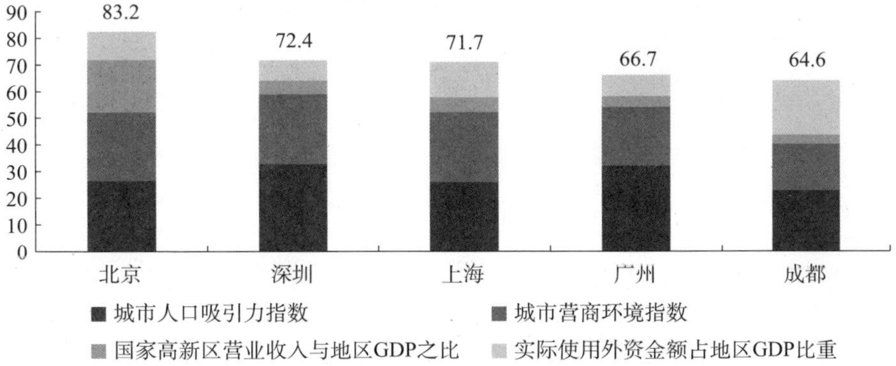

图 2-14 科技城市创新环境 TOP5 城市分项指标情况

资料来源：鑫创科技产业研究院整理。

第三节 科技创新与城市产业发展关系

一、创新能力与产业规模

用 GDP、人均 GDP 分别代表城市整体产业规模和人均产业规模，33 个城市的创新能力（用创新指数衡量）与产业规模（用人均 GDP 衡量）气泡图见图 2-15，图中气泡大小为城市 GDP 规模。由图 2-15 可知，城市的创新指数与人均产业规模呈正相关关系，二者相关系数高达 0.75，即城市的综合创新能力越强，其人均产业规模越高。

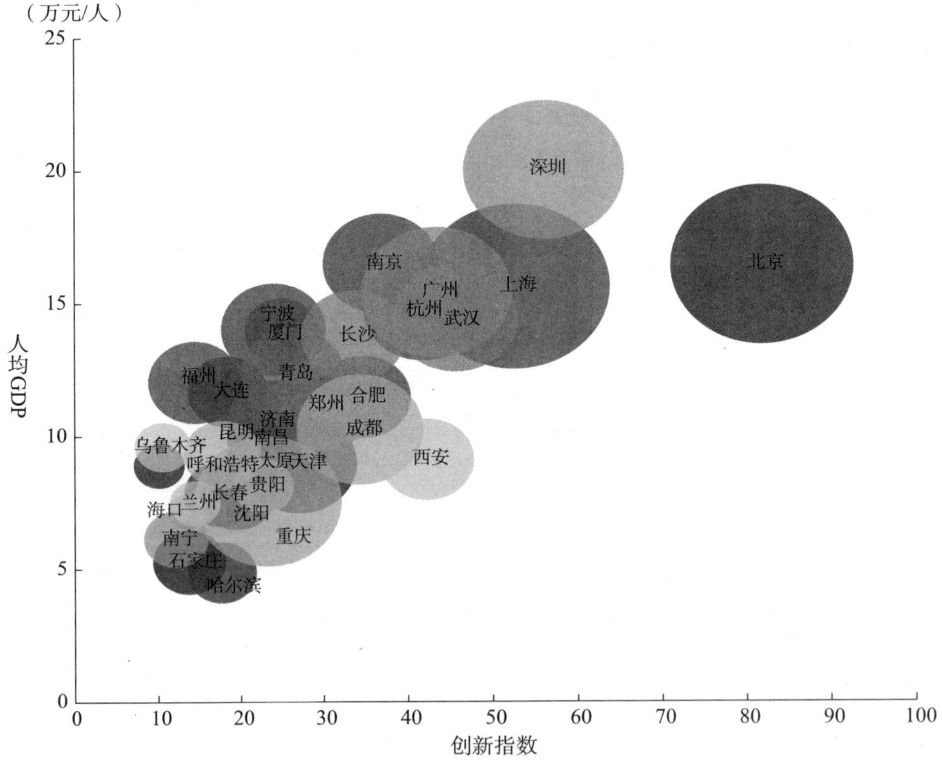

图 2-15 科技城市创新能力与产业规模气泡图

资料来源：鑫创科技产业研究院整理。

二、创新能力与产业结构

用非农产业增加值占 GDP 比重来衡量城市的产业结构，33 个城市的创新能力（用创新指数衡量）与产业结构气泡图见图 2-16，图中气泡大小为第三产业增加值规模。由图 2-16 可知，城市的创新指数与产业结构呈正相关关系，二者相关系数达到 0.55，即城市的创新能力越强，其非农产业占比越高，产业结构的优化程度越高。

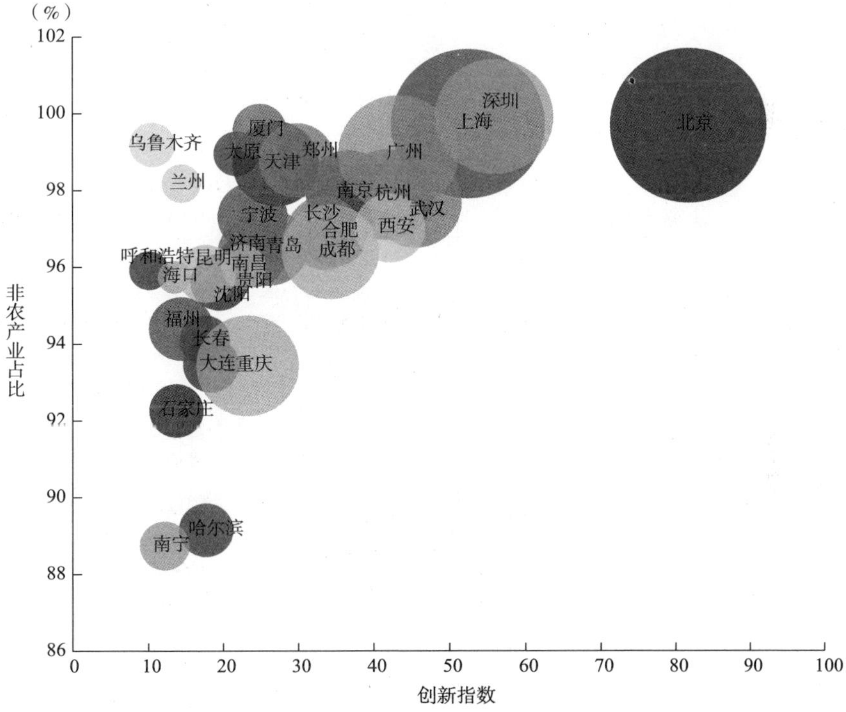

图 2-16 产业结构与科技城市创新能力气泡图

资料来源：鑫创科技产业研究院整理。

三、创新能力与重点产业

从重点产业布局来看，科技城市创新能力越强，国家战略性新兴产业集群、先进制造业集群优胜者的数量相对越多，且国家相关产业试验区或示范区数量越多。其中创新指数 TOP10 城市中，除南京外均为国家新一代人工智能创新发展试验区，5 城为“中国制造 2025”城市（城市群）试点示范。6 个国家数字经济创新发展试验区所在的 4 个省会城市均位居创新能力 TOP10。科技城市创新能力评价总指数纵向对比见表 2-14。

表 2-14　科技城市创新能力评价总指数纵向对比

2021 年排名	城市	国家战略性新兴产业集群、先进制造业集群优胜者			其他产业
		数量	战略性新兴产业	先进制造业	
1	北京	4	集成电路、人工智能、生物医药（2 个）	—	国家新一代人工智能创新发展试验区
2	深圳	7	新型显示器、人工智能、智能智造	新一代信息通信、先进电池材料、智能装备、高端医疗器械	国家新一代人工智能创新发展试验区 国家数字经济创新发展试验区
3	上海	6	集成电路、信息服务、人工智能、生物医药	集成电路、生物医药	国家新一代人工智能创新发展试验区
4	武汉	4	集成电路、新型显示器件、下一代信息网络、生物医药	—	国家新一代人工智能创新发展试验区 “中国制造 2025”试点示范
5	广州	5	智能制造、生物医药	超高清视频和智能家电、智能装备、高端医疗器械集群	国家新一代人工智能创新发展试验区 国家数字经济创新发展试验区 “中国制造 2025”试点示范
6	西安	2	集成电路	航空集群	国家新一代人工智能创新发展试验区
7	杭州	3	信息技术服务、生物医药	数字安防集群	国家新一代人工智能创新发展试验区 国家数字经济创新发展试验区
8	南京	2	—	软件和信息服务、智能电网装备	国家健康医疗大数据中心试点 “中国制造 2025”试点示范
9	合肥	4	集成电路、新型显示器、人工智能	智能语音集群	国家新一代人工智能创新发展试验区 国家健康医疗大数据中心试点 “中国制造 2025”试点示范
10	成都	4	轨道交通、生物医药	软件和信息服务、高端能源装备集群	国家新一代人工智能创新发展试验区 国家数字经济创新发展试验区 “中国制造 2025”试点示范

续表

2021年排名	城市	国家战略性新兴产业集群、先进制造业集群优胜者			其他产业
		数量	战略性新兴产业	先进制造业	
11	长沙	2	智能制造	工程机械集群	国家新一代人工智能创新发展试验区 “中国制造 2025”试点示范
12	郑州	2	信息服务、下一代信息网络	—	“中国制造 2025”试点示范
13	天津	2	网络信息安全和产品服务、生物医药	—	国家新一代人工智能创新发展试验区
14	青岛	4	轨道交通装备、节能环保	智能家电、轨道交通装备集群	“中国制造 2025”试点示范
15	厦门	2	新型功能材料、生物医药	—	国家数字经济创新发展试验区 国家健康医疗大数据中心试点
16	济南	1	信息技术服务	—	国家新一代人工智能创新发展试验区 国家健康医疗大数据中心试点
17	宁波	1	新型功能材料	—	“中国制造 2025”试点示范
18	重庆	1	生物医药	—	国家新一代人工智能创新发展试验区 国家数字经济创新发展试验区
19	贵阳	1	信息技术服务	—	国家健康医疗大数据中心试点
20	南昌	—	—	—	—
21	太原	—	—	—	—
22	沈阳	—	—	—	“中国制造 2025”试点示范
23	大连	2	信息技术服务、智能制造	—	—
24	昆明	—	—	—	—
25	哈尔滨	1	生物医药	—	—
26	长春	—	—	—	“中国制造 2025”试点示范
27	兰州	—	—	—	—
28	福州	1	新型功能材料	—	国家数字经济创新发展试验区 国家健康医疗大数据中心试点

续表

2021 年排名	城市	国家战略性新兴产业集群、先进制造业集群优胜者			其他产业
		数量	战略性新兴产业	先进制造业	
29	石家庄	1	生物医药	—	—
30	海口	—	—	—	—
31	南宁	—	—	—	—
32	乌鲁木齐	1	先进结构材料	—	—
33	呼和浩特	—	—	—	—

资料来源：鑫创科技产业研究院整理。

33 个城市的创新能力（用创新指数衡量）与科技服务业（用该行业城镇单位就业人员数衡量）之间的关系见图 2-17。由图 2-17 可知，城市的创新指数与科技服务业城镇单位就业人员数呈正相关关系，二者相关系数达到 0.84，即城市的创新能力越强，其科技服务业规模相对越大。

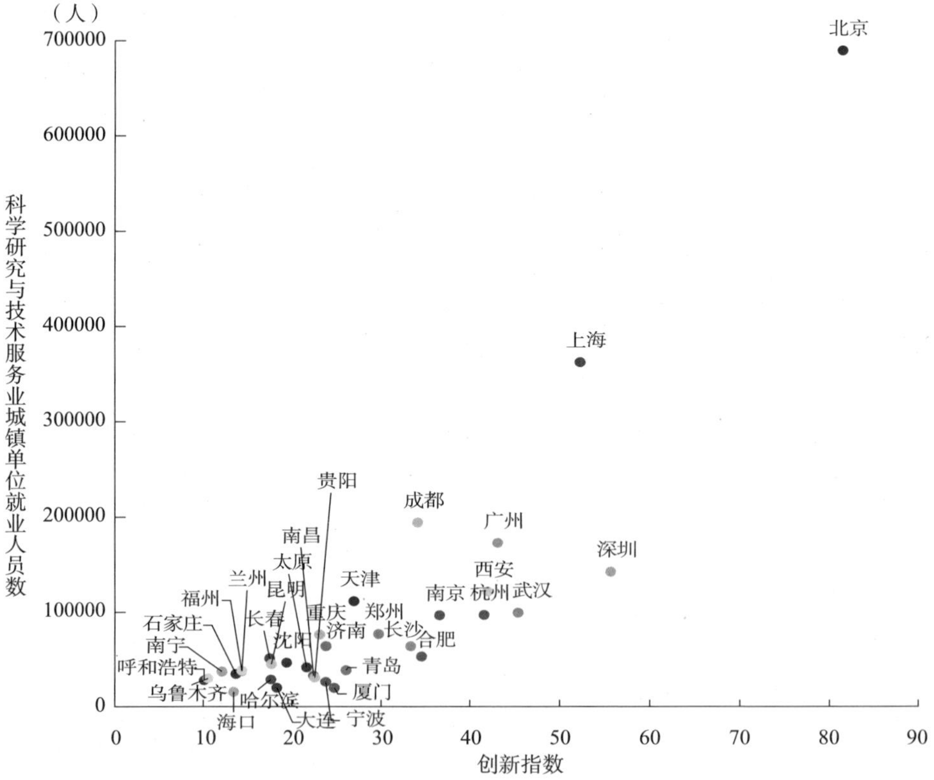

图 2-17　科技城市创新能力与科技服务业城镇单位就业人员数散点图

资料来源：鑫创科技产业研究院整理。

第四节 科技城市产业主要特征

一、科技城市产业国际化程度普遍较高

科技城市产业国际化程度普遍较高，“引进来”与“走出去”并重，不仅跨国企业数量较多、使用外资金额较多，而且企业的海外收入相对较高。从跨国企业数量来看，上海是全国跨国公司地区总部数量最多的城市，截至2020年11月19日，上海跨国公司地区总部达763家，外资研发中心477家，总部经济国际化水平居全国首位。从使用外资金额来看，如图2-18所示，科技城市创新指数与实际使用外资金额呈正相关关系，相关系数达0.80，即创

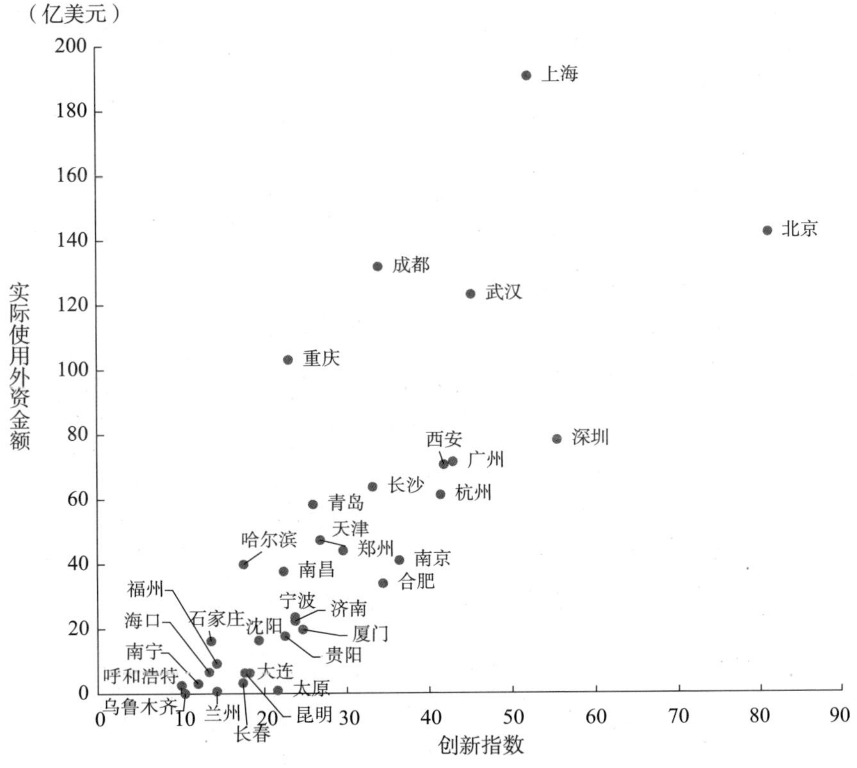

图2-18 科技城市创新能力与实际使用外资金额散点图

资料来源：鑫创科技产业研究院整理。

新能力越高的城市，实际使用外资金额越高。从企业的海外收入来看，拥有海外收入上市公司数量较多的三个省份是广东、浙江、江苏，分别为 408 家、341 家、311 家，此外，北京、上海、山东拥有海外收入的上市公司数量均超 100 家。

二、科技城市产业技术含量较高

科技城市的科创板上市企业数量普遍较多，而且其创新指数与高新技术企业数量、科技型中小企业数量呈正相关关系，表明科技城市产业技术含量普遍较高，且以高技术产业为主。高技术产业主要分为制造业和服务业两大类，具体涵盖产业见表 2-15。该产业具有技术含量高、附加值高、创新性强、辐射力强等特征，是我国经济高质量发展的先导产业。由科技城市的创新指数与高新技术企业数量之间的正相关关系可知，科技城市产业以高技术产业为主。比如，创新指数排名第二的深圳，2020 年全市企业 500 强中高新技术产业企业数量占比过半，占据绝对优势；创新指数排名第四的武汉，2020 年高技术规模以上制造业增加值同比增长 4.7%，增速高于规模以上工业增加值 11.6 个百分点。“十三五”期间，全国高技术制造业增加值占规模以上工业增加值的比重达 33.7%，相比 2015 年提高 1.9 个百分点。高技术产业已成为推动各科技城市产业发展的重要力量，对城市经济发展的作用日益增强。

表 2-15　高技术产业分类

序号	高技术产业（制造业）	高技术产业（服务业）
1	医药制造业	信息服务
2	航空、航天器及设备制造业	电子商务服务
3	电子及通信设备制造业	检验检测服务
4	计算机及办公设备制造业	专业技术服务业的高技术服务
5	医疗仪器设备及仪器仪表制造业	研发与设计服务
6	信息化学品制造业	科技成果转化服务
7	—	知识产权及相关法律服务
8	—	环境监测及治理服务
9	—	其他高技术服务

资料来源：高技术产业（制造业）分类（2017 年），高技术产业（服务业）分类（2018 年）。

三、科技城市产业集聚程度较高

科技城市普遍围绕优势产业形成产业链、供应链，产业集聚程度较高。第一财经新一线城市研究所联合启信宝发布的数据显示，北京、深圳、上海作为创新指数TOP3城市，在八个新兴产业的集中度上体现出绝对优势（见图2-19）。科技城市通过项目驱动、龙头引领、链长制等方式实现上下游、产供销有效衔接。

贵阳是项目驱动型的典型代表。通过引进大数据重点项目，加快集聚大数据各类业态，建成了高新区、综保区、观山湖区等10个大数据综合试验区，形成了一批世界500强企业、一批国内大数据领军企业、一批本地优质企业的大数据企业格局，大数据产业发展实现了从“风生水起”到“落地生根”再到“集聚成势”的三级变迁。

		新一代信息技术	高端装备	新材料	新能源	节能环保	生物医药	大数据	工业互联网
1	北京	7	26	18	11	2	1	2	11
2	深圳	1	6	2	7	16	3	1	1
3	上海	3	1	1	2	1	4	3	3
4	武汉	19	48	33	61	42	9	10	14
5	广州	4	12	8	17	17	2	4	7
6	西安	12	34	79	24	29	7	9	22
7	杭州	8	7	14	14	11	8	5	12
8	南京	25	40	53	70	81	22	8	10
9	合肥	16	41	43	28	34	16	11	13
10	成都	6	24	28	26	18	13	7	20

进入全国排名前5的城市
在全国排名第5~第10的城市
在全国排名10以外的城市

图2-19 科技城市创新能力TOP10八个新兴行业的企业数量排名

资料来源：第一财经新一线城市研究所。

合肥坚持龙头带动的效果非常明显。在集成电路领域，合肥以京东方为引领，承接与培育并重，承接彩虹、联想等外地优质项目，积极培育本地企业，形成“上游原材料→中游面板和模组→下游终端整机”的产业链，集成电路企业由 2013 年的 12 家增加至目前的 180 余家。

“链长制”有助于在培育扶持本地龙头企业的同时维护好市场秩序。该制度最早于 2017 年出现在长沙，2019 年兴起于浙江，浙江是国内最早在全省范围推行“链长制”的省份，2020 年扩展至全国。2020 年为应对疫情对产业的冲击及全球格局的变化，响应国家构建新发展格局的需求，江西、山东、南京、苏州、北京、深圳、合肥、长春等省市相继出台“链长制”相关政策，以提升产业基础高级化、产业链现代化水平。

第三章 科技城市产业发展总体目标

科技城市通过构建国际创新型产业生态来促进城市产业转型升级和科技水平提升，从而引领城市经济实现高质量发展。科技城市以科技创新为引领，以打造国际化创新生态、引育科技创新人才、构建科技创新服务体系、建设科技城市产业平台为产业发展总体目标，构建产业聚集、生态宜居、充满活力的科技城市生态系统。

第一节　打造国际化创新生态

在全球新一轮技术革命和产业变革的时代背景下，想要打造国际化、开放型的创新生态，需要重点建设完善创新要素国际自由流动的营商环境，加强国际合作创新，进一步融入全球协同创新网络体系。

一、建立国际创新要素集聚高地

（一）国际创新项目持续引进培育

引进和培育国际创新项目，需要重点做好两个方面的工作：一方面是引进技术领先的成熟科技项目，另一方面是对有潜力引领未来发展趋势的国际创新项目进行孵化或加速服务。综合来看，主要可以通过以下四条实施路径来实现国际创新项目的引进和培育。

一是完善国际招商政策，优化营商环境。结合地方产业特色，对国际研发、制造、检测、试验、总部等类别的项目出台明确的支持政策，系统性引进不同梯次的国际优质科技项目。

二是建立离岸创新创业基地。上海自贸试验区已经建立海外人才离岸创新创业基地，我们要借鉴其先进经验，探索建立注册在国内、经营在国际的离岸创新创业实体平台，在全球创新高地建立海外办事处，加强与国际科技企业、科研院所和投资机构的深度交流与合作。

三是设立海外创新中心。为助力区域重点产业的发展，在全球科技创新高地设立海外创新中心，与国际知名孵化器或加速器开展合作，借力导入优质项目，整合国际资本，开展专业化的服务管理，以市场化运作模式打造

“海外孵化+国内（外）加速+国内产业化”的全球创新孵化体系。

四是推进孵化器、加速器建设。专业孵化器可为国内外初创项目提供孵化服务，出孵后在国内市场化发展。而国际科技加速器，是承接海外优质创新项目进入国内的首站。科技孵化器/加速器的主要功能：一是聚集海外优质项目，帮助其开展产学研合作，对接国内合作伙伴，共同开拓国内市场；二是作为技术转移转化平台，帮助国内外优质科研技术成果进行市场化转化。要充分利用区域内优质的研发办公环境、科创资本和科技服务能力等创新资源，增强国际科技孵化器/加速器功能，参与国际创新合作，同时注重吸引国外知名孵化器等到国内落地布局。

（二）国际人才引培留用机制完善

近年来，“人才是第一资源”的新人才观已成为共识，人才争夺的趋势愈演愈烈，各地政府纷纷加快完善国际专业人才、高端人才的引进机制，通过国际交流合作促进人才培养，提高人才服务水平，在国际人才引进、创新创业、培训等方面提升竞争优势。

一是建立国际标准的人才引进制度，加强海外高层次人才高效聚集。打通国际人才合法居留和就业渠道，优化海外执业资格认证机制，对国内急需的专业领域人才开展执业资格快速认证机制，设立国际人才培训和职业资格认证制度；拓展海外专业人才引进方式，利用全球猎头企业引进国际高端人才。

二是加强国际交流合作，促进国内国外建立双向人才培养机制。推动高等教育方面的国际合作，引进国际知名高校在国内设立联合学院、研究生院、国际学院；支持国内高校与国际知名高校、科研院所合作，联合共建高水平大学（学院）和优势特色学科，建立健全高校学生海外学习实习机制。

三是营造国际化的服务环境，增强对国际高端人才的吸引力。大力推进外国专家人才出入境便利化，简化外国人来华工作许可、永久居留权认定、创业期间居留签证等手续的办理流程；健全国际人才评价机制，发挥多元评价主体作用，建立多维度人才评价标准；简化外籍人士境内工商注册等手续的办理流程，营造更加开放友好的创新创业环境；建设国际化示范社区，保护外籍从业人员的合法权益，加快构建符合国际标准的医疗、教育、就业和社会保障体系。

（三）国际科创资本流通渠道畅通

金融机构和科创企业是国际科创资本的供需两端，要想畅通国际创新资本的流通渠道，核心就是激发资本供需两端的活力，持续提升金融机构的跨境服务功能和科创企业的境外投融资能力，进而提升国际科创资金的使用效率。

一是提升金融机构的跨境服务功能，提升金融领域的服务效率。探索“投贷联动”等金融产品创新，以国有银行境外分支机构为主力，为科技企业境外投融资提供债权融资、股权融资和中介增值服务。

二是提升科创企业的境外投融资能力。制定企业跨境投融资便利化的流程制度，鼓励大企业和科技型中小企业组团开展境外投融资业务。

（四）国内研发创新制度与国际接轨

打造国际化创新生态，必须要有与国际接轨的制度保障，从而减少国际交流障碍。符合国际标准的创新制度，将使合作、知识溢出和转移更方便。

一是加强知识产权保护合作，完善知识产权公共服务体系、科研设备的进出口补贴、科研经费的跨境使用管理。

二是建立科研项目联合招标的流程制度，简化制度程序，提升协同创新效率。

三是聚焦知识产权运营监管、创投服务和投资担保领域，发展金融保险业务。

四是在科技创新、国际金融服务等领域加强国际合作，通过税收减免、安居政策等方式，吸引国际优秀企业和优秀人才入驻，打造高效的创新服务体系，推动创新成果“引进来”和“走出去”，最终构建一个由活跃的风险投资机构、孵化器、国际化人力资源培训服务中心、一流的法律服务机构组成的高效创新服务体系，实现内外创新资源要素整合协同效应。

二、完善国际产学研协同创新体系

（一）科研院所联合研究高效落地

高校与科研机构是知识创新的主导机构，是科技创新成果产出的源头，也是科技创新的核心。鼓励国内外科研院所开展联合研究，对于提升我国材料、装备及其应用技术的研发水平，提升科技自主创新能力，促进高技术产业发展和提升人才队伍层次具有重要作用。为此，各地应积极推进国内外科研院所联合研究的发展，例如推动国内外研究机构在国内设立联合研发基地，引进国际科技创新平台等。

共建联合研发基地。国内高校、科研院所和企业根据技术创新需求，设立面向全球的政府科研项目、技术创新计划，积极引进国际知名高校、科研院所等高端研发资源合作建设联合研发基地。

合作建设科技创新平台。引进国际知名高校、科研院所、企业、国家级科研平台等，参与国内外大科学装置、大科学计划与大科学工程、国家实验室、国家产业创新中心等重大科技基础设施和重大科技创新平台建设。

（二）国际产业协同发展有效推进

随着世界经济交流合作国际化的日益深入，全球产业分工、贸易、创新等领域都发生了巨大转变，全球产业发展已经迈入全球创新发展的新阶段，全球产业协同发展趋势渐成。

产业链的供给端和需求端是交互影响的。技术和产品的研发创新可以产生新的供给，从而创造新的市场需求，拓展市场空间，而市场需求端在对产品和服务提出升级需求后，也会反向驱动供给端的研发创新的升级。通过海外创新中心、国际孵化器/加速器等多种渠道链接国内外技术、项目、人才、资本等产业资源，加快产业供需信息交流，将促进国内外相关产业机构和区域产业的资源要素融合与产业协同，从而助推国内产业集群的优化升级和高质量发展。

“一带一路”已经展现了中国与世界协同发展、合作共赢的时代图景，未来，随着中国参与的区域全面经济伙伴关系协定（RCEP）、中欧投资协定等高标准贸易协定的落地执行，中国的国际协同创新发展的能级、质量以及成效将进一步提升。

（三）国际成果转化能力持续提升

一是加强知识产权保护。在区域内协调设立知识产权仲裁和调解机构，探索制定新领域的科技创新成果的知识产权保护办法和知识产权保险机制，完善知识产权执法机制，加强维权支持工作。

二是促进多种主体运营的科技服务机构发展。鼓励建立服务海外研发、市场化运作、致力于满足产业发展需求的民营科技服务机构，支持其开展人才引进、科技项目咨询、税收服务、国际技术转移转化等专业化服务。

三是深化科技服务业开放。积极探索新一轮科技服务业扩大开放措施先行先试，促进科技服务业外资利用率提升。各地根据产业转型升级与民生保障改善需求，积极引进国际知名高校、科研院所建立科技成果转化基地（中心）或技术转移转化服务机构。

三、形成丰富的国际创新生态氛围

（一）国际合作园区精准定位

国际合作园区是承载国际创新项目、人才、资本、规则等创新资源的主要载体，在集聚世界一流创新要素、构建国际化的创新生态体系方面具有核心作用。其中，国际合作园区建设有助于加强科技、经贸、文化、外交等全方位深度交流合作和紧密融合。为此，应抓住近年来我国签订或达成“一带一路”合作倡议、区域全面经济伙伴关系协定（RCEP）以及中欧投资协定等一系列超大规模、跨区域的贸易协定的历史机遇，加快推进国际合作园区建设。

国际合作园区应致力于开展国际创新孵化和产业引入，通过集聚国际研究中心、技术转移转化平台、专业孵化器、高成长型创新企业，打造成为领先的国际技术转移转化和创新应用基地。建设国际合作园区的主要目的不在于短期的资本投入和税收产出，而在于提升对外服务能力和强化对整个城市创新生态体系的支撑。支持行业龙头企业利用自身先进的技术和辅导资源在园区内设立国际科技孵化器和加速器。加大对风险投资机构和风投基金的招引力度，鼓励园区与海外优秀创投机构合作设立合作基金，市场化运作提升对国际创新创业项目的决策能力。

（二）国际产业数字平台高效服务

国际产业平台是数字经济时代集大数据、人工智能、云计算等现代信息技术于一体的数字化智能化新型信息基础设施，能够汇集国际人才、资本、技术、信息等产业资源，是一个面向全世界、汇集全要素、赋能全链条的专业产业服务平台。平台需要搭建软硬件资源池、安全保障体系两大基础设施底座，建设大数据资源库、数据管理平台和数据应用平台三大数据资源中心，形成研究支撑、智能看板、专家协同和智见推送等智能分析引擎，提供全球产业合作、市场供需扫描、创新人才回溯、产业链索骥、科技成果转化以及全链条科技产业资本服务等应用服务矩阵。

（三）国际交流活动提升区域能级

随着中国开放程度越来越高，国内各地定期或不定期举办一些具有国际品牌影响力和行业专业性的各类国际创新活动，重点打造国际高端论坛、合作对接大会以及国际赛事等国际创新活动平台。此外，国内外代表团互访活动也日渐频繁。这些国际交流活动将加速国际人才流动和产业信息传播，有利于国际产业项目合作对接和国际协同创新发展，同时也有利于全方位宣传展示区域实力和魅力，提升区域行业影响力和区域国际化品牌形象。

（四）国际科创资本投资乐土

持续优化外商投资环境，持续减少外商投资准入负面清单。近年来，外资在我国金融机构中的股比限制逐渐取消。外资通过沪港通、债券通等交易机制持续进入中国市场，为国际资本在中国的投资发展创造了更适宜的环境。

以科创板为国际资本投资窗口，持续推进科技板健康发展。科创板是代表中国先进产业和新经济公司的独立指板，对未来中国资本市场来说是个风向标，也是中国经济转型、产业升级的晴雨表。2020 年，科创板企业整体业绩延续高增长态势，实现了营业收入、净利润同比大幅增长。同时，科创板企业深耕科技创新，持续加大研发投入，创新成果竞相涌现。因此，境外机构和国际资本高度关注科创板市场。2021 年 2 月，11 只科创板股票被纳入富时全球股票指数；5 月，5 只科创板股票被纳入 MSCI 中国 A 股指数。

第二节 引育科技创新人才

近年来，在全球科技浪潮涌动下，城市对人才的需求更为强烈，国内众多城市都参与了“抢人大战”。引育科技创新人才是科技城市创新能力提升的重要环节，科技创新人才更加关注高质量的工作和生活环境。科技城市要将经济投资、产业发展、高品质公共空间、健康生活方式等方面密切关联，以独特创新环境和氛围吸引科技创新人才集聚。国家“十四五”规划就“激发人才创新活力”进行部署，强调“贯彻尊重劳动、尊重知识、尊重人才、尊重创造方针，深化人才发展体制机制改革，全方位培养、引进、用好人才，充分发挥人才第一资源的作用”。

一、构建高质量科技创新人才体系

科技城市竞争就是“科技创新人才”的竞争，拥有科技创新人才，就可以掌握科技创新优势和主导权。科技城市要构建高质量的科技创新人才体系，大规模集聚一批“高精尖”专业人才，如科技领军人才、创新型企业家、青年创新人才等，从而形成科技城市高质量科技创新人才引领，高水平科技创新发展的生动局面。科技城市高质量科技创新人才体系，要以科技企业为主体、市场为导向，支撑科技城市形成“人才、创新、产业、资金”四链深度融合的科技创新体系。培育和组建一批有全球影响力的科技创新人才队伍和高水平创新团队。科技创新人才涵盖基础研究、应用开发、产业化等创新链的各个环节，涉及电子信息、生物医药、新能源、新材料、装备制造等重点领域。

（一）顶尖科技创新人才

抢抓全球人才流动新机遇，加快吸引集聚海内外高层次人才。通过构建科技城市“高精尖缺”人才目录库，面向国际靶向引进基础研究、前沿技术、战略性新兴产业等重点领域顶尖人才，推动海外华人科学家回国从事科技研发和创新创业。培育和用好国内顶尖科技创新人才，推动国内顶尖人才国际化发展，以多种方式集聚顶尖关键人才。同时，秉持“人才不求为我所有，但求为我所用”的开放理念，布局科技城市“人才飞地”，创新推进高端人才引进计划，创新人才举荐制、认定制等遴选模式，加强对国际国内人才保护保障。

（二）创新产业领军人才

知识经济时代，产业跟着人才走，一个领军人才就是一个产业。科技城市要坚持以事业聚才，为科技创新人才搭建高水平科技创新创业平台，着力打造适应全球科技革命和产业变革的新时代企业家队伍。厚植“企业为创新主体”的理念，发挥创新型企业家引领产业转型升级的关键作用。一方面，以产业发展来聚集高端发展人才，让“人才围绕产业转”，通过一系列的机制体制改革，打通人才助力经济发展的“最后一公里”，起到明确的导向作用。另一方面，依托创新产业领军人才，围绕产业集群和技术创新方向，组织创新团队，开展重大项目研发、关键共性技术联合攻关等，为科技城市创新产业集群发展提供支撑。

（三）青年科技人才和创新团队

青年是科技人才队伍的中坚力量，是科技事业的主力，也是创新活力最积极的群体。科学史研究表明，科学家在 25～45 岁时最富有创造力和创新精神，重要的科学贡献通常是在科学家年轻的时候做出来的。莱曼（Lehman）基于科技领域的重大成果分析时发现，这些重大成果基本上是 40 岁以下的科学家研究取得的。[①] 科技城市要重点培养具有国际竞争力的青年科技人才后备军，壮大工程师、技术人才、基础科学研究人员队伍等。一是建立青年科技人才“阶梯式”支持机制，支持高校院所、企事业单位建设博士后工作站，提高博士后工作站建站补助等标准。二是组建高校毕业生就业联盟，鼓励企业加大对优秀青年人才的招揽、储备和培养力度，支持大学探索开展“定制化”产教融合人才培养模式。三是大力推进大学生实践基地和创业园区建设，打造完善的大学生就业创业全链条支持体系。

二、创建高品质创新工作生活环境

科技创新人才依靠专业技术知识进行创造性思维活动，包括“固有才能、技能、知识、经验、智力、判断、态度、品质、动机，以及学习的能力”。科技创新人才注重个性化、体验化、高层次，对创新创业所需要的全要素服务、开放自由的环境氛围等有着特殊需求。科技城市人才以科研人员、企业家、创客、创业者为主体。这类人群的特征主要体现在高学历和高能力、个人价值实现和存在感、向往自由和开放、热衷探索和交流、注重体验和品质等方面。科技城市要从科技创新人才的需求着手，创建高品质创新工作生活环境，让更多科技创新人才和创新团队愿意来、留得住、干得好。

① 周建中．关于青年科技人才发展战略的思考与建议［J］．科技导报，2019（12）．

（一）国际化互动交流环境

面对科技城市日益凸显的国际化趋势，以国际化的视野和标准打造高品质国际化互动交流环境，成为科技城市发展的重要课题。国际化互动交流环境由国际化基础设施、国际交往合作、国际化配套服务构成。国际化基础设施以国际交通枢纽、国际商务区、国际社区、国际会展中心等为主，为科技创新人才提供便捷的国际交通、商务、工作、生活环境。国际交往合作以国际友好城市、外国机构、国际合作机构、国际文化活动、国际体育赛事、国际科学家工作站等为主，为科技创新人才提供国际化的工作和互动交流的机会。国际化配套服务以国际教育、国际医疗、国际化专业服务为主，为科技创新人才提供与国际接轨的各类服务，以及为境外高层次人才来华工作和创业提供签证、居留等方面的便利服务。

中国、美国和欧洲作为全球科技三极的趋势将更加明显，未来中美、中欧和欧美将成为世界范围内科学家流动的三大主轴。上海市科学学研究所《2020“理想之城”——面向2035年的全球科技创新城市调查报告》调查显示，全球科学家流动趋势呈现“中国—美国—欧洲”国际循环，以及“北京—上海—深圳”国内循环的“双循环”结构。过去5年，北京、上海、深圳和欧美发达国家城市之间已经形成了科学家双向流动的关系；未来5年，中国城市与欧美城市之间的科学家流动趋势将进一步加强，且更加趋于双向平衡。现居欧美发达国家中心城市的科学家中，未来5年计划或考虑向北京、上海、深圳流动的比例为11.7%。现居北京、上海、深圳的科学家中，未来5年计划或考虑向欧美发达国家中心城市流动的比例为15.1%（见图3-1）。①

（二）理想的创新工作空间

科技创新人才理想的创新工作空间是相对独立的高科技产业集聚区，其形态以科技园、科技小镇、科技新城为主，拥有高端研发、科技服务、总部办公、娱乐休闲、品质居住等复合功能。根据清华大学博士论文《创新驱动的科技城规划研究》针对科技人才的调研结果，科技创新人才对理想空间的选择集中在写字楼、科技园、居家办公三类，也有部分人选择将咖啡馆等非正式场所作为理想的工作空间。创新工作空间必须要营造出一种温暖安全的

---

① 上海市科学学研究所《2020“理想之城”——面向2035年的全球科技创新城市调查报告》。

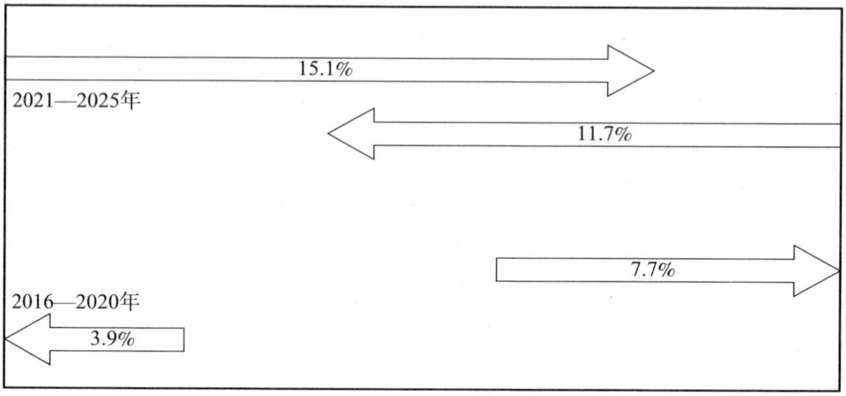

图 3-1　中国与美欧城市之间的科学家流动趋势情况

资料来源：上海市科学学研究所《2020“理想之城”——面向 2035 年的全球科技创新城市调查报告》。

氛围，这样才能够让科技创新人才在完全放松的状态下去完成工作，有利于产生一些新的灵感与想法，提升工作效率与工作质量。创新工作空间根据工作方式不同可以分为独立式工作空间、开放式工作空间、实验式工作空间、团队合作式工作空间等（见表 3-1）。

表 3-1　创新研发工作空间四种类型

类型	独立式工作空间	开放式工作空间	实验式工作空间	团队合作式工作空间
工作方式	工作划分为小的部分，由个人单独完成	不同的专业协作完成项目	办公室工作和实验室工作的逐渐融合，新型的创新方式	高度的智力活动，既需要独立思考，也需要合作交流
空间的占有和共享	空间分散的、不定时的和个性化的使用	空间的共享程度高	办公空间与实验过程紧密联系	时间和安排都不固定，共同占有空间程度高，也有个人专用空间
空间形式	高度的自主性的空间	敞开式的平面布局	一种新的空间形式，两种功能形态融合	交流空间与工作空间相融合，激发空间自组织性
设备使用	网络终端、为个人服务的设施	工作环境及设备共享	结合一些实验设备来组织工作空间	局域网式终端、大型设备共享

资料来源：鑫创科技产业研究院《IOD · 创新引领　科技城市发展模式研究》。

（三）体系化创新服务设施

科技城市要为人才提供体系化的创新服务设施，开展科技创新活动。充分利用互联网构建无限创新平台，链接全球创新资源。互联网弱化了空间距离对产业及服务功能关联的限制，在互联网平台的支持下，不同专业化的生产和服务在空间上呈现分散化布局特征。通过构建全域共享的基础信息平台，建立全覆盖的数据中心与协同工作平台，树立线上线下融合的科技城市样本。科技城市创新服务设施主要包括展示体验中心、科技资源服务设施、科技金融服务设施、培训交流服务设施等。同时，还需要配备大量的公园绿地、创意空间、图书馆、咖啡馆等社交设施，以满足科技创新人才对社交方面的需求。科技城市创新和社交服务设施见表 3-2。

表 3-2　科技城市创新和社交服务设施

设施类型	小型规模设施	中型规模设施	大型规模设施
创新服务	1. 新型孵化器（车库咖啡、创新工场等） 2. 创业社区/村落（SOHO 公寓等） 3. 办公设施（开敞的交流空间、公共会议室、商务接待厅等）	1. 展示体验设施（设计体验工坊等） 2. 商务洽谈设施（商务会议中心、酒店等） 3. 科技资源服务设施（开放实验室、3D 打印及加工车间等）	1. 展示体验设施（展示体验中心等） 2. 科技资源服务设施（数据通信中心、互联网开源硬件平台、检验检测平台等） 3. 科技配套服务设施（创业投资、科技银行等科技金融服务机构，创业培训等培训交流服务机构，策划、广告、设计、法律、会计等其他专业服务机构）
社交服务	1. 小型开敞空间（公园绿地、创意空间等） 2. 文化休闲设施（小型图书馆、电影院、咖啡厅、酒吧等）	1. 中型开敞空间（公园绿地、休闲广场、创意空间等） 2. 文化休闲设施（休闲会所、娱乐中心、俱乐部等）	1. 大型开敞空间（公园绿地、休闲广场、创意空间等） 2. 文化休闲设施（图书馆、综合休闲娱乐中心等）

资料来源：鑫创科技产业研究院《IOD·创新引领　科技城市发展模式研究》。

（四）高品质居住生活配套

科技创新人才对于居住生活配套要求较高，高品质的生态环境、良好的区位交通、个性化生活服务设施、完善的文化娱乐设施、高质量的子女教育和医疗服务等。清华大学博士论文《创新驱动的科技城规划研究》对北京未来科技城调查数据显示，科技创新人才对教育、医疗、文化体育等方面的配套需求较高，其中排在前三位的是大型综合医院需求（75%）、优质小学需求

（73%）、球类运动场需求（67%）（见图 3–2）。但是，不同类型的科技创新人才对于居住、生活、休闲、学习和交流的需求略有所不同，如科技研发人才更加注重知识共享场所和公园开放空间、创新创业人才更加注重咖啡休闲场所和商务交流空间。

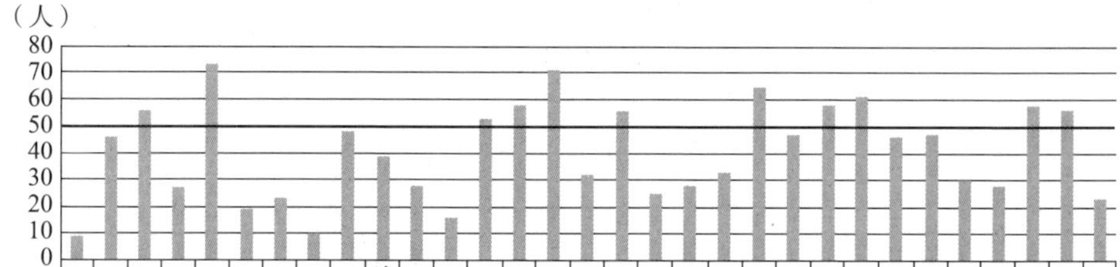

	高档住宅小区	中档住宅小区	保障性住房	廉租房	大型综合医院	专科医院	小型诊所	心灵诊所	大型购物中心	片区级购物中心	居住区级超市	专科学校	高中	初中	小学	文化展览馆	图书馆	科学馆	艺术馆	社区交流中心	球类运动场	运动器械	游泳馆	影剧院	休闲咖啡厅	主题公园	游戏场所	高档餐厅	中档餐厅	平价餐厅	酒吧
■系列1	9	46	56	27	73	19	23	10	48	39	28	16	53	58	71	32	56	25	28	33	65	47	58	61	46	47	30	28	58	56	23

图 3–2 北京未来科技城人才对居住生活配套调查数据

资料来源：袁晓辉．创新驱动的科技城规划研究［D］．北京：清华大学，2014.

三、营造自由且有活力的创新氛围

创新人才通常具有较强的创新意识、创新精神和创新能力，对问题具有高度的敏感性，其观念具有开放性、思维具有灵活性、知识具有迁移性、能力结构具有多维性。科技创新人才对自由且有活力的创新氛围有较高的要求，尊重个性自由的社会就会充满活力，进而激发人才的创新动力。因此，构建具有全球竞争力的人才制度体系，进一步优化科技创新人才的发展环境，建设自由且有活力的科技创新生态，是科技城市集聚科技创新人才、促进科技创新人才成长、释放科技创新人才潜能、发挥科技创新人才作用、吸引和激励科技创新人才的关键。

（一）构建宽松灵活的创新机制

习近平总书记强调，要深化科研人才发展体制机制改革，完善战略科学家和创新型科技人才发现、培养、激励机制，吸引更多优秀人才进入科研队伍，为他们脱颖而出创造条件。构建宽松灵活的创新机制释放人才活力，注重发挥政府引导作用，建立完善创业扶持、投资融资、成果转化等人才服务体系。[①] 一是拓宽政府机构引进人才的渠道，创新体制和机制，完善引进、使用人才的政策措施；建立开放式的人才引进、投入、培养、使用、扶持、激励、保障、流动机制。二是放活科研院所体制机制，积极探索知识、技术、专利、管理等要素参与收益分配的有效办法，激发科研人员工作热情；制定有利于留住人才和人尽其才的收益分配政策。三是支持企业在关键技术领域面向全球发榜组织实施重大科技项目，吸引海内外高层次专家揭榜，聚智聚力突破“卡脖子”关键核心技术，激发市场活力，促进全球人才资源集聚。

（二）建设世界一流大学和学科

积极推动科技城市一批高水平大学和学科进入世界一流行列，提高科技人才培养、科学技术研究、社会公共服务、文化传承创新水平，使其成为科技创新的重要力量和培养各类高素质优秀人才的重要基地。一方面，通过组建一流师资队伍，培养和引进一批活跃在国际学术前沿、满足国家重大战略需求的一流科学家、学科领军人物和创新团队，聚集世界优秀人才。另一方面，着力培养拔尖创新人才，加强创新创业教育，大力推进个性化培养，全面提升学生的综合素质、国际视野、科学精神和创业意识、创造能力。

建设世界一流大学和一流学科是一项长期任务，需要各方共同努力，完善政府、社会、学校相结合的共建机制，形成多元化投入、合力支持的格局。一是构建社会参与机制，建立健全社会支持和监督学校发展的长效机制，完善与行业企业密切合作的模式，推进与科研院所、社会团体等资源共享，形成协调合作的有效机制；将国外优质教育资源有效融合到教学科研全过程，开展高水平人才联合培养和科学联合攻关。二是大力支持科技城市高校和科研机构积极争取和承接国家重大科技项目、国际大科学计划和大科学工程，聚集一批高水平的科学家、科研创新团队，形成一批国际领先优势学科，增强城市基础科学实力和原始创新能力。三是积极推进高校和科研机构参与政府间多边和双边科技合作项目、重大科学研究和重大国际科技计划项目，参与国际科学组织、国际战略技术联盟等，推动高校和科研机构深度融入国际创新体系（见图 3-3）。[②]

① 杨颖，王华，范卿泽．青少年创新人才培养的重庆探索［J］．今日教育，2021（2）．

② 国务院《统筹推进世界一流大学和一流学科建设总体方案》。

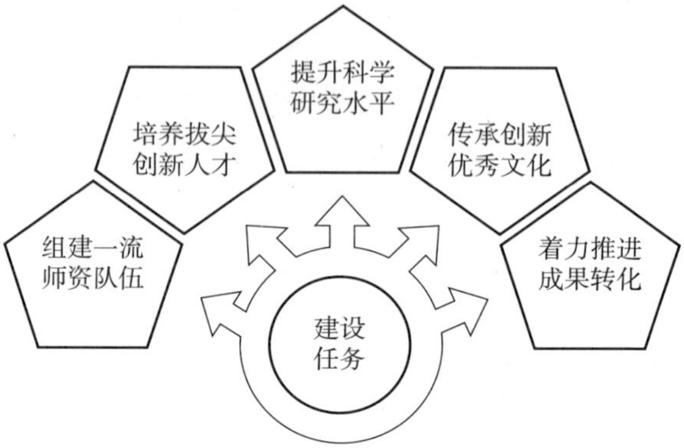

图 3-3　世界一流大学和一流学科建设任务

资料来源：国务院《统筹推进世界一流大学和一流学科建设总体方案》。

（三）举办创新创业活动及赛事

举办创新创业活动及大赛，能够聚合国内外创新创业核心要素，为创新创业者连接和打通相关产业链上下游资源，形成具有科技城市特色的创新创业文化氛围。创新创业活动及赛事包括政府部门、高校、科技企业、孵化器、众创空间、创新俱乐部等主体举办的创新沙龙、创业训练营、国际创新文化节、大学生创新创业大赛、青年创新创业大赛、设计师大赛等。一方面，创新创业活动及赛事增加科技城市活力，让更多的大学生、年轻人、科技工作者参与创新创业，提升区域创新氛围。另一方面，赛事活动能够聚集国内外一线的人才、项目、机构资源，选拔、发掘和扶持科技领域优秀项目，搭建科技赋能和交流合作的平台。同时，将移动互联网、云计算、大数据、人工智能、物联网、下一代通信技术、区块链等新一代信息技术与经济社会各领域紧密结合，服务新型基础设施建设，培育新产品、新服务、新业态、新模式。

第三节　构建科技创新服务体系

科技城市将推动科技创新与经济发展深度融合，其中离不开先进的科技创新服务体系支撑。在现代市场经济条件下，无论是开发新技术、培育新动能、发展新业态，还是改造提升传统产业，都需要科技创新服务体系的保障。

建立覆盖创新全链条的科技服务体系，有利于推进创新链、产业链、资金链、政策链融合发展。建设科技创新服务体系要建好以企业为主体的技术创新体系，建好以需求为导向的科技成果转移转化体系，建好面向产业和实体经济的创业服务体系，建好适应创新创业规律的科技金融体系，以及有前瞻性、有针对性、有效落地的制度创新体系。

一、建立全生态科技服务体系

建立全生态科技服务体系是推进科技城市创新发展的重要保障。科技城市要全方位构建优质高效的科技创新服务体系，促进各种创新主体之间相互协同，各种创新要素顺畅对接，各种创新资源高效配置和科技成果加速转化。科技服务是为科技创新全链条提供服务的新兴产业，服务于产品研发、设计、检验、生产、推向市场的过程，帮助知识、技术转变为产品，实现利润的过程。加快科技服务业发展对于实施创新驱动发展战略具有重要意义。

（一）科技服务创新生态

科技城市要抓好科技服务创新生态建设，为科技创新及其成果转化应用提供有利条件和环境。科技服务是构建创新生态的关键环节，是解决科技与经济“两张皮”，实现两者紧密结合的关键环节，能够促进科技成果转化和提高科技成果转化率。过去的创新模式是线性创新，创新主要发生在大型企业和科研机构内部；进而发展为网络创新，是各种创新机构之间的合作创新；目前发展到创新生态，整个社会都参与到创新当中，也就是国家提出的“大众创业、万众创新”。科技服务贯穿于创新生态系统的每一个环节，能够实现研发与创业之间的联动对接，为创新创业提供专业服务，从而促进科技创新成果转化和科技企业成长。

创新生态由多个要素组成，包括企业、大学、研究机构等创新主体，政府机构、金融机构、中介服务、公共组织等支撑机构，以及基础设施、制度、政策、文化、激励等创新环境要素（见图 3-4）。创新生态是人才、技术、资本等创新要素在创新主体、创新种群、创新群落之间循环流动的复杂统一体，并且形成自我生长机制，不断迭代演进。新思想、新技术、新模式的诞生依赖于一个活跃、宽松、自由，具有良好自发生长机制的生态系统。活跃的创新创业生态系统是吸引创新资源集聚的关键，对科技型中小企业成长和区域经济发展至关重要。从全球来看，创新生态系统主要朝着以下四个方向发展：一是主体由单一构成走向多元格局，创新主体由科研机构扩散至产学研各界，出现以大企业高管连续创业、留学归国人员创业、科技人员创业、大学生创业的创业“新四军”。二是理念从技术供给到需求导向，创新创业的核心理念转变为“满足用户体验和个性需求”，进而引发技术创新和商业模式创新。三是活动从内部组织到开放协同，低成本、便利化、全要素、开放式的“We-Work”模式不断发展壮大，创新创业要素在全球范围内加速流动。四是机制从政府为主到市场发力，由政府主导科技孵化器的传统孵化模式转型为市场化运作、专业化机构自发建立新型孵化器提供开放共享服务的孵化模式。

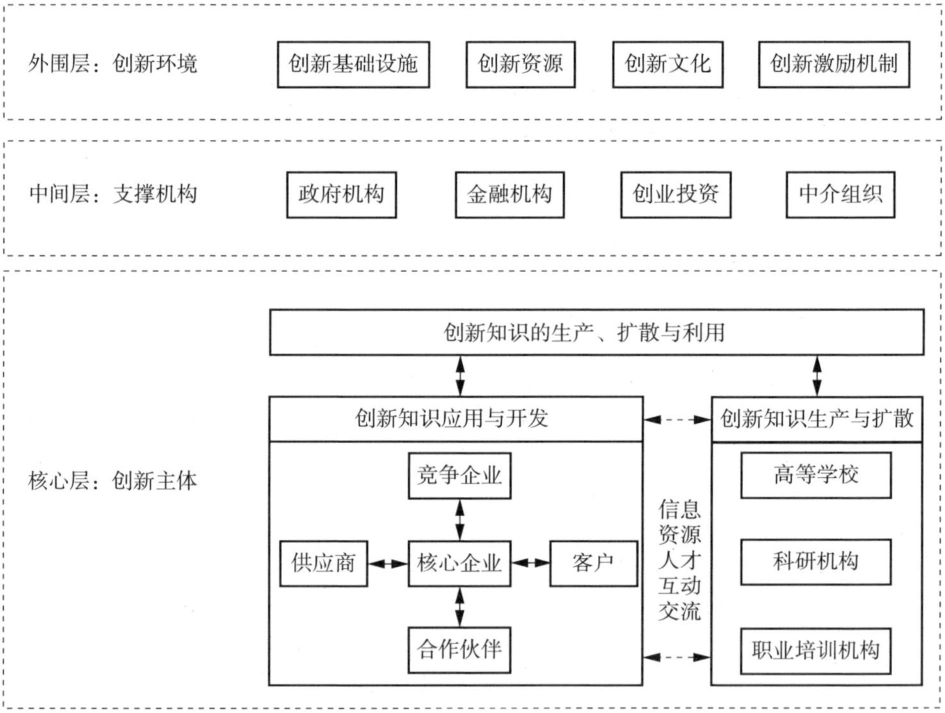

图 3-4　创新生态系统结构

资料来源：杨荣．创新生态系统的界定、特征及其构建［J］．科学与管理，2014（3）.

（二）科技服务创新链

科技城市要建立覆盖科技创新全链条的科技服务体系，通过加强创新链、服务链、产业链融合，强化科技服务平台与科技服务业集聚区建设，培育一批科技服务主体，使全社会创新创业活力得到激发。科技服务主要服务于科技创新链“研究与开发（R&D）、小试、中试、产品化、商品化、产业化”等科技创新环节，其核心环节就是直接服务于创新链的研发设计、技术转移、创业孵化（见图3-5）。加快科技服务业发展，是推动科技创新和科技成果转化、促进科技经济深度融合的客观要求，是调整优化产业结构、培育新经济增长点的重要举措，是实现科技创新引领产业升级、推动经济向中高端水平迈进的关键一环，对于深入实施创新驱动发展战略、推动经济提质增效升级具有重要意义。[①]

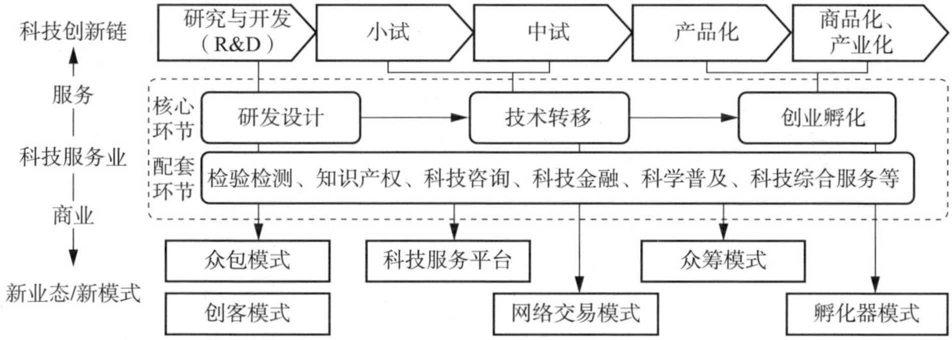

图3-5 科技服务创新链

资料来源：鑫创科技产业研究院《科技服务业专项研究》。

（三）科技服务创新业态

科技城市要顺应互联网、云计算、大数据等新技术的发展趋势，大力发展科技服务创新业态，不断优化市场配置要素资源的环境，推动产业创新，诞生一批跨界融合新业态。随着全球新一轮科技革命和产业变革的孕育兴起，互联网与新一代信息技术对生产生活相关领域的渗透不断加深，产业边界日趋模糊、产业形态加速融合，科技服务业也随之发生深刻变化，特别是在研发设计、创业孵化、科技金融、检验检测认证、知识产权、技术转移等领域涌现出了一批新业态、新模式。

科技服务新业态、新模式，不仅促进了经济提质增效，更有力地推动了大众创业、万众创新，成为实现创新驱动发展战略的重要支撑。如创业孵化服务由场地、房租、代理注册等基础要素服务，拓展为提供投资路演、辅导培训、

① 《国务院关于加快科技服务业发展的若干意见》。

宣传展示、市场推广和产业链资源对接等全方位、多层次的创业孵化服务，实现了由物业主向创新型孵化器的转变。知识产权及技术转移服务跳出了专利代理、技术中介—技术交易的传统范畴，逐步向专利池布局、技术并购孵化等高端环节转型升级。科技金融领域基于互联网的普惠化金融、基于大数据的金融风险管控等新业态快速成长，科技金融服务体系日趋高端。研发设计服务由产品设计为主营业务向技术研发合同、综合研发服务、工艺流程设计等业务转变，由原来“点式、零散式”服务转为“一站式、一条龙”服务（见图 3-6）。

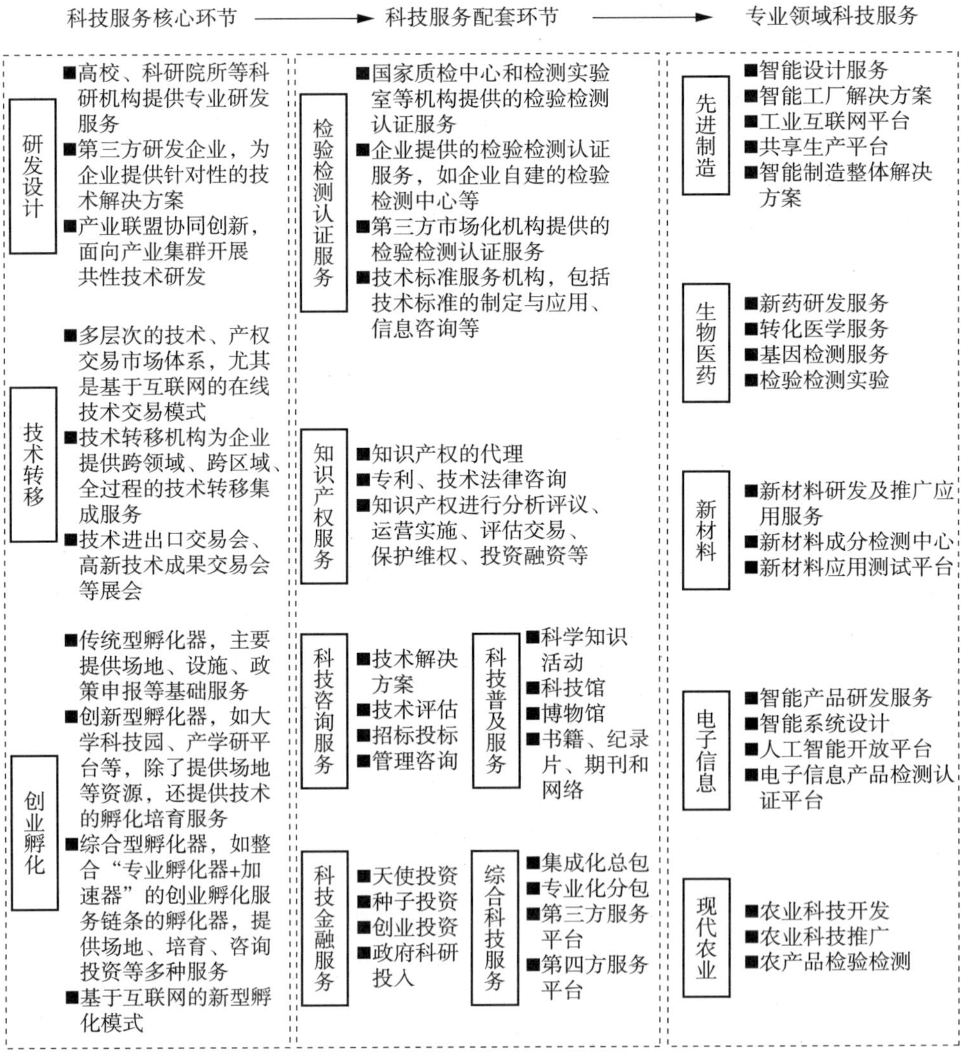

图 3-6　科技服务业产业全景图

资料来源：鑫创科技产业研究院《科技服务业专项研究》。

二、做强科技服务关键领域

（一）研发设计服务

科技城市要注重研发设计服务相关领域的发展，更加注重原创导向，把基础研究和底层技术研发作为科技创新关键突破口。围绕量子科学、干细胞、合成生物学、纳米科技等重点领域和前沿技术部署一批研究项目，充分发挥基础研究对科技创新的源头供给和引领作用。一是鼓励研发设计服务主体多元化发展，支持高校、科研院所整合科研资源，面向市场提供专业化的研发服务；支持研发类企业专业化发展，积极培育市场化新型研发组织、研发中介和研发服务外包新业态；支持产业联盟开展协同创新，推动产业技术研发机构面向产业集群开展共性技术研发。二是加强科技资源开放服务，建立健全高校、科研院所的科研设施和仪器设备开放运行机制，引导国家重点实验室、国家工程实验室、国家工程（技术）研究中心、大型科学仪器中心、分析测试中心等向社会开放服务。三是促进新型研发机构创新发展，聚焦科技创新需求，调动社会各方参与，进一步优化科研力量布局，强化产业技术供给，促进科技成果转移转化，推动科技创新和经济社会发展深度融合。①

（二）技术转移服务

科技城市要按照《国家技术转移体系建设方案》《关于技术市场发展的若干意见》《技术转移服务规范》等相关政策文件要求，积极营造技术市场发展环境，健全技术转移体制机制，构建技术转移服务体系。技术转移是指制造某种产品、应用某种工艺或提供某种服务的系统知识，通过各种途径从技术供给方向技术需求方转移的过程。技术转移的内容包括科学知识、技术成果、科技信息和科技能力等。② 目前，科技部规定技术转移服务包括技术开发服务、技术转让服务、技术咨询服务、技术评价服务、技术投融资服务、“互联网+”技术转移服务。③ 推进技术转移服务机构的发展壮大，高度重视“平台化技术转移机构”和“垂直化技术转移机构”的业务内涵建设，打造一批服

① 《国务院关于加快科技服务业发展的若干意见》。

② 赵小凡．美国大学技术转移发展历程的启示与总结［J］．上海质量，2021-04.

③ 《技术转移服务规范》（GB/T 34670—2017）。

务能力强、示范带动作用显著的技术转移服务机构群体。探索建立技术转移服务机构资格认定、分类分级评价制度，引导技术转移服务机构向规模化、专业化、规范化发展，形成一批服务功能完善、开放高效、配置完整的技术转移服务机构。

国际技术转移是国家间经常性的技术交流活动，政府在国际技术转移中扮演着重要角色，政府和相关组织成立了国家技术转移中心及市场化运作机构，如美国国家技术转移中心（NTTC）、北美大学技术经理人协会（AUTM）、国际技术转移协作网络（ITTN）等。国际技术转移具体形式包括五类：一是国际技术合作，两个或两个以上不同国家的公司之间的合营事业，把人力、技术和资源合在一起，分担风险，鼓励构建共同市场和促进标准化。二是国际合作生产，合资经营，把获得的技术知识转化为其他产品或其他工业；外国直接投资，开设拥有100%股权的子公司。三是特许协议，专利控制方给另一方使用产品或加工工艺的专利、版权、商标或技术知识的权利，特许是一种快速而易行的技术转移方式。发展中国家应用特许的关键是提高技术选择和识别的能力。四是引进成套设备，购买成套设备的转移方式，俗称“交钥匙工厂”协议，优点是节省时间，少走弯路，但外汇花费大。五是交流培训，通过参加专业会议，交换科技文献资料，参加工业展览形式，技术知识能被转移和推广；交换留学生与访问学者，移民，雇用外国专家，在外国大学或公司接受培训等。国际技术转移流程见图3-7。

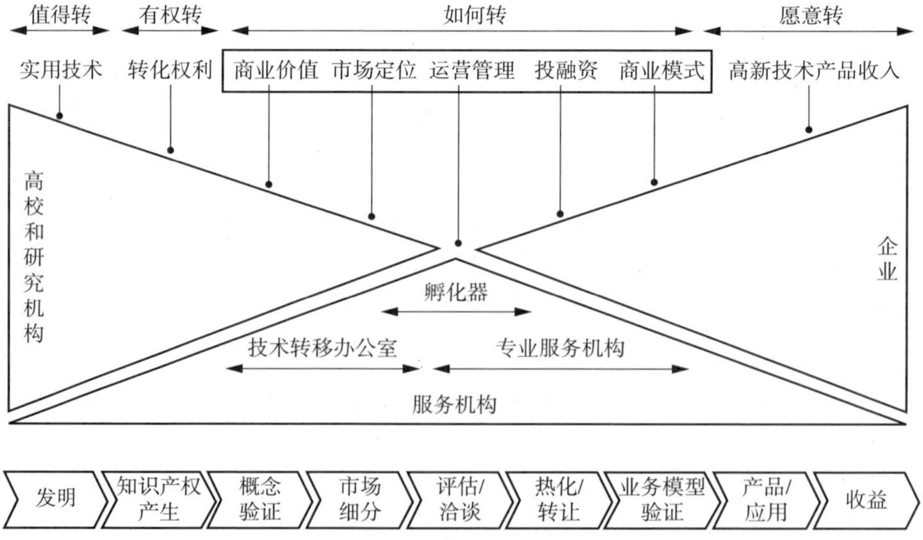

图3-7　国际技术转移流程

资料来源：鑫创科技产业研究院《科技服务业专项研究》。

（三）创业孵化服务

科技城市要重点支持建立“众创空间—孵化器—加速器”孵化链条，众创空间作为企业种子期孵化载体，孵化器作为企业初创期孵化载体，加速器作为企业成长期孵化载体，共同为科技创新企业提供良好的创业孵化服务。创业孵化服务的载体形态越来越丰富，包括众创空间、加速器、孵化器、双创社区、创业大街等；目前主要有 3 种业务模式，包括“投资+孵化”模式、纯孵化模式、“二房东”模式。科技部《关于进一步提高科技企业孵化器运行质量的若干意见》指出，孵化器是培育和扶植高新技术中小企业的服务机构，通过为新创办的科技型中小企业提供物理空间和基础设施，提供一系列的服务支持，降低创业者的创业风险和创业成本。孵化器的主要功能是围绕科技企业的成长需求，集聚各类要素资源，推动科技型创新创业，降低创业成本，提高创业存活率，促进企业成长，以创业带动就业，激发全社会创新创业活力。① 国内孵化器主要盈利模式见图 3-8。

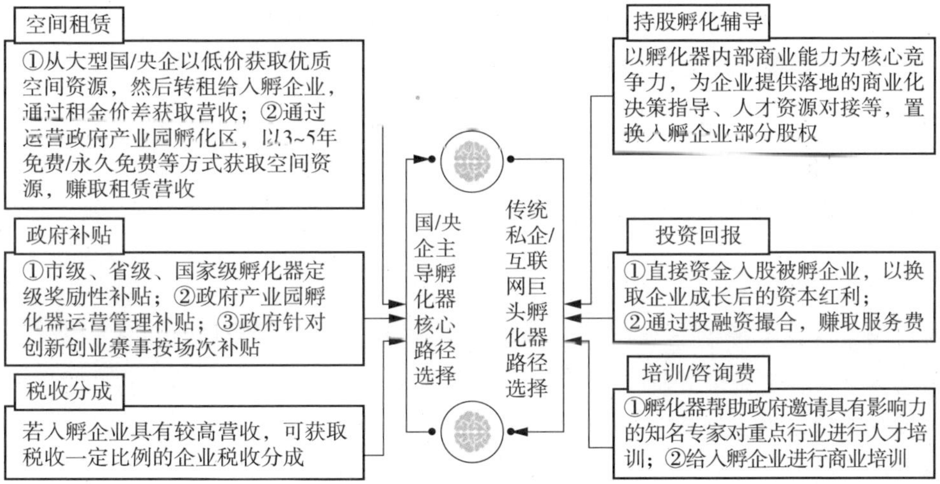

图 3-8 国内孵化器主要盈利模式

资料来源：鑫创科技产业研究院《科技服务业专项研究》。

（四）科技金融服务

“人才、技术、资金”是科技创新的“三驾马车”，科技城市要建立全链条

① 科技部《关于进一步提高科技企业孵化器运行质量的若干意见》。

科技金融服务体系，通过创新财政科技投入方式，引导和促进银行业、证券业、保险业金融机构及创业投资等各类资本，创新金融产品，改进服务模式，搭建服务平台，实现科技创新链条与金融资本链条的有机结合。[①] 不同发展阶段企业的融资方式代表着企业处于不同阶段的特点，其目的都是通过融资活动壮大企业实力，获取企业更大效益。建议重点关注种子期和扩张期的科技企业，充分发挥政府产业基金的作用支持种子期，充分发挥社会投资机构的作用支持扩张期。

科技城市要深化促进科技和金融结合试点，探索发展新型科技金融服务组织和服务模式，建立适应创新链需求的科技金融服务体系。目前，在金融改革向纵深推进，以及人工智能、大数据、区块链等技术的促进下，科技金融服务领域出现了众多创新产品，包括知识产权质押贷款、股权质押贷款、信用贷款、科技保险、企业债、应收账款融资、产业链融资等新型融资服务，股权众筹、互联网保险、第三方支付等科技金融新模式。一方面，要鼓励金融机构在科技金融服务的组织体系、金融产品和服务机制方面进行创新，建立融资风险与收益相匹配的激励机制，开展科技保险、科技担保、知识产权质押等科技金融服务。另一方面，支持天使投资、创业投资等股权投资对科技企业进行投资和增值服务，探索投贷结合的融资模式。利用互联网金融平台服务科技创新，完善投融资担保机制，破解科技型中小微企业融资难问题。[②]

三、完善科技服务配套设施及政策

科技服务配套设施及政策是推动科技创新发展的重要力量。科技城市要通过完善科技服务配套设施及政策，充分发挥科技创新载体、设施设备、政策等服务企业创新、推动产业升级、促进创新发展的引领、示范和支撑作用。坚持服务科技城市产业发展需求导向，要聚焦未来产业、新兴产业以及科技城市优势产业领域，围绕应用领域的核心技术、共性关键技术和前瞻性技术的研发，以及交叉学科的集成创新，整合资源、统筹布局、错位发展，建立健全科技服务配套设施及政策“一盘棋”新格局。

（一）科技服务中心

把建立科技服务中心作为科技城市对外展示和对内服务的“一站式窗

① 科技部《国家“十二五”科学和技术发展规划（2011—2015）》。

② 《国务院关于加快科技服务业发展的若干意见》。

口”。对外展示方面，科技服务中心要规划设计科技馆、会议中心、会展中心、培训基地等功能，举办各类科普研发教育研讨会、技术培训班，提供科技服务；聘请国内外专家，组织科技科普相关商务活动和考察；主办、承办国际国内高新技术巡回展览等活动。对内服务方面，科技服务中心以线上线下相结合的服务方式，通过整合科技资源、创新服务内容、提升服务效能，为科研院所、科技企业等创新主体提供高效、准确、优质的服务。特别是，要注重与专业化的科技服务中介的合作，为科技企业提供研发、设计、技术转移、创业孵化、项目申报、知识产权、专利维权、法律咨询、人才培育、金融支撑、合作对接等综合科技服务。

（二）重点实验室及设备

科技城市要支持大学、科研院所、科技企业建设重点实验室，一是对重点实验室用地建设和引进国内外先进设备等方面给予一定的资金补助；二是支持重点实验室积极申报市级、省级、国家级重点实验室，并对获批重点实验室给予一定的奖励资金；三是围绕行业共性技术需求，突破“卡脖子”关键技术瓶颈，结合高校、医疗机构等科教单位优势学科与科技城市重点产业，开展应用基础研究，建立重点实验室。同时，支持建设第三方检验检测实验室，开展第三方检验检测认证服务，鼓励不同所有制检验检测认证机构平等参与市场竞争。加强计量、检测技术、检测装备研发等基础能力建设，开展面向设计开发、生产制造、售后服务全过程的观测、分析、测试、检验、标准、认证等服务。构建统一的检验检测认证监管制度，完善检验检测认证机构资质认定办法，开展检验检测认证结果和技术能力国际互认。加强技术标准研制与应用，支持标准研发、信息咨询等服务发展，构建技术标准全程服务体系。①

（三）科技服务创新政策

科技城市要释放和激发科技创新的巨大能量，需要全面深化科技体制机制的改革创新，不断破除科技领域的制度瓶颈。构建完善的科技服务创新政策，出台系列配套政策，在创新载体、制度安排、政策保障、环境营造上下功夫，促进形成创新资源集聚、创新主体活跃、创新投入多元、创新机制顺畅、创新保护完善的良好创新生态。一是多方联动制定科技服务创新政策，协调各方资源加大政策支持力度，对从事科技服务的企业和个人给予一定的

---

① 《国务院关于加快科技服务业发展的若干意见》。

税收减免和财政支持，或者为科技创新提供办公和研发用房、科研仪器设备等配套支持，激发高校院所、人才、企业等开展科技创新的内生动力。二是强化创新绩效考核评估，根据重大科技创新平台建设进展，分阶段开展综合评价，评价结果作为政策扶持和奖励的重要依据，不断完善和优化科技服务创新政策。三是探索灵活的用地政策，科技服务项目要优先安排建设用地，简化审批流程，减免相关费用，鼓励企业利用自有土地建设科技服务载体和配套设施设备，包括企业研发中心、重点实验室、技术转移中心、创新创业孵化器、众创空间等，并给予一定的政策奖励。

第四节 建设科技城市产业平台

科技城市要建设聚集各方资源的产业平台，赋能区域产业发展，推进产业资源对接和项目落地。产业平台是产业发展的重要组成部分，是集聚产业资源、提升综合竞争力的关键支撑。产业平台具有很强的集聚能力，吸引产业链关联企业积极参与，实现产业聚合发展。科技城市产业平台包括实体平台和虚拟平台，如产业发展载体平台、国际国内产学研合作平台、关键核心技术研发平台、产业资源大数据平台、产业交流活动平台、科技服务平台等。

一、搭建开放型产业平台体系

坚定推进更高水平对外开放是我国未来发展的重要方向。越深度融入全球化、越深度参与国际化专业分工，就越需要构筑高水平开放的高地；越以市场化、法治化、国际化的方式推进对外开放，就越需要规范发展，推进高水平开放；越高水平的对外合作，就越有利于提升国内产业在全球价值链的位置，也越有利于提升国际竞争力。科技城市作为新的区域发展模式，要搭建“产业载体平台+产业发展平台+产业服务平台”开放型产业平台体系，发展更高层次的开放型经济，打造高水平的开放发展新格局。

（一）产业载体平台

科技城市要统筹产业载体平台，梳理区域范围内的产业园区、产业小镇、产业集聚区、经济开发区、高新技术开发区、工业园区、自由贸易区等产业载体，集中资源打造 2~3 个重点产业载体平台，提升科技城市区域综合产业发展竞争力。一是围绕科技城市重点核心产业，如人工智能、智能制造、健康科技等产业方向，打造具有国内外影响力的特色产业载体平台。在产业载体平台上集聚一批分工明确、协同发展、上下游紧密衔接、信息共享的产业集群，以及行业龙头企业、上市公司、科技企业、创新创业企业等，形成科技城市产业发展名片。二是为产业载体平台制定完善的经济政策体系和产业服务体系，金融、物流、科技、信息、商务等配套体系更加完善，5G、大数据中心等新一代信息基础建设保持全国领先，将产业载体平台建成国家级、省级、市级示范试点平台。[①] 三是由产业载体平台管理部门主导，充分发挥产业领军企业、重点研究机构的引领作用，整合科技城市技术、产业链、金融等相关资源，建设为区域产业发展提供核心研发能力和服务能力的重要创新载体。产业载体平台构成见图 3-9。

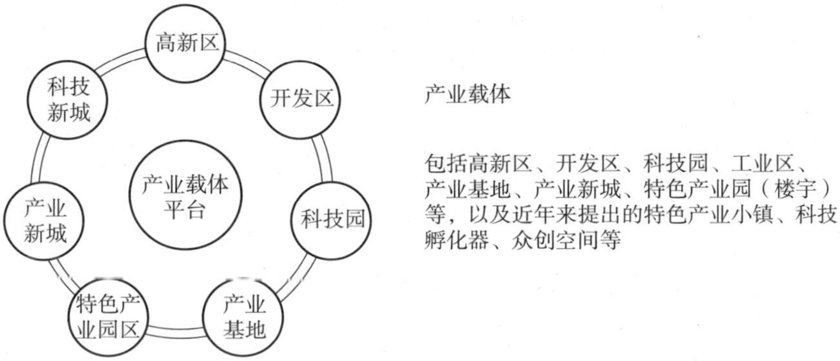

图 3-9　产业载体平台构成

（二）产业发展平台

科技城市要集合多方资源建立“产业研究—产业规划—产业招商—产业落地—产业促进”全链条产业发展平台，推动区域主导优势产业发展、传统产业转型升级、未来新兴产业培育等，打通从产业谋划到产业落地发展的全过程。一是聚焦科技城市产业发展，搭建科技城市产业发展平台，在产业发展平台上充分整合国际组织、智库机构、咨询机构、产业协会、招商机构、项目评估机构、产业平台企业等相关资源。二是梳理科技城市产业发展方向和发展动态，联动重点产业载体的智慧园区管理系统搭建可实时更新和反馈的科技城市产业发展平台，全面梳理科技城市产业体系、产业布局、产业政策、产业基金等情

① 《厦门市人民政府办公厅关于印发推进平台经济加快发展三年行动方案的通知》。

况，跟踪产业发展现状、产业招商执行过程、产业落地存在问题等信息，并及时解决相关问题，促进产业发展。三是监测产业发展趋势和重点企业数据，搭建可进行大数据分析的智慧产业发展平台，能够为产业未来发展方向选择提供参考，为科技城市产业招商、产业用地供应、城市规划等方面提供信息。产业招商平台架构见图 3-10。

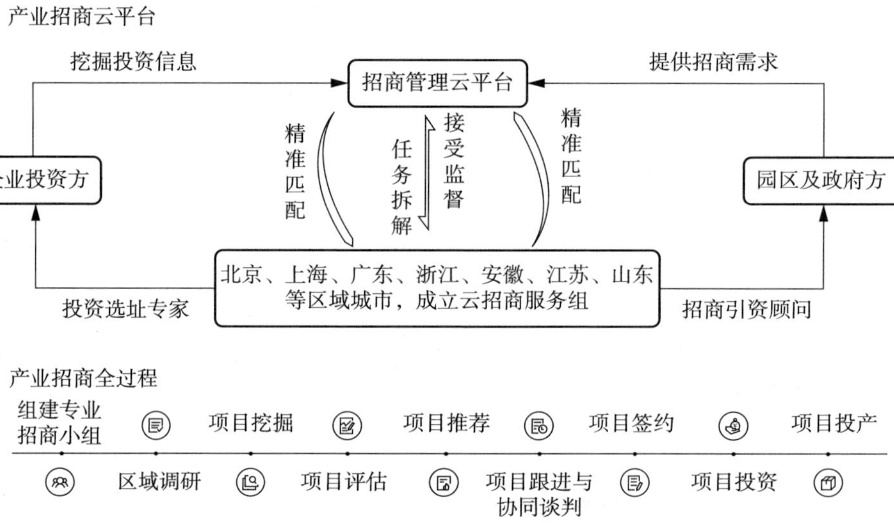

图 3-10 产业招商平台架构

资料来源：https：//www. pykz. com. cn/invest. html.

（三）产业服务平台

科技城市要建立产业公共服务平台和产业专业服务平台，围绕产业发展主线，提供政务、人才、工商、法律等公共服务，以及研发、技术、金融等专业服务。产业公共服务平台是政府部门主导，以企业发展和产业升级共性需求为导向，利用产业孵化器的网络，提高产业服务水平和层次的综合服务平台。在大数据互联网+理念、共建共享理念、线上线下融合理念、网络化体系化理念的指导下，通过标准化建设、系统化运营、信息化管理、市场化推广，有效提升产业服务水平。产业专业服务平台由行业专业机构提供，通过市场化的手段整合企业资源、盘活社会闲置资源、链接个性资源，提供专业化服务，包括科技信息平台、技术交易平台、专利服务平台、检验检测平台等。产业公共服务平台架构见图 3-11。

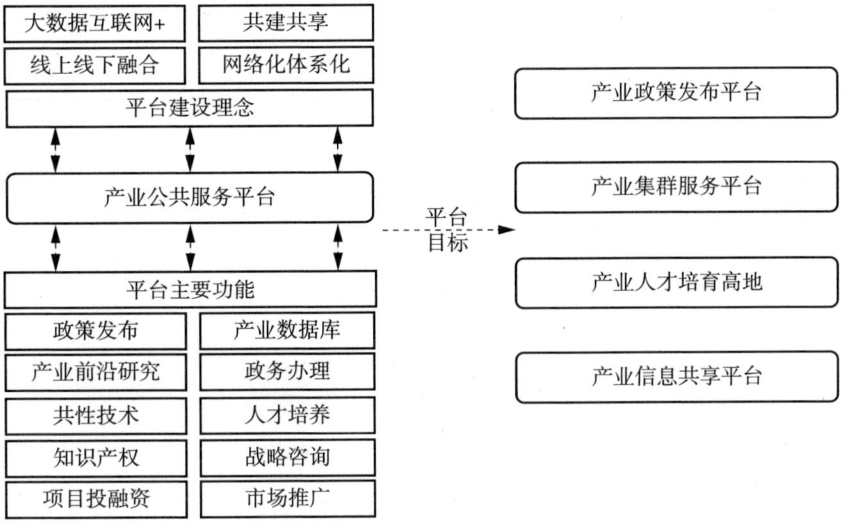

图 3-11　产业公共服务平台架构

资料来源：http：//m. ego. cn/Eg/about_ gf. html.

二、支持“互联网+”平台建设

互联网平台经济是利用互联网、物联网、云计算、大数据等新一代信息技术，围绕集聚资源、便利交易、提升效率，构建平台产业生态，推动包括服务产品在内的商品生产、流通及配套服务高效融合、创新发展的新型经济形态。大力发展平台经济，优化资源配置、促进跨界融通发展和大众创业万众创新、推动产业持续创新和经济转型升级，加快构建现代产业体系，助力经济发展迈上新台阶。[①] 重点发展“互联网+”平台，对于提升科技城市产业发展水平和扩大产业影响力具有重要意义。

（一）线上科技创新平台

科技创新平台要借助“互联网+科技创新”模式，依托线上平台，开展线上与线下相结合的技术转移等科技创新服务。通过“互联网+”和大数据技术以及专业的市场运营体系，整合高校、科研院所、新型研发机构、第三方实验检测服务机构等单位的科技创新资源，面向科技企业和创业团队开放共享

① 《厦门市人民政府办公厅关于印发推进平台经济加快发展三年行动方案的通知》。

并提供优质服务。一是推进建立科技创新资源开放共享机制，支持与国内外高校、科研单位、行业龙头企业联合共建重大科技创新平台，与科技城市周边区域共享大型科研仪器设备、双创孵化器、高新技术研发资源等。二是依托线上科技创新平台组织企业开展关键核心技术攻关行动，梳理相关领域重大研发需求，编制核心技术项目清单，组织开展精准对接，突破一批“卡脖子”技术，积极争取国家及省重点研发计划、重大科技项目，提升整体科技创新能力。线上科技创新平台架构见图 3-12。

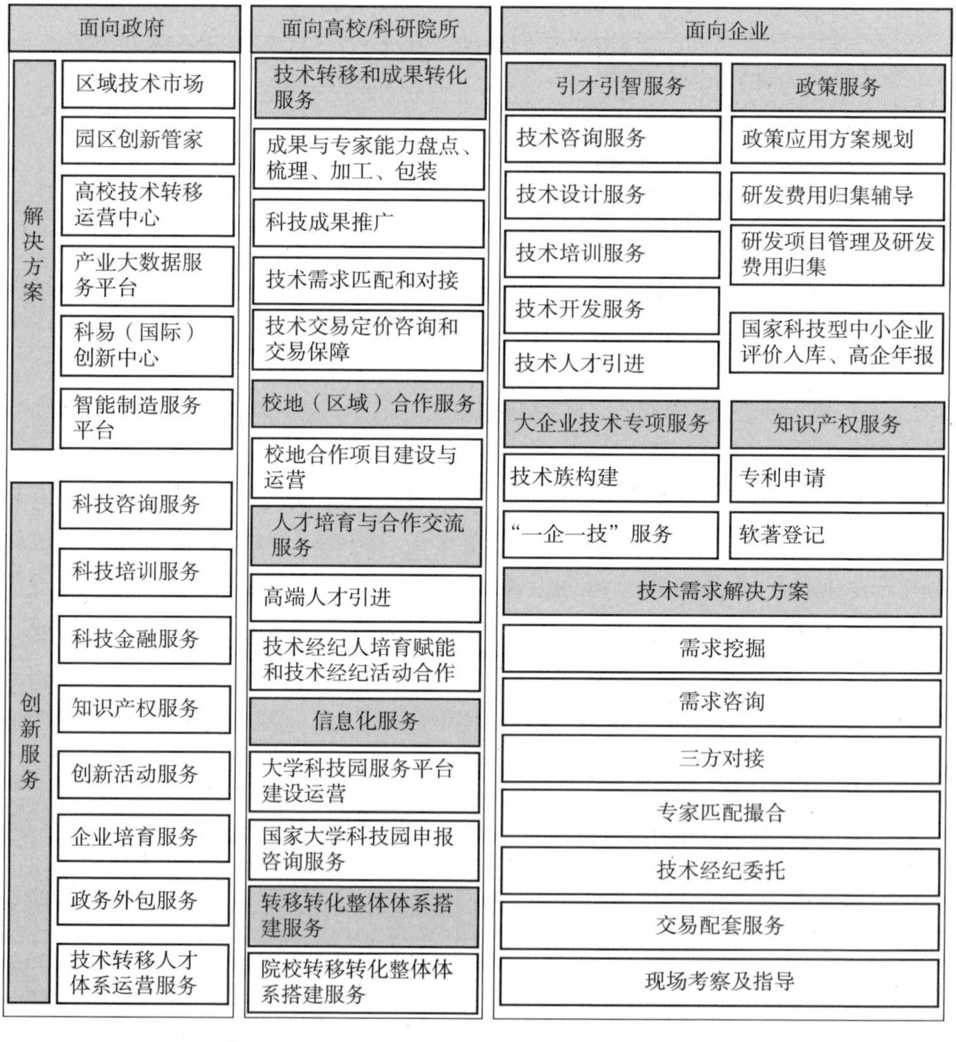

图 3-12　线上科技创新平台架构

资料来源：https：//www. 1633. com/about/produce. shtml.

（二）工业互联网平台

新一轮科技革命和产业变革蓬勃兴起，工业经济数字化、网络化、智能化发展成为第四次工业革命的核心内容。工业互联网是第四次工业革命的重要基石和关键支撑，为其提供具体实现方式和推进抓手。工业互联网通过人、机、物的全面互联，全要素、全产业链、全价值链的全面连接，对各类数据进行采集、传输、分析并形成智能反馈，推动形成全新的生产制造和服务体系，优化资源要素配置效率，充分发挥制造装备、工艺和材料的潜能，提高企业生产效率，创造差异化的产品并提供增值服务。工业互联网由网络、平台、安全三个部分构成，其中网络是基础、平台是核心、安全是保障。“网络”是实现各类工业生产要素泛在深度互联的基础，包括网络互联体系、标识解析体系和信息互通体系。通过建设低延时、高可靠、广覆盖的工业互联网网络基础设施，能够实现数据在工业各个环节的无缝传递，支撑形成实时感知、协同交互、智能反馈的生产模式。“平台”是工业全要素链接的枢纽，下连设备，上连应用，通过海量数据汇聚、建模分析与应用开发，推动制造能力和工业知识的标准化、软件化、模块化与服务化，支撑工业生产方式、商业模式创新和资源高效配置。“安全”是工业互联网健康发展的保障，涉及设备安全、控制安全、网络安全、应用安全、数据安全五个方面。通过建立工业互联网安全保障体系，能够有效识别和抵御各类安全威胁，化解多种安全风险，为工业智能化发展保驾护航。① 工业互联网平台架构见图 3-13。

（三）产业大数据平台

产业大数据平台是结合人工智能与大数据技术研发的专业平台，聚集产业动态数据和企业数据，可极大提升科技城市产业发展能力。鼓励第三方产业大数据平台企业向政府、企业、第三方机构等，提供输出产业地图、智慧招商、企业投资选址等数据服务。产业地图可以通过数字化视图，直观呈现全国、省市县各级区域和园区的产业发展与布局现状，展现实时的政策、新闻、活动等产业动态资讯，有效助力区域产业发展优势识别与策略制定。智慧招商针对不同行业，通过分析企业生命周期、资本活跃度、产品生命周期、产能利用率等影响因子建立算法模型，前置研判企业投资选址需求，输出目

---

① 余晓晖．工业互联网到底是怎样一张网［J］．中国中小企业，2019（5）．

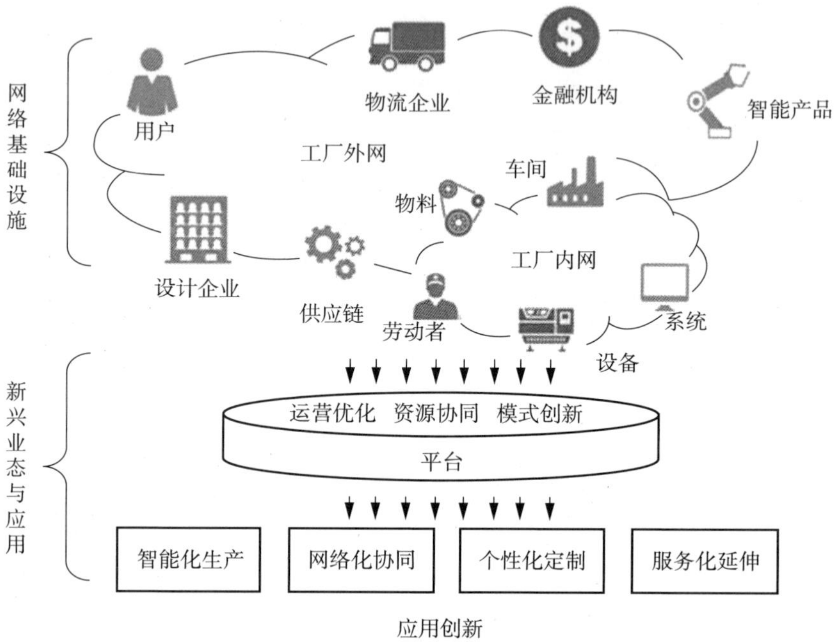

图 3-13　工业互联网平台架构

资料来源：工业和信息化部网站。

标企业“长短名单”，支持团队实现按图索骥，智慧招商。企业投资选址依据海量精准数据，能够分析企业当前市场布局情况，产业链上下游企业分布，开发区、高新区、工业园区等重点产业发展支持政策等，服务于企业的投资选址决策。

三、形成多元化主体产业平台

科技城市要以创新为引领，支持建设产业平台，聚焦未来产业方向和优势产业领域。产业平台建设必须要由政府、龙头企业、第三方专业机构等联合建立，发挥各自优势促进产业发展。综合运用无偿资助、股权投资、后补助等多种财政资金支持方式，对研究方向明确、前期投入有保障、高层次人才集聚、运行机制顺畅的产业平台给予政策支持。

（一）政府主导平台

科技城市政府部门要发挥好引导作用，通过建立政府主导产业平台，将优势明显和分散的产业资源整合起来，提升产业竞争力和话语权，推动区域产业转型升级。科技城市不仅要根据国家《关于促进平台经济规范健康发展的指导意见》，推动建立健全适应平台经济发展特点的新型监管机制，还要成立促进产业平台发展领导小组，针对各种优势产业提出不同的产业平台发展模式，创新建立“选择一个产业、搭建一个平台、引进一支创新团队、设立一只产业基金”的运作机制，打造一批对上下游企业具有双向带动作用和统筹整合能力强的产业平台。政府主导平台以产业载体和公共服务类平台为主，包括经济开发区、高新技术开发区、工业园区、产业发展促进中心、公共服务平台、核心技术攻关平台等。

（二）龙头企业平台

科技城市要鼓励龙头企业搭建产业发展平台，为中小企业和产业发展赋能。一是要鼓励行业龙头企业、研究机构和云计算的龙头企业加快协作实现优势互补，加快建设行业云的平台，针对行业中的共性和特性化的企业，引导软件企业提升服务品质，帮助企业提质增效，实现数字化的转型。二是要鼓励龙头企业建设大数据平台，开放数据、技术能力等基础资源，引导中小微企业深耕细分市场，构建开放的产业生态。深化大数据领域的国际合作，积极参与数据安全、数据流动等国际规则的制定，为发展数字经济贡献中国智慧和中国方案。三是要支持产业龙头企业联合产学研用相关方协同创新，形成满足企业内部智能化发展、产业链上下游协同发展等需求的多种解决方案。同时，平台建设要本着开放合作的原则，鼓励国内外企业跨领域、全产业链的紧密协作，共同推动工业互联网平台发展。①

（三）第三方专业平台

科技城市要大力引进第三方专业平台，利用互联网、物联网、大数据等现代信息技术，围绕集聚资源、便利交易、提升效率，构建平台产业一体化、生态化及智能化，推动商品生产、流通及配套服务高效融合、创新发展的新经济形态。② 鼓励发展平台经济新业态，加快培育新的增长点。一是支持发展服务平台，鼓励平台进一步拓展服务范围，支持社会资本进入互联网医疗、线上教育、线上旅游、在线体育等新兴服务领域，延伸产业链和带动扩大就

---

① 武文卿．工业互联网支撑制造强国和网络强国［J］．中国招标，2017（46）．

② 商务部《关于推进商品交易市场发展平台经济的指导意见》。

业。二是支持发展生产平台，适应产业升级需要，将互联网、大数据等新技术应用于提升生产技术，推进智能制造产业快速发展。三是支持发展创新创业平台，鼓励平台更多向中小企业开放共享资源，支撑中小企业开展技术、产品、管理模式、商业模式等创新，进一步提升创业创新效能。[①]

① 国务院办公厅《关于促进平台经济规范健康发展的指导意见》。

第四章 科技城市产业发展实现路径

以创新为驱动力的高新技术产业是科技城市产业发展的主要方向，属于知识密集、技术密集、资本密集的产业类型，因而对人才资源、资金投入、科研能力等各个维度都提出了更高的要求。科技城市产业发展需要围绕高新技术产业的基本特征，为产业发展打造良好的软硬件环境，包括政策机制、配套设施、资金支持、人才导入等诸多方面。通过研究全球科技城市的成功经验，可以从政策机制、开放协同、基础设施、人文环境等四个方面入手，为科技创新、产业发展和人才宜居宜业提供必要的支撑。

第一节 政策机制：创新突破

推动科技城市产业发展离不开政策支持引导，以创新驱动的发展模式要求科技城市要在政策机制方面实现创新突破。根据科技城市产业定位和资源禀赋，从产业体系顶层设计、政府创新研发投入、金融资本支撑、重大项目落地上寻找突破口，加大政策创新力度和打破体制机制藩篱，激发科技城市产业发展创新活力。科技城市要对标国际国内政策机制创新做法，加快打造具有国际影响力和竞争力的优势产业集群，积极争取国家有关部门支持，探索实施具有较强国际市场竞争力的创新政策和制度。

一、产业体系顶层设计

国家“十四五”规划提出，要坚持深入实施创新驱动发展战略，充分发挥科技创新的支撑引领作用，着力破解制约创新的痛点、堵点、难点问题，进一步激发创新主体的积极性和创造性。提升发展格局，需要构建现代产业体系，重点发展实体经济、数字经济、战略性新兴产业等。科技城市要以构建现代产业新体系与实现产业强国目标为指引，推进新产业革命与产业现代化进程，做强未来产业、战略性产业、关键产业。科技城市产业体系顶层设计关键要着眼于“创新引领、要素协同、链条完整、竞争力强”这几个关键词，实现实体经济、科技创新、现代金融、人力资源协同发展，使科技创新在实体经济发展中的贡献份额不断提高，现代金融服务实体经济的能力不断增强，人力资源支撑实体经济发展的作用不断优化。①

---

① 盛朝迅．构建现代产业体系的重要路径［N］．经济日报，2019-03-20.

（一）建立创新引领战略

创新是引领发展的第一动力，是建设现代化经济体系的战略支撑。科技创新已经成为增强综合国力和国家核心竞争力的决定性因素。谁能在科技创新上下先手棋，谁就能掌握主动权，谁就能在全球竞争中获得比较优势和发展空间。科技城市要以科技创新带动社会全面创新，打造区域科技创新中心，不断提升城市能级和核心竞争力。一是研究出台科技城市创新引领战略纲要及相关配套的实施方案，制定路线图和时间表，建立倒推工作机制，将目标、任务分解明确到各地、各部门，形成上下联动有序、部门协同有力的工作格局。二是制定具有科技城市特色的创新能力监测评价指标体系，围绕国家及相关部委提出的创新发展目标，开展定期统计监测，强化创新指标考核。三是完善产学研协同创新机制，深化创新体制改革，营造良好的创新环境，形成激励创新的社会氛围，营造全社会尊重创造、鼓励创新、宽容失败的创新文化。

深圳坚持把创新作为城市发展主导战略，制定和出台了一系列创新政策法规文件，为构建完善的科技创新治理体系提供了制度保障。一是发布实施了《关于深入贯彻落实习近平总书记重要讲话精神，加快高新技术产业高质量发展、更好发挥示范带动作用的决定》，实施“七大工程”，分三步走建设可持续发展的全球创新创意之都。二是围绕科技创新、产业创新、金融创新、管理服务创新、空间资源配置以及社会环境建设，出台《深圳经济特区自主创新示范区条例》。三是制定实施《深圳市关于加强基础科学研究的实施办法》，推动引领性原创成果取得重大突破。此外，深圳获国务院批复建设全国首批可持续发展议程创新示范区，制定并发布可持续发展规划纲要和实施方案。四是中共中央办公厅、国务院办公厅发布《深圳建设中国特色社会主义先行示范区综合改革试点实施方案（2020—2025 年）》，明确提出要在中央改革顶层设计和战略部署下，支持深圳在更高起点、更高层次、更高目标上推进改革开放（见图 4-1）。①

① 闻坤．坚持把创新作为城市发展主导战略［N］．深圳特区报，2019-02-13.

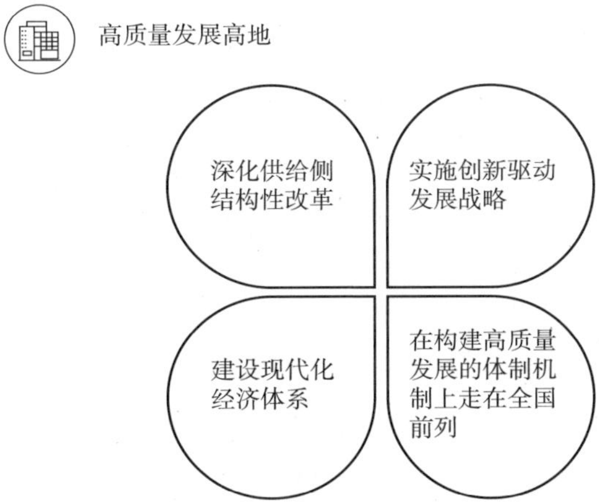

图 4-1　深圳建设中国特色社会主义先行示范区战略定位

资料来源：深圳特区报《一图读懂丨中央支持深圳建设中国特色社会主义先行示范区》。

（二）构建现代产业体系

现代产业体系是城市经济发展水平和综合实力的重要标志。构建现代产业体系是建设现代化经济体系的重点，也是经济高质量发展的关键。科技城市必须要顺应国际国内产业发展新趋势的现实需要，加快构建以科技含量高、附加值高、资源消耗低、环境污染少为特征的现代产业体系。一是夯实基础产业，依托现有产业基础和优势资源要素，稳定优势产业，延伸产业链，推动传统行业转型升级。二是构建产业链上下紧密联系的完整产业体系，从加工制造环节不断向研发设计等产业价值链高端环节延伸。三是加大力度培育世界 500 强企业，打造具有高附加值的“中国品牌”，提升中国企业、中国产品、中国品牌的全球影响力。

上海临港新片区编制《临港新片区创新型产业规划》，将构建“7+5+4”为重点的现代化产业体系。“7”重点聚焦先进制造业前沿产业集群，“5”以新型国际贸易、跨境金融服务等现代服务业为主，“4”是依托“7+5”产业，面向未来在经济业态上的延伸、面向全球在核心功能上的强化、面向大洋在发展形态上的融合。具体包括：要构筑具有国际竞争力的“七大”前沿产业集群。聚焦产业链核心环节和价值链高端地位，以重点“布局”带动“全局”，集聚发展集成电路、人工智能、生物医药、民用航空、智能新能源汽车、高端装备制造、绿色再制造等前沿产业，促进产业基础高级化和产业链现代化，打造创新发展的“点火器”。构筑具有全球辐射力的“五大”现代服务产业集群。以强化全球资源配置功能为导向，重点发展以新型国际贸易、跨境金融服务、现代航运服务、信息服务、专业服务为代表的高能级服务业，提升上海在全球贸易、金融、航运、创新网络中的节点功能和辐射能力，打造辐射全球的“服务器”。构筑具有时代影响力的“四大”开放创新经济业态。积极拓展经济发展新空间，培育经济发展新动能，探索发展以离岸经济、智能经济、总部经济、蓝色经济为特色的开放创新经济业态，打造赋能驱动的“加速器”（见表 4-1）。同时，财政部、税务总局印发《关于中国（上海）自贸试验区临港新片区重点产业企业所得税政策的通知》，对新片区内从事集成电路、人工智能、生物医药、民用航空等关键领域核心环节相关产品（技术）业务，并开展实质性生产或研发活动的符合条件的法人企业，自设立之日起 5 年内减按 15%的税率征收企业所得税。①②

表 4-1　上海临港新片区重点产业关键领域核心环节目录

重点产业	细分领域
集成电路	集成电路设计
	先进半导体工艺、装备和器件研发与制造
	基础、平台及应用软件开发
	半导体关键材料研发与制造
	共性技术研发、检测、认证等高技术服务
人工智能	AI 芯片研发与制造
	智能硬件研发与制造
	智能传感器研发与制造
	开发平台、工具软件及智能信息技术服务
	智能机器人研发与制造
	智能网联汽车、智能型新能源汽车研发与制造
	智能装备及材料研发与制造
	共性技术开发与技术基础服务

① 刘禹．构建以“7+5+4”为重点的现代化产业体系［N］．上海科技报，2020-09-29.
② 王哲平．加快推进产业数字化［N］．河北日报，2019-11-08.

续表

重点产业	细分领域
生物医药	前沿生命科技与产品研发
	生物制品研发与制造
	高端中西药研发与制造
	高端医药装备研发与制造
	高端医疗器械研发与制造
	临床试验等专业技术服务
民用航空	民用飞机整机及关键系统研发与制造
	航空发动机整机及关键核心部件研发与制造
	航空关键材料研发与制造
	试飞、适航等航空产业链配套服务

资料来源：上海市人民政府办公厅。

（三）支持数字产业发展

数字经济是一种新型经济形态，将成为我国新时期深化供给侧结构性改革、加快新旧动能转换的重要支撑。数字产业包括产业数字化和数字化产业两个方面，是数字经济的实体支撑（见图 4-2）。数字产业是以 5G、物联网、大数据等为代表的新一代信息技术与实体经济的深度融合，将从根本上改变经济发展模式，实现质量变革、效率变革、动力变革。[①] 科技城市应把握趋势、聚焦重点、精准发力，加快推进数字产业发展，利用现代信息技术对传统产业进行改造，促进产业迈向价值链中高端。一是加快建设数据服务平台，整合产业链上下游需求与供应，降低企业成本，创造价值增量；鼓励数据平台运营方开放资源，支持创客开发新型工业 APP。二是构建“互联网+”制造业生产体系，将制造行业与物联网、大数据、人工智能等先进信息技术有机融合，大力推进产业数字化模式创新、制度创新和政策创新。三是促进新模式和新业态发展，推进数字资源赋能医疗、教育、健康、能源等产业，释放数字对产业发展的促进作用和辐射能力，进一步提升产业价值。

① 王哲平．加快推进产业数字化［N］．河北日报，2019-11-08.

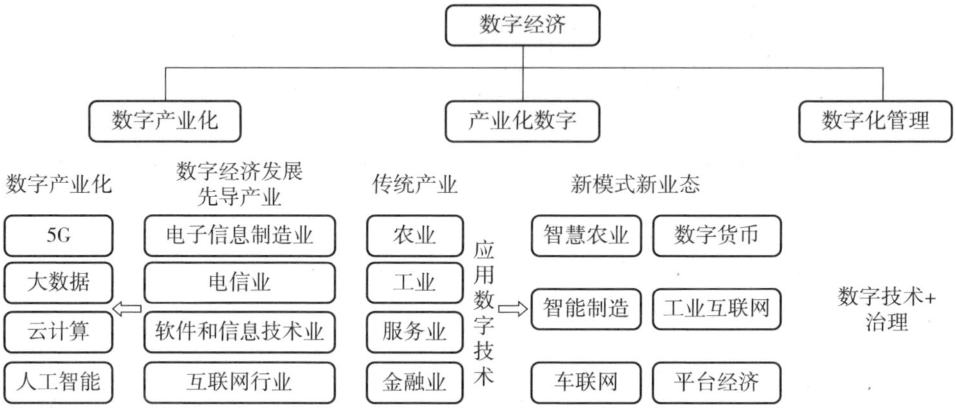

图 4-2　数字经济主要发展内容

资料来源：前瞻产业研究院。

杭州打造"全国数字经济第一城"，涵盖数字产业化、产业数字化、城市数字化三个方面的战略行动布局，并出台《杭州市全面推进"三化融合"打造全国数字经济第一城行动计划（2018—2022 年）》。目前，杭州以信息软件、电子商务等为代表的数字经济发展领跑全国，以阿里巴巴为代表的数字经济是杭州最闪耀的名片之一，数字经济核心产业对经济增长贡献率超过 50%。数字产业化方面，杭州进一步壮大优势产业，推动电子商务、云计算大数据、物联网、人工智能等提升发展，同阿里巴巴共同推进世界电子贸易平台（eWTP）全球化布局落地。产业数字化方面，杭州从"机器换人"到"工厂物联网"再到"企业上云""ET 工业大脑"，已率先走出了一条智能制造之路。城市数字化方面，杭州以"城市大脑"统筹各行业各领域数字化建设应用，以交通治堵为突破口，加快推进在城市管理和社会民生领域应用，为全国全球的新型智慧城市建设打造示范样板。杭州"十四五"规划提出，将建设世界级数字产业集群，推进中国区块链之都、全国云计算之城和全球数字安防产业中心、国际金融科技中心建设。

（四）布局战略性新兴产业

战略性新兴产业是指建立在重大前沿科技突破基础上，代表未来科技和产业发展新方向，体现当今世界知识经济、循环经济、低碳经济发展潮流，尚处于成长初期，未来发展潜力巨大，对经济社会具有全局带动和重大引领作用的产业。根据国家《关于扩大战略性新兴产业投资培育壮大新增长点增长极的指导意见》，我国将围绕重点产业链、龙头企业、重大投资项目，加强要素保障，促进上下游、产供销、大中小企业协同，加快推动战略性新兴产业高质量发展，培育壮大经济发展新动能。科技城市要重点布局新一代信息技术产业、生物产业、高端装备制造产业、新材料产业、新能源产业、智能及新能源汽车产业、节能环保产业、数字创意产业等八大战略性新兴产业领域，培育新的投资增长点，推动重点产业领域加快形成规模效应。①

武汉四个产业入选国家首批战略性新兴产业集群，光芯屏端网、汽车制造及服务、生命健康等世界级产业集群初具规模。武汉市在加强集群建设顶层设计、明确核心承载区和管理机构、探索产业集群公共服务综合体建设、“五链”统筹赋能以及开展政银企合作等方面进行探索与实践，取得了一定成效。武汉市确定东湖高新区为武汉市集成电路、新型显示器件、下一代信息网络、生物医药等战略性新兴产业集群的核心承载区，明确东湖高新区管委会为产业集群的主要管理机构。国家先进存储产业创新中心、国家信息光电子创新中心、国家数字化设计与制造创新中心等 3 家国家级创新中心先后落户东湖高新区。武汉市把推进战略性新兴产业发展作为高质量发展的重要抓手，在体制机制、政策、资金、人才等方面出台一系列文件，大力推进新兴产业的发展，特别突出了规划和政策的引领作用。武汉先后出台了《关于推进战略性新兴产业倍增发展的若干意见》《武汉市加快高新技术产业发展五年行动计划》《武汉产业转型升级发展实施方案（2015—2025）》等一系列文件，解决战略性新兴产业发展中存在的体制机制、创新动力、金融支撑、政务环境等问题，强化政策保障。

国家发改委推介武汉战略性新兴产业集群经验和做法。一是东湖高新区先后建设了武汉生物技术研究院、武汉光电工业技术研究院、武汉导航与位置服务工业技术研究院等新型产业技术研究院，推动产业技术研究院技术开发、成果转化、企业孵化等功能不断完善。二是聚焦重点产业领域关键核心技术瓶颈，加快组建一批产业创新联合体，支持企业自主实施或者联合外部优势创新资源开展关键核心技术项目攻关。三是积极用资本赋能创新，大力发展天使投资和股权投资机构，完善科技型企业全生命周期股权融资链，全力推动战略性新兴产业集群内企业上市科创板和新三板，支持通过资本市场再融资和并购做大做强。四是深化“放管服”改革，推进战略性新兴产业集群发展壮

① 国务院《关于扩大战略性新兴产业投资培育壮大新增长点增长极的指导意见》。

大，东湖高新区突出流程优化“一网通办”、主题式“一事联办”、多渠道“移动办理”、无接触“自助办理”。国家战略性新兴产业范围调整见图 4-3。

“十三五”战略性新兴产业规划（2016年）	战略性新兴产业分类（2018年）	扩大战略性新兴产业投资（2020年）	“十四五”规划纲要（2021年）
新一代信息技术	新一代信息技术	新一代信息技术	新一代信息技术
生物技术	生物产业	生物产业	生物技术
新能源汽车	新能源汽车	新能源汽车	新能源汽车
绿色低碳	节能环保	节能环保	绿色环保
高端装备	高端装备制造	高端装备制造	高端装备
材料	新材料	新材料	新材料
数字创意	数字创意	数字创意	新能源
	新能源	新能源	航空航天
	相关服务业		海洋装备

图 4-3　国家战略性新兴产业范围调整

资料来源：鑫创科技产业研究院《2021 年宏观年度报告》。

二、政府创新研发投入

科技城市要进一步加大创新研发投入，通过加大创新基础研究投入，引导企业增加研发投入等方式，进一步优化研发资源配置。特别是，要鼓励全社会加大对前瞻性和应用性基础研究领域的投入，加快构建多元化投入体系，加强财税、金融等政策的综合设计，形成有机的政策体系，进一步引导风险投资、慈善捐赠、高校自有资金等投入研发活动。

（一）加大创新基础研究投入

科技城市要重点加大基础研究的投入力度，针对全球科技前沿领域，建立关键核心技术的研究清单。一是组织研究机构和科学家投入到重大科学问题的研究，并且从体制机制上进一步完善基础研究体系，以增加创新驱动的源头研发能力。二是建立基础研究领域长期稳定的财政投入计划，更加重视基础研究的系统性设置，使科研人员能够专心长期地从事相关基础研究领域的系统性研究。三是在财政投入的基础上，引导企业和社会机构加大对基础研究领域的投入力度，为创新发展提供坚实的基础支持。

深圳社会研发投入保持全国领先。2020年，深圳社会研发投入占地区生产总值比重达4.93%，国家高新技术企业突破1.8万家，是“十二五”末期的3倍，居全国城市第2位；PCT国际专利申请量保持全国城市首位；深圳国家高新区排名稳居全国第2位。[①] 长期以来，深圳结合创新发展实际，着力发展基础研究领域，深圳通过一系列重大科研院所、实验室补齐基础研究领域短板。《深圳市关于加强基础科学研究的实施办法》明确提出，2022年，全社会研发投入占GDP比重达4.28%，基础研究经费占R&D经费比重达4.1%；到2025年，全社会研发投入占GDP比重达4.5%，基础研究经费占R&D经费比重达5.0%；到2035年，全社会研发投入占GDP比重达6.0%，基础研究经费占R&D经费比重达10%。

深圳强化基础和应用基础研究，加快综合性国家科学中心建设。大湾区综合性国家科学中心先行启动区建设方案成功获批，河套深港科技创新合作区、光明科学城、西丽湖国际科教城建设加速推进，综合粒子设施、脑解析与脑模拟等大科学装置顺利开工，鹏城云脑Ⅱ等大科学装置建成运行。市财政科技投入、基础研究投入较“十二五”末期实现翻番，2020年，基础研究投入近45亿元，占市财政科技投入比例达39%。鹏城实验室成为国家在深圳布局的首个国家重大科研机构，深圳湾实验室、深圳量子科学与工程研究院被纳入国家重大科研机构建设体系，获批建设深圳国家应用数学中心，全市创新载体达到2693家，其中国家级129家。[②] 2020年全国R&D经费投入强度前10名省市见表4-2。

表4-2　2020年全国R&D经费投入强度前10名省市

排名	地区	R&D经费（亿元）	R&D经费投入强度（%）
1	北京	2233.6	6.31
2	上海	1524.6	4
3	天津	463	3.28
4	广东	3098.5	2.88
5	江苏	2779.5	2.79
6	浙江	1669.8	2.68

① http：//szsb.sznews.com/MB/content/202101/07/content_ 974047.html。

② https：//wxd.sznews.com/BaiDuBaiJia/20210118/content_ 454639.html。

续表

排名	地区	R&D 经费（亿元）	R&D 经费投入强度（%）
7	陕西	584.6	2.27
8	山东	1494.7	2.1
9	湖北	957.9	2.09
10	辽宁	508.5	2.04
—	全国	22143.6	2.23

资料来源：国家统计局《2020 年全国科技经费投入统计公报》。

（二）引导企业增加研发投入

完善多元化投入机制，采取多种措施引导企业增加研发投入。通过制定相关的研发项目支持政策、创新项目扶持政策、研发企业税收优惠政策等方式，引导科技企业不断增加对研发的重视程度和投入力度。一是鼓励在研发领域投入较大的科技企业，积极参与国家高新技术企业的认定，为企业发展争取更多的政策支持。二是征集科技企业正在执行的创新项目，建立科技企业重点科技项目库，申报国家相关领域的重大项目、国家级科技计划项目等，帮助企业获得相关部委财政资金支持。三是建立研发准备金制度，对增加研发投入的企业进行奖补，积极落实研发费用加计扣除政策等。

中关村科学城 2020 年实施研发投入倍增计划，引导企业积极开展关键核心技术攻关，投入近 2 亿元引导企业加大研发投入，关注原始创新和技术创新，构建以企业为主体的研发体系，开展通用底层技术布局和关键核心技术攻关。数据显示，2020 年中关村科学城高新技术企业总收入预计突破 3 万亿元，增速达 13%，实现逆势增长。企业研发经费投入强度在 6%以上，技术合同成交额增长 7.4%，发明专利授权量突破 3 万件，每万人发明专利拥有量达 480 件。国家高新技术企业约达 10550 家，独角兽企业 44 家，上市企业 236 家、中关村科学城总面积约 75 平方公里，是中关村国家自主创新示范区核心区的核心。该区域集聚了清华、北大等 27 所国家重点高等院校及中科院等 30 多家研究所、25 家国家工程技术研究中心、20 余家国家工程研究中心和 62 家国家级重点实验室。汇集了联想集团、航天科技等高科技企业近 8000 家，科技创新服务中介机构 1000 余家。目前已形成了从基础研究、应用研究到产业化应用的完整创新链条。①

中国企业联合会发布《2020 中国 500 强企业发展报告》显示，2020 中国企业 500 强研发费用 10754 亿元（431 家企业填报数据），同口径比上年增长了 17%。这些研发费用占 2019 年全国企业 R&D 经费的 64%。研发投入前三名为华为、阿里巴巴、中石油天然气（见表 4-3）。华为确定以技术研发为驱动的主要路线，多年来持续增加研发投入，并在招揽全国乃至全球各种优秀、顶尖的计算机和芯片等方面人才，组建科研中心从事科研开发。华为 8 万名员工中，50%以上都是技术工种和程序员，可见其对于研发上的重视程度。此外，阿里巴巴也非常重视科研，每年投入超过 430 亿元的费用用于研发。阿里巴巴成立的达摩院、阿里云等都承担了比较重要的科研任务。

表 4-3　2020 年中国研发投入排名前 10 位的企业

排名	企业名称	研发费用（亿元）
1	华为投资控股有限公司	1316. 59
2	阿里巴巴集团控股有限公司	430. 80
3	中国石油天然气集团有限公司	286. 91
4	中国航天科工集团有限公司	273. 05
5	中国移动通信集团有限公司	234. 81
6	浙江吉利控股集团有限公司	207. 30
7	百度网络技术有限公司	183. 46
8	中国第一汽车集团有限公司	180. 95
9	中国建筑股份有限公司	172. 90
10	中国铁道建筑集团有限公司	165. 28

资料来源：《2020 中国 500 强企业发展报告》。

（三）健全研发产出评价机制

健全研发投入绩效评价机制，强调以高质量的产出为导向的研发投入。加快建立全面、科学、有效的研发产出评价机制，从创新数量、创新质量、创新贡献力度等方面，全面评价研发产出的实际效益。通过建立研发产出评价机制，引导各创新主体以创新绩效为核心目标。建立公平、公正、公开的评审体系，组织专家开展研发项目产出绩效评估，并针对不同的研发产出绩效，出台相对应的奖惩机制，以提高研发投入的效率。健全技术创新成果审核评价办法，构建导向明确、有效激励的评价体系，建立以创新进度、创新

① http：//hdqw. bjhd. gov. cn/bmgz/xcgz/202101/t20210126_ 4449626. htm。

质量、产业化发展实绩为主要内容的评估机制，促进技术研发持续推进和创新成果向现实生产力转化。健全科技成果权益分配机制，注重以人为本，更多放权赋权，发挥市场配置资源的决定性作用。充分发挥研发产出评价机制的促进作用，重点挖掘具有巨大创新转化潜力的研发项目，叫停投入产出效率低的研发项目，避免浪费有限的研发资源。

北京于 2019 年 11 月出台《北京市促进科技成果转化条例》（以下简称《条例》），健全科技成果权益分配机制。该条例率先在全国地方立法中，就职务科技成果权属改革进行了创新性、突破性的制度设计。《条例》规定，政府设立的研发机构、高等院校，可以将其依法取得的职务科技成果的知识产权，以及其他未形成知识产权的职务科技成果的使用、转让、投资等权利，全部或者部分给予科技成果完成人，并同时约定双方科技成果转化收入分配方式。为明确对科技成果转换的激励政策，《条例》规定科技成果完成单位持有的职务科技成果转化后，应当由单位对完成、转化该项科技成果做出重要贡献的人员给予奖励和报酬。同时，《条例》还规定，政府设立的研发机构、高等院校及国有企业依照规定对完成、转化职务科技成果做出重要贡献的人员给予奖励和报酬的支出计入当年本单位工资总额，但不受当年本单位工资总额和绩效工资总量限制，不纳入本单位工资总额基数。①

三、金融资本支撑

随着我国经济由高速增长阶段转向高质量发展阶段，传统的金融体系无法满足实体经济新的金融服务需求。创新的本质特征是周期长、高风险、不确定性大，这与多数金融机构要求的短周期、低风险、高回报之间存在必然矛盾。“十四五”规划纲要为金融资本支撑创新指明了方向，如规范发展非银行金融机构，增强金融普惠性；鼓励发展基础设施 REITs、知识产权质押融资、科技保险等科技金融产品，开展科技成果转化贷款风险补偿试点。

（一）强化政府资金引导

资金是发展的必不可少的条件要素和强大动力。科技城市发展必须大力筹措、充足安排好发展资金。政府部门要集中财力支持重点产业发展以及重

① 北京市政府《北京市促进科技成果转化条例》。

大项目建设，拓宽社会资本投资渠道、增强资本市场服务实体经济质效。设立专项投资基金用于支持企业技术创新，通过拨款、贴息、投资等多种方式，支持企业的技术创新活动。通过基础设施 REITs 为基础设施建设提供直接融资支持，吸引更专业的市场机构来主导项目的投资和运营，有利于用市场化的方式提高投资建设和运营管理效率，充分发挥基础设施项目的社会经济效益。

杭州作为国内最早设立引导基金的城市，从 2008 年开始就通过财政杠杆的作用助推创业，引导社会资金进入以投资初创期企业为主的创业投资领域。杭州市创业投资引导基金成立十年来，获得了“十佳政府引导基金”“中国政府引导基金 20 强”等荣誉。从 2008 年至今，引导基金规模从初始投入 2 亿元增至 10 亿元再增至 30 亿元，杭州的财政资金实现了 7 倍放大效应，凸显了“四两拨千斤”的金融力量。数据显示，截至 2019 年 4 月底，引导基金累计批复合作基金 65 只，基金批复总规模高达 90 亿元。在引导基金参股子基金已投项目中，有近 30 家企业成功上市或被上市公司收购。目前，杭州 30 家独角兽和 138 家准独角兽企业中，引导基金合作机构分别投资了 9 家、56 家。依照新版《杭州市创业投资引导基金管理办法》，引导基金主要投资职工人数在 500 人以下、年度销售额在 5000 万元以下的企业，其中国家级高新技术企业的年销售额放宽为 1 亿元以下。以此促进优质创业资本、项目、技术和人才向杭州集聚。[①] 中国政府投资基金分类见图 4-4。

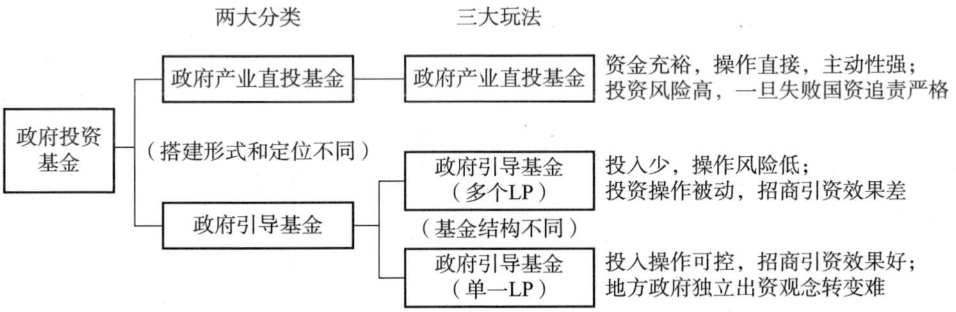

图 4-4 中国政府投资基金分类

资料来源：清科研究中心《2019 年中国政府引导基金发展研究报告》。

① 杭州市政府《杭州市创业投资引导基金管理办法》。

（二）优化企业金融服务

支持创新型金融机构设立并开展科技金融租赁、科技保险等业务，鼓励商业银行、保险、地方金融机构等机构开展多元化科技金融产品和业务，建立融资担保风险分担机制，为科技企业提供融资便利、资金支持。为进一步发挥融资租赁、商业保理、小额贷款公司等地方金融机构在普惠金融发展、金融服务小微企业等过程中的主体作用。将为科技企业提供金融服务的地方金融机构也纳入财政奖励补贴、风险补偿、风险代偿等范围。

上海国际金融中心建设已取得了重大进展和显著成效。上海在金融服务体系方面，推进科技创新中心与国际金融中心建设联动，健全科技金融服务体系，优化科技金融生态，创新科技金融产品和服务，支持各类投融资机构为创新主体提供金融服务。在科技信贷方面，鼓励商业银行根据科技创新企业信贷特点，建立专门的组织、风险控制和激励考核体系，设立科技支行等科技金融专营机构，开展信用贷、知识产权质押融资、股权质押融资、履约贷等融资服务，增加科技信贷投放。在融资担保方面，设立中小微企业政策性融资担保基金，通过融资担保、再担保等方式，为科技创新企业提供担保服务。建立完善政策性融资担保基金的补充机制，对政策性融资担保基金不进行营利性指标考核，并设置合理的代偿损失率。在融资租赁方面，支持融资租赁机构为科技创新企业提供设备、器材等融资租赁服务，鼓励融资租赁机构探索开展科技创新企业无形资产融资租赁业务。① 全球金融中心指数排名见表 4-4。

表 4-4　全球金融中心指数排名

中心	GFCI 29		GFCI 28		较上期变化	
	排名	得分	排名	得分	排名	得分
纽约	1	764	1	770	0	▼ 6
伦敦	2	743	2	766	0	▼ 23
上海	3	742	3	748	0	▼ 6
香港	4	741	5	743	▲1	▼ 2
新加坡	5	740	6	742	▲1	▼ 2
北京	6	737	7	741	▲1	▼ 4

① 上海市政府《上海市推进科技创新中心建设条例（草案）》。

续表

中心	GFCI 29		GFCI 28		较上期变化	
	排名	得分	排名	得分	排名	得分
东京	7	736	4	747	▼3	▼11
深圳	8	731	9	732	▲1	▼1
法兰克福	9	727	16	715	▲7	▲12
苏黎世	10	720	10	724	0	▼4
温哥华	11	719	24	698	▲13	▲21
旧金山	12	718	8	738	▼4	▼20
洛杉矶	13	716	11	720	▼2	▼4
华盛顿	14	715	19	712	▲5	▲3
芝加哥	15	714	20	711	▲5	▲3
首尔	16	713	25	695	▲9	▲18
卢森堡	17	712	12	719	▼5	▼7
悉尼	18	711	32	682	▲14	▲29
迪拜	19	710	17	714	▼2	▼4
日内瓦	20	709	14	717	▼6	▼8

资料来源：《全球金融中心指数（GFIC）》。

（三）大力发展金融科技

科技创新和金融创新的紧密结合可以推动社会生产方式的变革，资本与科技的有机融合是科技创新成功的重要条件。区块链、生物识别等技术可保证信息的可靠性和透明性，大数据能够极大地降低信息获取成本，人工智能可以减少人力成本，并从技术手段上解决科技创新企业风险评估问题。大力发展金融科技，支持科技企业从事金融科技核心技术开发与应用，鼓励商业银行等各类金融机构运用大数据、人工智能、信息安全等先进技术，提升风险控制能力，提高业务办理效率和服务实体经济的能力，包括增强对小微企业的服务能力，加快发展供应链金融，提升金融业务风险防范的能力等。

我国金融科技“监管沙盒”试点继续扩围，金融科技“监管沙盒”落地广州。2020 年 8 月 24 日，人民银行广州分行对首批 5 个创新应用进行公示，创新应用围绕金融科技、普惠金融、跨境贸易结算等领域的痛点难点问题展开，体现了金融科技兼容并包、融合赋能的特点。一是着力破解小微企业融资金融服务难题。中国工商银行广东省分行利用大数据技术构建信贷模型，运用物联网技术多维度采集、挖掘企业生产经营数据，建立贷后监测模型，提高信贷监测的时效性和准确性。广州农村商业银行利用大数据和复杂网络技术构建风控决策模型，识别群体欺诈行为，降低小微企业融资的欺诈风险，高效识别优质客户。二是提升跨境结算业务的风控水平，助力“稳外贸”。中国工商银行广州分行、广州银联网络支付、云从科技利用多方安全计算技术，融合应用多方数据，打造基于多方安全计算的溯源认证体系，实现对跨境结算时贸易背景真实性的辅助核验，降低跨境贸易结算过程中存在的信息缺失风险。三是积极探索前沿信息技术在金融领域的融合应用。广发银行基于知识图谱技术分析企业关联关系和客户经理关系网络，实现快速的风险挖掘、风险分析，为对公客户提供安全信贷服务，为个人客户提供安全理财产品销售服务。交通银行广东省分行、京东数科融合运用流媒体、虚拟现实、多方安全计算等多种技术构建线上金融服务渠道，延伸金融服务半径，提升金融服务便利性。[①] 金融科技八大主要范畴见图 4-5。

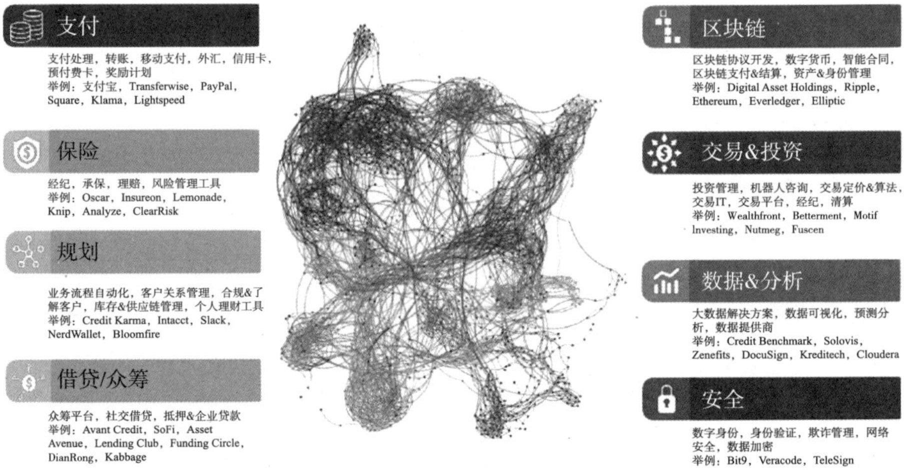

图 4-5　金融科技八大主要范畴

资料来源：BCG《2017 年全球金融科技发展趋势》。

四、重大项目落地

重大项目既是城市投资增长的重要拉动力，也能提速产业结构调整，关

① 陈卫东 . 广州市金融科技创新监管的探索与实践［J］. 金融科技时代，2020（11）.

系整个城市的经济发展速度和发展质量。加快推进重点项目建设，全力推动经济高质量发展，要高标准谋划重大项目，充分挖掘科技城市发展优势和潜力，加强重大项目规划，建好重点项目储备库，建成一批引领性强、带动性大、成长性好的重大项目。加大招商引资力度，从更高水平来争取重大项目落地，根据国家宏观政策和重点投资方向，精准对接国家战略和区域发展方向，将更多的重大项目申报进入国家重点工程，获得更多政策支持区域、产业发展。优化企业营商环境，通过优化项目审批流程、完善项目落地政策、创新服务企业等举措，切实提高重大项目落地效率。

（一）加强重大项目规划

制订重大项目谋划储备总体方案，提出重大项目谋划储备思路、重点、建设时序和工作要求，包括重点投资项目清单、重大建设项目清单、重大前期项目清单等。清单要对重大项目提出投资计划安排，对计划新开工项目提出开工时间计划，明确项目单位和责任人，以及各级政府和部门负责人。其中，土地在重大项目实施的过程中起到了重要的影响作用，为保障重大项目的顺利实施，科技城市要集中优质土地资源支持项目落地。加强对重大项目的规划引领与保障，为重大项目用地预留规划空间。一是强化土地利用计划，优先保障重大项目，通过提前规划和有序计划配置土地资源，并且加强盘活低效闲置建设用地。二是节约集约用地，充分开发和利用建设用地，并创新供地方式。三是建立“绿色通道”制度，优先保障重大项目用地，降低用地成本和提高用地报批效率。

上海推出深化行政审批改革 23 条新规，加快推进重大项目建设。上海自 2020 年 8 月 1 日起实施《关于进一步深化行政审批制度改革加快推进重大项目建设的若干措施》，以推动重大项目早落地、早开工、早见效，促进经济社会稳定发展。该措施深入挖掘和总结提升近几年上海投资和工程建设项目审批改革成功经验，特别是“特斯拉”项目审批中的创新经验，以及疫情防控期间推出的远程办、应急办、快递办、网上办、掌上办等做法，将好经验、好做法用制度形式固定下来、坚持下去，形成常态长效，推广到更大范围。该项措施从准入立项、用地管理、规划许可、开工手续、竣工验收和服务效能等 6 个方面，提出了 23 项改革措施。为简化项目规划许可程序措施规定，将上海市规划资源局近 2/3 的项目审批下放至基层办理。下放 500 平方米以下绿地占用审批权，超过 70%的项目可直接到各区办理，工业园区内各项目绿地比例由园区管理机构统筹平衡、自主确定。改进项目用地管理方式，由市级统筹一批项目用地指标，实施指标周转暂借方式，优先保障重大项目；优化土地出让方式，深化项目用地“带方案”出让，推广“按标准”出让，实现“地等项目”；支持存量工业用地转型发展，以支持为原则予以办理相关手续；精简优化土地供应审批，实行“三证合一”，实现土地供应只办“一个事项”。①2021 年上海重大建设项目清单（科技产业类）见图 4-6。

序号	项目名称	备注
一	科技产业类59项	
（一）	科创中心（10项）	
1	上海光源二期	在建
2	上海集成电路产业研发与转化功能型平台	建成
3	上海硬X射线自由电子激光装置项目	在建
4	高效低碳燃气轮机试验装置国家重大科技基础设施	在建
5	国家海底长期科学观测系统	在建
6	张江复旦国际创新中心	在建
7	上海交通大学张江科学园	建成
8	张江实验室研发大楼	在建
9	同济大学上海自主智能无人系统科学中心	在建
10	李政道研究所	在建
（二）	先进制造业（40项）	
11	中航商用航空发动机公司产业基地建设项目	在建
12	中国商用飞机公司民用飞机试飞中心	在建
13	中国商用飞机公司总装制造中心浦东基地建设项目	在建
14	CR929宽体客机研发保障建设项目	在建
15	民用飞机航电系统集成平台	新开工
16	上海外高桥造船有限公司邮轮总装建造总体规划项目	在建
17	中船长兴造船基地二期	在建
18	上汽大众MEB工厂	建成
19	华域汽车技术研发中心	在建
20	特斯拉超级工厂一期	建成
21	国能新能源汽车	在建
22	和辉光电第六代AMOLED生产线建设	建成
23	华力微电子12英寸先进生产线建设	在建
24	中芯国际12英寸芯片SN1项目	在建
25	积塔半导体特色工艺生产线项目	在建
26	超硅半导体300mm集成电路硅片全自动智能化生产线	在建
27	顺络电子高端电子元器件与精密陶瓷研发及先进制造配套基地	在建
28	格科半导体12英寸CIS集成电路研发与产业化项目	新开工
29	鼎泰半导体12英寸自动化晶圆制造中心项目	新开工
30	新昇半导体300mm集成电路硅片研发与先进制造新建项目	新开工
31	上海临港化合物半导体4英寸、6英寸量产线项目	在建
32	上海天岳碳化硅半导体材料项目	新开工
33	精测半导体全球研发总部和装备制造基地	在建
34	修正生物制药医药产业园	在建
35	药明生物全球创新生物药研发制药一体化中心	在建
36	复宏汉霖生物医药产业基地	在建
37	上海医药集团生物医药生产基地	在建
38	昊海生物科技国际医药研发及产业化基地	在建
39	信达生物上海总部暨全球研发中心	新开工
40	中国生物抗体产业化基地建设项目一期	新开工
41	国盛生物医药产业园	新开工
42	商汤科技上海新一代人工智能计算与赋能平台项目	在建
43	上海发那科智能工厂三期	在建
44	ABB机器人超级工厂	在建
45	金阅科技智能机器人产业基地	在建
46	英威达尼龙化工项目	在建
47	中电科32所松江信息技术创新产业园	在建
48	海尔卡萨帝洗涤设备制造	在建
49	中国石化国产万吨级大丝束产业化装置项目	在建
50	华为上海研发基地（青浦）	在建
（三）	现代服务业（9项）	
51	西岸传媒港、西岸智慧谷	在建
52	大型绿色数据中心	在建
53	虹桥商务区核心区基础设施配套项目二期	在建
54	中国核建上海科创园	在建
55	中核集团上海总部园	在建
56	中交集团上海总部基地	在建
57	网易上海国际文创科技园（青浦）	在建
58	美的集团第二总部项目	在建
59	张江“科学之门”项目	在建

图 4-6　2021 年上海重大建设项目清单（科技产业类）

资料来源：上海市发改委官网。

（二）加大招商引资力度

瞄准高质量项目制定招商引资措施，推进和强化精准招商，提高招商引资的质量和效率。一是在招商引资过程中，放宽招商视野和范围，在全球范围内选择和引进优质企业和项目，并针对已经引进的企业做好相关配套服务，帮助企业快速成长和布局新项目。二是提高利用外资水平，建立全球行业领先企业的信息库，并与国际投资机构加强合作，不断提高与跨国企业的合作频次与规模。三是加强对“招商地图”等新型招商工具的应用，根据本地产业链情况，梳理招商项目大数据，并根据大数据分析企业上下游关联性企业，

---

① 上海市政府《关于进一步深化行政审批制度改革加快推进重大项目建设的若干措施》。

实现链条式和系统性的招商路线。

深圳市是我国招商引资标杆模范城市，近年来积累了丰富的经验。深圳市招商引资有三大特点：一是专业化招商机构，借鉴香港贸发局和香港投资推广署的运作模式，专门成立了深圳市投资推广署，按先进制造业、现代服务业、新兴前沿产业划分三个招商业务部门，推进精准招商和境外投资网络建设。二是三层级招商网络，第一级网络为深圳市政府驻欧洲、北美、日本、澳大利亚经贸代表处，第二级网络为服务互换和购买服务等形式、与投资促进专业机构合作在全球 41 个主要发达城市布局的 58 个网点，第三级网络是与 350 余家海内外商协会联系形成的支点。三是全链条服务体系，始终以创业企业的需求为导向，以专业孵化、创业投融资、种子交易市场为核心，以创业交流、创业展示、创业媒体、创业培训、创业公寓、公共加速为重点功能，建立“36”全链条创业服务体系。[①] 2021 年 4 月 14 日，深圳市商务局发布《深圳市关于围绕构建新发展格局招大商、招优商、招好商行动方案（2021—2025 年）》（公开征求意见稿），以“链长制”等产业发展政策为基础及牵引，围绕集成电路、5G、8K、人工智能、生物医药、智能网联汽车等重点产业链，深入开展产业研究，紧抓产业链的关键环节、空白领域，明确重点龙头企业技术优势、地域分布及招引策略，开展产业精准招商。[②]

（三）优化企业营商环境

大力优化企业营商环境，为企业提供良好的配套环境和相关服务，进一步激发市场主体活力。特别是，针对战略性新兴产业领域的重点项目，加大在财政、金融、人才、土地、环境等方面的支持力度。一是在行政审批方面，对重大项目的行政流程进行优化再造，明确具体的操作规范，简化流程和提高办事效率，将更多的精力聚焦到服务企业和创新人才上面来。二是充分发挥“互联网+”和数字技术的作用，创新和提升企业服务内容，围绕着企业重大项目落地的实际需求，不断提高综合服务水平。三是创造公平竞争环境，严格兑现各项优惠支持政策，第一时间帮助企业解决重大项目落地的难题，创新构建新型政商关系。

2017 年至 2020 年，上海围绕优化营商环境，先后实施了 377 项改革措施，取得了显著成效，各个区为了持续优化营商环境也做出了努力。上海瞄准新加

① 崔敏．地方政府招商引资对策研究［D］．南京：南京大学，2018.

② 深圳市政府《深圳市关于围绕构建新发展格局招大商、招优商、招好商行动方案（2021—2025 年）》（公开征求意见稿）。

坡等营商环境评价领先的经济体，借鉴国内外的先进政务服务理念和经验，最大限度压减企业办事的环节、材料、时间、费用，着力提升办事便利度；学习借鉴香港的“一站式”中心模式，涵盖工程规划、施工许可、质量管理、竣工验收、供排水接入等全过程。2021 年 3 月 1 日，上海正式对外发布《上海市加强改革系统集成持续深化国际一流营商环境建设行动方案》（优化营商环境 4.0 版方案），围绕优化政务环境、提升企业全生命周期管理服务、营造公平竞争市场环境等 5 方面提出 31 项任务，共 207 条举措。未来上海将实现政务服务可网办能力达到 95%以上，推广在线身份认证、电子印章等技术，实现企业高频事项全覆盖，针对部分高频事项，上海将实行无人干预自动审批。为了营造公平竞争的市场环境，上海将在浦东新区对首批 31 个行业开展“一业一证”改革试点的基础上，将不涉及国家事权的成熟试点行业在更大区域范围推广实施。此外，上海市级惠企政策“一窗通办”系统平台将在 2021 年 6 月前上线运行，区级平台实施全覆盖。[①] 中国营商环境评价指标体系见图 4-7。

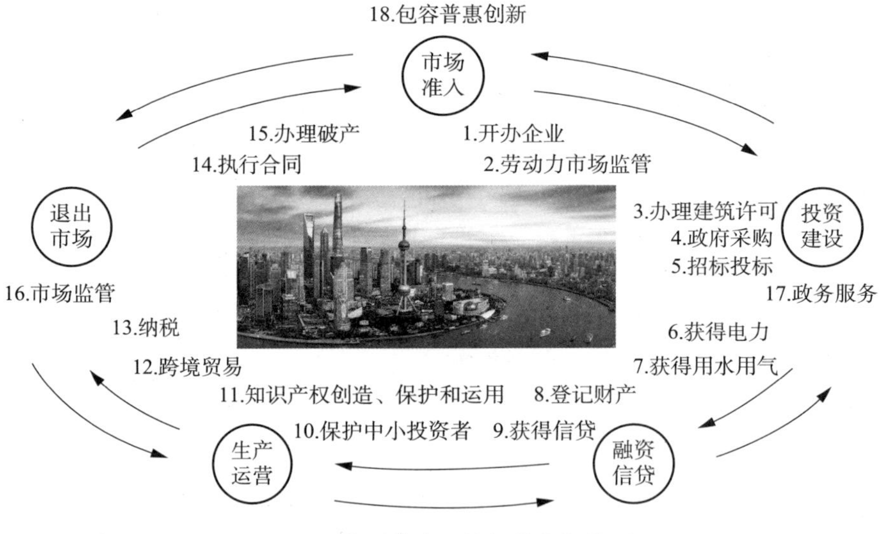

图 4-7 中国营商环境评价指标体系

资料来源：国家发改委《中国营商环境报告 2020》。

① 张若雪．上海金融动态［J］．上海金融，2021（5）．

第二节　开放协同：双向发力

我国“十四五”规划提出，加快构建以国内大循环为主体、国内国际双循环相互促进的新发展格局。立足国内大循环，协同推进强大国内市场和贸易强国建设，形成全球资源要素强大引力场，促进内需和外需、进口和出口、引进外资和对外投资协调发展，加快培育参与国际合作和竞争新优势。科技城市要深化开放协同领跑高质量发展，全面深化与国际国内在产业、技术、人才等方面的合作。一方面，在更高水平上深化开放合作，构建多层次长效合作对话机制，更好利用国际国内两个市场、两种资源，为高质量发展汇聚新动力、增添新活力、拓展新空间。另一方面，推进区域协同发展迈向更高水平，从推进区域产业协作创新、基础设施互联互通、生态环境共保联治、公共服务便利共享等方面着手，高水平打造分工合理、各具特色、协作联动、优势互补的区域一体化协同发展新局面。

一、扩大开放

习近平总书记强调：“中国开放的大门不会关闭，只会越开越大!”2021年《政府工作报告》对扩大开放做出了系统部署，包括促进外贸基本稳定、积极利用外资、高质量共建“一带一路”、推动贸易和投资自由化便利化等。在新一轮科技革命和产业变革下，各类创新资源和要素在全球范围内高速流动，发达经济体在高端制造领域的迅速崛起，新兴经济体在中低端制造环节的加快布局，对我国产业发展形成了来自产业链两端的“双重挤压”。扩大开放是中国高质量发展的必由之路，开放型经济的建设将有助于进一步提升我国的全球竞争力。通过高水平的扩大开发，促进科技创新和产业链升级，是我国经济发展由高速增长阶段转向高质量发展阶段的关键。

（一）深度参与国家开放战略

科技城市要全面贯彻落实国家对外开放战略，积极融入“一带一路”、自由贸易试验区、跨境电子商务综合试验区、国际合作示范区建设等，在更宽领域、更深程度、更高水平深度参与国家开放大战略。一是全面融入“一带一路”国家战略，打造多层次、宽领域、全方位的立体式开放新格局。加强与“一带一路”沿线国家、城市和地区的贸易往来、产业互动和人才交流。二是加强多层次国际合作，在教育、医疗、科技、文化等多层次开展国际合作。鼓励大学、医疗机构、科研院所、企业等既要坚持“引进来”，又要坚持“走出去”，以政府间交流为基础，政府与民间并举，双边与多边兼行，国内与国外互动。三是打造开放平台，完善海关、口岸、检验检疫、铁海联运、国际快件等平台功能建设，推进基础设施互联互通和国际大通道建设，不断提升进出口贸易和利用外资的总额和水平。

长三角地区是“一带一路”的重要交汇点，外贸总量在全国外贸总量中占比较高，一直处于我国对外开放的前沿。长三角有条件成为联通国际市场和国内市场的重要桥梁，对我国维护和引领经济全球化发挥积极作用。长三角深度融入“一带一路”建设，服务国家发展大局，推进更高层次的对外开放。上海制定了服务国家“一带一路”建设行动方案，持续推动贸易投资便利、金融开放合作、增强互联互通功能、科技创新合作、人文合作交流和智库建设等行动。在政府和市场共同推动下，上海营造了全球企业参与“一带一路”发展的基础环境。积极推动金融市场双向开放和互联互通，积极推动自贸区金融改革创新，吸引金融机构积极参与“一带一路”建设，加强与沿线国家和地区的金融“纽带”关系，努力成为“一带一路”投融资中心和全球人民币金融服务中心。

江苏“一带一路”工作要点明确了4方面30条年度重点工作，着力推进“一带一路”交汇点各方面工作走深走实。将完成组建省级国际货运班列公司、打造柬埔寨西港特区2.0升级版、推动特区建设提质增效、提升连云港两基地建设水平等工作。浙江则谋划长三角共推“一带一路”机制，健全“一带一路”重大项目库，务实推进中印尼产业园合作，深化“17+1”经贸合作示范区建设等。[①] 安徽出台了《安徽省参与建设丝绸之路经济带和21世纪海上丝绸之路实施方案》，成立了领导小组，明确了战略定位、发展目标、主要任务，提出了将安徽建设成“一带一路”重要腹地和枢纽的目标定位。外贸方面，安徽省与“一带一路”沿线进出口过亿美元国家从无到有，与印度、越南、马来西亚、菲律宾、埃及、乌克兰、文莱等国进出口超过1亿美

① 曹家宁．各地将如何参与共建“一带一路”［J］．商业观察，2020（11）：24-25.

元且增速超过30%。利用外资方面，“一带一路”沿线国家是最早来安徽省投资的地区之一，投资领域主要集中在商业服务、农业、房地产、机电等行业。

（二）积极构建开放创新体系

科技城市构建开放创新体系，要从全球科技创新和产业升级的角度进行战略布局。一是加强国际交流与合作，参与全球前沿技术的开发，采用国际标准，充分利用各类国际创新资源。通过分析国际合作的变化趋势，合理应用国际贸易和投资等各项规则，促进国际科技创新合作与发展。二是为企业创造开放发展的环境，鼓励不同国别的企业之间开展深度合作，为企业组建跨国机构和打开市场提供必要的支持条件。三是支持企业在海外建立研发中心或技术中心，通过建立海外分支机构，充分吸纳海外创新人才，提升企业对海外创新资源的利用效率和海外知识产权运营能力。

深圳于2020年8月印发了《关于支持深港科技创新合作区深圳园区建设国际开放创新中心的若干意见》，以科技创新为主轴，以制度创新为核心，以国际合作为特色，以深港协同为抓手，从市级层面全面构建支持合作区深圳园区发展的政策框架体系，全力支持建设成为深港科技创新跨境合作先行示范区、国际先进创新规则的试验区、综合性国家科学中心开放创新先导区、粤港澳大湾区高质量中试转化集聚区。深圳园区要坚持制度创新和科技创新双轮驱动发展，对标香港及国际上最有利于科技创新的体制机制，全方位探索构建有利于科技创新的政策环境，包括探索促进人员、物资等创新要素资源高效便捷流动，打造国际化营商环境，对接国际科研规则，建设5G通信、人工智能、生物医药等新兴产业标准规则示范区。深圳园区将聚焦信息、生命、材料科学与技术领域，合作引进一批港澳及国际化的基础与应用基础研究机构，落户一批国家制造业、技术及产业创新中心，并且围绕集成电路、5G通信、大数据及人工智能、生物医药、新材料等深港优势产业领域，合作开展核心技术攻关与中试支持计划，共建国际一流的科技创新服务体系，并且支持在移动支付、基因科技、人工智能等领域积极参与或牵头开展国际标准的制定。①

① http：//bhsb. tjbhnews. com/html/2020-08/08/content_ 23373. html。

（三）大力引进世界 500 强企业

世界 500 强企业是稳外资的重要支撑，世界 500 强企业的辐射带动能力强，对上下游关联企业具有带动效应，能够有效完善产业链和促进产业结构升级。同时，世界 500 强企业通过转让技术、输出管理和直接投资，有力地推动了我国经济社会的发展。面对当前经济发展的新形势，科技城市要进一步做好以世界 500 强企业为代表跨国公司的引进工作，对于推动经济发展方式转变和产业集聚发展具有重要现实意义。引进世界 500 强企业的同时，还要通过优化外资投资环境稳定外资，切实解决外资企业在国内发展遇到的问题，让 500 强企业在国内扩大发展。一是加强负面清单管理，不断精减负面清单，让更多的行业领域向外资和外资企业开放，共同参与创新发展。二是鼓励外资企业在科技城市设立研发中心、技术中心、区域总部等职能部门，吸引更多的国内外优秀研发人才加入。三是针对人工智能、大数据、机器人等新兴产业领域，为外资企业提供更加便捷的用地、用人、用钱等相关政策。

重庆作为中国中西部唯一的直辖市，是西部大开发的重要战略支点，处在“一带一路”和长江经济带的联结点上，是外商投资的热土，外商投资在重庆经济社会发展和内陆开放高地建设中起着重要作用。截至 2020 年 6 月，重庆累计引进外商投资超千亿美元、落户世界 500 强企业 293 家，全市 6000 余家外商投资市场主体贡献了全市 1/2 以上的进出口总值、1/10 以上的就业人口和税收，已经成为国民经济的重要组成部分。重庆在优化营商环境方面，推出一系列创新性政策提升外商投资便利化水平，包括外资项目规划用地审批“多审合一”“多证合一”“多测合一”“多验合一”；对建筑面积 3000 平方米以下的外资项目不再开展施工图审查，实行告知承诺制和建设、勘察设计单位人员终身负责制；支持跨国品牌连锁企业食品经营许可在实行“申请人承诺制”后集中办理注册登记等。①

二、国际协同

很多城市科技创新和经济发展还是两张皮，从基础研究到产业化、到带动城市发展，中间有很多环节、很多过程都被割裂了。面对世界新一轮科技

① http：//www. cq. chinanews. com. cn/news/2020/0618/39-9567. html。

和产业变革的新形势和我国经济高质量发展的迫切需要，我们要更加注重国际、国内协同创新，大力促进产学研用深度融合，切实提高国际协同创新的质量和效率。高度关注国际国内两个市场、两类资源，设立“海外协同创新中心—科技加速器—科技城市载体”的全链条孵化体系，全面融入全球创新网络，加速聚合国际优质资本和创新要素。通过在美国、英国、日本、爱尔兰等全球创新高地设立创新中心，持续对接人工智能、新一代信息技术、生物科技、金融科技、新材料等领域的高科技企业和高质量的项目，源源不断地将创新企业和项目输出到科技城市。

（一）设立海外协同创新中心

科技城市要积极设立海外协同创新中心，在国内和海外两张创新资源网络平台之间建立“资源管道”，形成“虹吸效应”，把科技城市和海外的科技项目、人才团队、科技金融等创新资源联结成一张网络。海外协同创新中心能够实现技术转移、项目孵化、招商引资、招才引智、资源对接等功能，成为科技城市吸纳全球创新资源的区域平台和融入全球创新网络的海外支点。海外协同创新中心将通过构建完善的科技合作网络，以国际化的创新运营手段，进行技术成果孵化、共性技术推广、国际技术创新合作，建成高校、企业、院所产学研合作的桥梁和开放式科技服务平台，改造提升传统产业和培育发展新兴产业，为其提供技术和人才支撑，助推区域经济转型升级。

深圳提出规划建设 10 个海外创新中心，构建国际协同创新平台，聚集全球创新能量。深圳建设海外创新中心的目的，就是要在海外发现一些高科技项目，在创新资源聚集的地方进行培育，然后在其需要产业化的时候，再引进深圳，使这些项目发展壮大，然后带动整个深圳创新产业的发展。深圳首批 7 个海外创新中心分别建设在美国旧金山湾区、西雅图、波士顿、英国伦敦、法国伊夫林省以及加拿大多伦多等地，并初步构建了“源头技术—孵化加速—二次开发—项目投资—产业资源—市场对接—政府支持”的国际科技合作生态圈。2017 年 5 月，深圳印发《加快深圳国际科技产业创新中心建设总体方案和十大行动计划建设实施方案》（深府〔2017〕47 号），确定了海外创新中心建设的基本原则，即市场主导与政府引导相结合、统筹指导和特色发展并重、海外创新中心与深圳本地创新基地深度融合发展、服务和支撑实体经济发展。同时，明确采取事后资助方式对海外创新中心予以经费支持，最高资助金额 2000 万元。[1]

（二）建设国际合作产业园区

根据我国经济发展的经验，引进发达国家先进产业技术，能够在短时间内快速推动制造业领域的技术和产业升级。其中，产业园区是引进国外企业和技术的重要一环，通过建设国际合作产业园区能够有效降低外企进入国内市场的门槛。我国最早与新加坡政府于 1994 年合作建设了苏州工业园，随后全国各地建设了一大批省级、市级国际合作产业园。国际合作产业园区逐渐发展成为国际合作的重要平台，为国际协同创新和产能合作提供了良好的发展空间。科技城市要注重国际合作产业园区的建设，将更多的创新资源和优惠政策倾斜到园区，以吸引更多国际创新企业和人才，使其成为推动城市产业发展和经济质量提升的新突破口。

中新苏州工业园区是中国和新加坡两国政府间首个旗舰型合作项目，1994 年 2 月经国务院批准设立。目前，中新苏州工业园区实际利用外资 300 多亿美元，累计创造税收 8000 多亿元，实现进出口总额超 1 万亿美元。苏州工业园区从系统学习起步，认真借鉴新加坡在城市规划建设管理、经济发展和公共行政管理等方面的成功经验，累计派出 194 批 3680 人次赴新培训，并出台了 110 项接轨国际通行规则、符合中国国情的规章制度。中新合作内涵从早期的联合招商、合作开发，逐步向科技创新、金融开放、服务贸易等领域拓展。近年来，园区品牌更是在“一带一路”、长江经济带不断辐射推广。

70 多个国家和地区的近 5000 家外资企业在园区深耕发展，包括西门子、飞利浦、艾默生、三星等一批世界 500 强企业。在信息电子、高端装备制造等领域，更有一大批自主品牌企业发展起来。依托全国唯一的国家级境外投资服务示范平台，园区推动 309 家中国企业到 53 个国家进行投资布局，成为服务中国企业沿着“一带一路”“走出去”的重要平台。园区坚持以“亩产论英雄、创新论英雄、生态论英雄”，园区在“守”与“舍”“进”与“退”之间加快企业升级转型，实施产业梯次转移。近年来，园区聚焦生物医药、纳米技术应用、人工智能三大特色新兴产业，吸引哈佛大学、牛津大学、麻省理工学院、冷泉港实验室等国际顶尖高校和研究机构在园区设立相关机构。其中，园区生物医药领域高层次人才数量、创新型企业、新增生物一类新药

---

① http://wb.sznews.com/html/2017-05/10/content_ 3790160.htm。

批件均占全国20%以上，成为最具创新活力的生物医药产业园区。①

（三）打造国际协同服务平台

科技城市要重点打造国际协同服务平台，发挥协同效应为国际企业提供全面深入的来华落地服务，助力高效地开展国际项目落地工作。国际协同服务平台聚焦新一代信息技术、数字经济、人工智能、金融科技等新兴产业领域，搭建科技创新研发、教育培育、知识产权保护等服务功能，集聚国内外行业龙头企业总部、设计研发中心、结算中心、国际会展中心、创新实验室等载体功能。同时，联合国际科研实力最强的一批科研院所，建设国际协同创新研究院和实验室，把全球最优秀的科学家组织起来，形成世界领先的创新能力，系统开展具有世界领先水平的前瞻技术、共性技术和关键技术的研究，培养创新创业领军人才，实现全球范围内的国际协同创新。

深圳南山海外知识产权协同服务平台通过整合知识产权管理服务相关部门，吸纳了商务、知识产权、海关等部门以及60多家海外专家机构、70多位国内外专家资源，重点面向中小微企业，设立信息服务、数据服务、业务指导、智库服务、培训服务、海外项目引进六大功能、十一大业务支撑。辐射范围包括美国、英国、欧洲、日本、韩国、东南亚地区及其他“一带一路”沿线共计30余个国家，涉及包括通信、计算机及信息技术（软件及硬件）、机械电子、人工智能、半导体、医疗仪器、软件、材料、生物、制药、化工在内的多种行业的海外专利布局与分析、专利规避设计、海外知识产权管理及风险应对体系建设、涉外知识产权纠纷处理等服务，助推创新型经济发展“全球创新之都”核心区建设，为企业创新发展保驾护航。

浙江国际协同创新研究院是由中国科学院院士张泽与中国工程院院士谭建荣倡议，由浙江省院士专家工作站服务中心、杭州市高科技投资有限公司、浙江协同创新投资管理有限公司共同发起的新型科技成果产业化服务机构，致力于构建“研发服务+投资孵化+应用推广”三位一体的创新服务综合体，着力引爆未来产业。研究院以产业链为核心构建创新链，为创新链配置资金链，并组建若干协同创新中心。设立先导技术研发基金，并与行业龙头企业共建对应的产业成果转化基金。采取协同创新基金遴选项目及领投，政府投资及资助自动跟进，在组织架构上实现了产学研用紧密结合和市场配置资源，

① 李婕．苏州工业园区在为国际合作典范［N］．人民日报（海外版），2019-04-13.

推动指示、技术、产品与产业的深度融合。这一模式将大大提高创新平台的活跃度与创新实践的成功率，同时大幅降低投资早期科技类项目的风险。研究院按围绕创新链组织人才链、配置资金链、整合资源链的思路，组织并形成了以北京协同创新研究院、浙江省院士专家工作站服务中心、杭州市高科技投资有限公司、英国 RTC INNOVATION、美国硅谷创客资本、浙江大学、南方科技大学、河海大学等创新链条闭环的全创新链体系，研究院一期规划建设了新材料、节能环保、集成电路、智能制造、水科技等五个协同创新中心。

三、国内协同

围绕着城市群和都市圈推进国内协同发展，持续释放强大国内需求。我国通过制定重大区域战略来形成经济和产业发展的高地，随着一系列重大区域发展战略扎实推进，京津冀协同发展、长江经济带发展、长三角区域一体化、粤港澳大湾区建设取得了新进展。与此同时，新型消费模式在城市群和都市圈快速发展，要求加快 5G 配套基础设施和应用场景建设，不断释放网络直播、线上教育、餐饮外卖、线上问诊等方面的消费需求和潜力。

（一）融入城市群和都市圈建设

科技城市要积极融入城市群和都市圈建设，从区域协同发展的角度打破行政边界推进经济和产业发展。城市群和都市圈是各种创新技术、企业、人才大量聚集的区域，新技术的产生和爆发往往都发生在城市群和都市圈内部。从发达国家的城市群和都市圈的发展经验来看，拥有核心前沿技术的中心城市，往往具备先发优势，在技术、产业、人口、经济等方面发展潜力巨大。同时，与城市发展相配套的基础设施和配套服务也将不断完善，包括 5G 基站、高铁、地铁等，以及教育、医疗、金融等，新基建、数字经济、现代服务等都将是城市群和都市圈未来发展的重点方向。

国家层面重点推进长江三角洲区域一体化、京津冀协同发展、粤港澳大湾区建设。2020 年，长三角在科技创新、产业协同等方面合作取得积极进展，交通、能源等一批跨区域重大基础设施建成使用，医保结算、互联网医院等公共服务实现便利共享，长三角生态绿色一体化发展示范区在规划管理、要素流动、生态保护等方面率先形成制度创新成果。同时，我国多个省份在政府工作报告中围绕城市群、都市圈的发展做出部署。例如，内蒙古提出，推进黄河“几”字弯都市圈协同发展，推进沿黄地区中心城市和城市群高质量发展；陕西提出，以推进西安—咸阳一体化为重点加快建设西安都市圈，促进西安与铜川、渭南、商洛等城市融合发展；云南提出，打造以昆明为中心的1小时现代化都市圈，建设“轨道上的滇中城市群”，推动滇中城市群一体化发展，发挥滇中地区对全省的核心带动作用。①

（二）加强区域产业对接协作

科技城市要推动城市群产业协同发展，促进中心大城市与周边中小城市形成高效分工，有助于降低拥挤给中心城市带来的外部不经济影响，在增强中心城市对高端要素吸引力的同时，促使更多资源用于创新等生产性领域，从而有助于强化中心城市的技术创新和产业升级功能，加快在关键核心技术领域实现突破的步伐。同时，城市群产业链整体水平的提升也离不开区域协同发展，区域协同意味着城市间产业功能分工的深化，大城市服务和高附加值制造功能进一步加强，而小城市的专业化制造功能也有所提升。在这种情况下，大城市从过去的非农产业集聚中心进一步向高附加值服务和高端制造集聚中心转变，小城市则从过去的初级产品区向制造加工基地转变。这种转变的结果是城市群内各个城市的综合比较优势得到了更充分的发挥，城市群产业链迂回程度得到了进一步提升，区域产业网络进一步完善。

产业协同是京津冀协同发展战略中需要率先突破的领域之一。近年来，京津冀协同发展重大工程项目加快落地实施，为京津冀地区带来发展新机遇。2020年，京津冀三省市在做好常态化疫情防控前提下，全力推进重大项目建设。新开工及续建的62个重大项目，全年完成投资约1300亿元。京津冀协同发展战略实施7年来，三地的产业疏解转移和对接协作步入快车道，区域产业链加快形成。疏解非首都功能，既是减轻北京的“大城市病”，让首都功能得到更好的发挥，同时也让疏解出去的企业突破自身发展瓶颈，在更为广阔的空间实现发展升级。推动企业在京津冀地区合理布局，加快形成优势互补、相互促进的区域经济布局。②

① https：//m. thepaper. cn/baijiahao_ 11495383。

② https：//baijiahao. baidu. com/s？ id=1700680900994983173&wfr=spider&for=pc。

（三）推进一体化交通网络建设

科技城市要注重与周边城市群、都市圈一体化交通网络建设，要紧扣“一体化”和“高质量”这两个关键，推动现代化交通体系建设。广泛应用云计算、大数据、物联网、移动互联、人工智能、北斗导航等新技术，助力智慧城市建设，减少交通拥堵、安全隐患，改善城市生活质量。要坚持经济高效、绿色智慧、“零排放”的理念，加快推进港口集疏运铁路、空铁联运枢纽、物流园区及大型工矿企业铁路专用线等“多式联运”重点项目建设。并且，始终把民生改善作为工作的出发点和落脚点，走出一条城市群绿色发展之路，努力为人民创造清水绿岸的良好环境，以满足人民个性化、共享化、多元化的出行要求。

《2021年新型城镇化和城乡融合发展重点任务》提出，我国要加快规划建设京津冀、长三角、粤港澳大湾区等重点城市群城际铁路，支持其他有条件城市群合理规划建设城际轨道交通。长三角高质量一体化发展，交通是“先行军”，共建“轨道上的长三角”势在必行。从政策层面看，2019年，中共中央、国务院及相关部委先后发布《长江三角洲区域一体化发展规划纲要》《关于培育发展现代化都市圈的指导意见》《交通强国建设纲要》；2020年8月，中国国家铁路集团有限公司正式发布实施《新时代交通强国铁路先行规划纲要》。长三角现代化交通体系是围绕加快形成内畅外联、互联互通的综合立体交通体系建设的。从实践层面看，随着长三角地区的高铁建设成网，上海、江苏、浙江、安徽三省一市已经形成以上海为中心的0.5~3小时高铁都市圈，沪杭、宁杭、杭甬、杭长、合福等20多条高铁构筑起快速客运网络。随着长三角一体化发展战略的深入实施，长三角交通基础设施互联互通持续推进，“轨道上的长三角”发展迅速。从未来发展趋势看，长三角交通将迎来新一轮加快建设的重要机遇，预计“十四五”期间，长三角境内22条高铁、6条普速铁路、7个改造项目开工建设，总里程达7300公里以上。长三角地区，一个以“上海知识型服务业体系”“杭州现代商务休闲、文化创意产业为核心的高附加值产业体系”“宁波现代物流商贸和电子商务为主的商贸产业体系”“苏州、无锡、常州等区域特色新型制造业产业体系”为核心的区域联动发展新模式正在逐步形成。

第三节 基础设施：创新驱动

基础设施是指为社会生产和生活提供基础性、大众性服务的工程和设施，是经济社会赖以生存和发展的必要条件。传统基础设施建设主要是指“铁公机”，包括铁路、公路、机场、港口、能源、水利设施等。传统基建解决了人和物的连接，数字化新基建则是为了解决数据的连接、交互和处理。新基建作为信息数字化的基础设施，支撑着传统产业向数字化、智能化发展，能够为产业升级带来更广阔的空间，推动更多新产品服务、新生产体系和新商业模式不断涌现。

一、传统基础设施

我国国家统计局统计的基础设施投资包括了交通运输、邮政、电信、广播电视和卫星传输服务业，水利、环境和公共设施管理业，互联网和相关服务业的投资。根据国家发改委于2016年公布的《传统基础设施领域实施政府和社会资本合作项目工作导则》（发改投资〔2016〕2231号），传统基础设施包括了能源、交通运输、水利、环境保护、农业、林业及重大市政工程等领域。

（一）交通基础设施

以粤港澳大湾区为例，交通基础设施建设是湾区建设和快速发展的重要支撑。在我国改革开放初期，广东省仅拥有约5400多公里的沥青路，而且因为珠三角地区河网密布，公路多被大小渡口所分割，例如从广州到珠海，汽车需经过4个渡口，到深圳也要经过3个渡口，交通极为不便。1989年8月正式建成通车的广佛高速公路，是广东省第一条投入使用的高速公路，也是我国利用有偿融资建设高速公路的首次尝试。“贷款修路、收费还贷”在全国的率先实行，为高速公路建设的全面提速以及经营管理均提供了宝贵经验，自此也拉开了广东全省高速公路建设的序幕。广佛高速通车后，沿路的工业区几乎在一夜之间发展起来。广佛高速、广佛地铁先后建设开通，交通网络的融合带动了产业协同互补、人员密切流动和生产要素的高效配置，广佛双城在交通互联、城市空间结构布局、产业融合发展和社会融合一体等方面取得丰硕成果，同时也催生了全国唯一的“双万亿”同城化城市组合。

近年来广东省政府大力推行城际铁路投资建设机制改革，推进干线铁路、城际铁路、城市轨道交通、有轨电车“四网融合”，“轨道上的大湾区”加速前进。目前，粤港澳大湾区已建成了覆盖3地11城的多元立体交通网，“1小时生活圈”逐渐形成。截至2020年底，粤港澳大湾区已建成的广佛肇、河惠莞等高速公路共计5000多公里，核心区域内每百平方公里土地拥有高速公路8.9公里，仅2020年下半年，重点路段的日均车流量达348.5万车次（见图4-10）。

除了大湾区城市群内部的交通互联，与外部城市的交通联系也在加强。2021年2月公布的《广东省国土空间规划（2020—2035年）》，首次提出预留建设沪（深）广高速磁悬浮通道，若高速磁悬浮的时速达到每小时600公里，深圳到上海仅需2.5小时左右，比高铁节省约一半时间。3月5日，广东省佛山新机场选址正式通过航空局批复，新机场落位佛山市高明区更合北，计划于2022年全面动工，年旅客吞吐量近期3000万人次、远期6000万人次，将与广州白云国际机场共同构建面向全球的国际航空枢纽。

粤港澳大湾区立体交通网络的建设，极大程度地优化了区域空间格局，各类要素流动水平显著提升，实现了各城市间产业和经济的联动发展。2017年，《广深科技创新走廊规划》正式印发，依托广深高速、广深沿江高速、珠三环高速东段、穗莞深城际、佛莞城际等复合型的交通通道①，一批重大科技基础设施和前沿科技研究平台陆续落地。随后，广深科技创新走廊进一步扩围至港澳，最终形成环珠江口的创新环道，成为粤港澳大湾区建设国际科技创新中心的重要支撑。

（二）电信、互联网设施

我国自90年代起开始发展电信基础设施，在初期阶段，固定电话和移动电话等通信基础设施的普及显著地促进了区域经济增长，为我国经济社会发展带来了极大的变化。1978年我国自行研制的通信光缆先后在上海、北京、武汉等地开展现场试验，随后应用于市内电话网。北京是我国通信技术和设施建设最为领先的城市之一，改革开放初期，北京率先引进了瑞典爱立信公司的程控全数字交换设备，并且陆续出台了一系列优惠政策扶持电信业的发

① 洪军．推进广深一体化建设！［J］．中国公路，2019（24）．

展。1988 年，北京市电信管理局与联邦德国电信部门合作，开通了我国第一个电视会议系统——“北京—波恩国际电视会议业务”，利用国际卫星电路，一系列国际间学术、文化交流和商务活动实现了实时连接。1992 年，由首都规划建设委员会办公室、北京市城乡建设委员会等四部门联合出台文件，提出新建住宅楼要同时建设配套的电信设施，改变了住宅楼、住宅区安装电话走飞线的状况，城市环境建设和居民生活便利性得到大幅改善。

1994 年，北京中关村地区开通 Internet 全功能服务，标志着我国正式接入国际互联网。2013 年，国务院发布“宽带中国”战略及实施方案，宽带成为我国战略性公共基础设施。随后三年间，工信部联合发改委开展了三批“宽带中国”示范城市的创建工作，北京、天津、上海等 39 个城市（城市群）入选首批名单。北京市经信委、通信管理局等行业主管部门牵头，先后出台了《关于实施北京市光纤宽带普及提速工程的意见》《宽带北京行动计划（2013—2015 年）》等指导性文件，对重点区域信息基础设施建设给予资金引导和扶持；同时协调三大运营商做好细分市场，如北京联通重点发展光纤宽带用户和老旧小区光纤改造，北京移动重点推进 4G 网络覆盖和优化工作，北京电信重点服务于央企、公司等大客户，提供智慧应用的全业务解决方案。在基站建设方面，铁塔公司、运营商、市政部门等多方实现了联合规划、共建共享，避免了国有资产重复投资的大幅浪费。北京市住建委联合通信管理局和经信委共同发文破除垄断，推动国家“提速降费”行动计划的落实，进一步加快了宽带入户的普及进程。

（三）市政公用设施

市政公用设施主要指城市的供电、燃气、给水排水、防灾等工程系统，这些工程管线主要布置在城市地下空间，是保障城市运行的“生命线”。高效实用、系统完备的市政公用设施是保障城市可持续发展的重要基础。巴黎采用了城市 GIS 系统——城市地籍与地下管线管理系统，主要用于协调城市管理规划中的各方面工作，在地下排水系统中也发挥了重要作用。巴黎的下水道网络长达 2100 公里，空间宏大，是全球唯一接待游客参观的地下排水系统。巴黎在地下排水系统中设置了智能化控制的污水压力提升厂，调节塞纳河水位的“涨水站”和安全阀，50 个保障排水效果达标的路边下水道，通过城市 GIS 系统统一进行管控。近年来巴黎市政府大量使用地理信息系统定期观察地下水管道状况、实时跟踪调查管道清洁程度等，建立监测数据库，实现了对地下排水系统的智能化管理。

城市地下综合管廊（日本称为“共同沟”）是目前较为先进的市政管网布置形式，能够更加充分集约地利用地下空间，实现更合理的空间利用和系统性管理。日本东京在1926年就开始了地下综合管廊的建设，集合了电信、电力、供水及燃气管道等市政管线为一体的地下综合管廊，最早铺设于东京市中心九段地区的一条干线道路下方。1963年，日本政府出台《关于建设共同沟的特别措施法》，规定交通管理部门在拥堵严重、交通流量大以及预计可能产生拥堵的主要干线道路地下，建设可同时容纳多种市政设施的共同沟，并从法律层面给予了保障。东京主城区的日本桥、新宿、涩谷、银座、上北泽、三田等区域均建有地下综合管廊，通过共同规划和开发建设已逐渐连成网络，当需要对市政公益设施进行检修，或增加线路铺设时，不需要开挖地面就可以便捷地进行施工，能够大幅降低成本、缩短工期，还有效缓解了因市政维修造成的交通拥堵。

二、民生保障基础设施

根据财政部2016年发布的《关于在公共服务领域深入推进政府和社会资本合作工作的通知》（财金〔2016〕90号），公共服务包括保障性安居工程、医疗卫生、养老、教育、科技、文化、体育、旅游等领域，这些领域与社会民生的保障和改善密切相关，在此统一称为民生基础设施。民生基础设施的完善和优化，是保障人们生活质量和生活水平得以不断提升的基础支撑。

（一）保障性安居工程

保障性安居工程主要包括保障性住房建设、棚户区改造、农村危房改造及游牧民定居工程、城镇老旧小区改造工程等四类，近年来国家大力推进落实的经济适用住房、限价商品住房、公共租赁住房等都属于保障性住房建设的范畴。保障性安居工程是由政府主导的、为解决中低收入居民住房问题的“德政工程”，不仅是缓解居民住房困难、改善住房条件的有效手段，也是促进社会稳定、保障国家经济社会高质量发展的重要民生工程。

从全球各国的发展经验来看，新加坡的“组屋”制度是国际社会公认的成功实施典范。新加坡自1964年起推行“居者有其屋”计划，鼓励中低收入阶层购买建屋发展局（Housing and Development Board，HDB，是新加坡国家发展部下属负责公共住房的法定机构）兴建的组屋，到2016年时已有82%的公民居住在组屋里，住房自有率和组屋自有率均在 90%以上。组屋是新加坡向本国公民提供的一种政策性保障住房，类似我国的经济适用房、两限房，售价由建屋发展局掌控，购买后可拥有 99 年产权。与售价完全由市场调节的、拥有永久产权的商品房相比，组屋的价格仅为商品房的 1/5 左右。组屋的使用面积从 45 平方米到 110 平方米不等，房型从“二房”到“五房”各不相同，基本可以满足各阶段不同人数的家庭居住需求。与商品房相比，组屋住宅区虽然没有保安、地下停车场等配套，但如地上停车场、居民活动区、幼儿园、遮雨连廊等公共设施配套齐全，而且多数都交通便利，步行便可到达邻近的公交车站、地铁站，能够保证较好的居民生活质量。新加坡住房制度的四大支柱见表 4-5。

表 4-5　新加坡住房制度的四大支柱

类别	主要内容
土地制度	土地国有，政府强制征收、低价转让给 HDB，保障组屋建设用地量足价廉
金融制度	以强制储蓄型中央公积金制度为主，辅以商业贷款，支持刚需居民合理加杠杆
税收制度	交易保有并重，实施累进制差异化税率，支持本国公民自住需求，抑制投机
住房供应制度	组屋为主，私宅为辅，形成“廉租房—廉价组屋—改善型组屋—私宅”的阶梯化供给体系，住房自有率高达 90.9%

资料来源：泽平宏观《新加坡住房制度启示录》。

在英国、美国、德国等欧美发达国家，公共租赁住房是政府住房保障体系的重要内容。英国是最早实行政府干预住房市场的国家之一，其公共住房大约可以占到全国住房总量的 1/4。“二战”后首先在伦敦开始实施 Build-to-rent（长期租赁公寓）计划，促使私人住房租赁市场迅速被压缩，同时也造成了政府的财政负担过重等问题。自 20 世纪 80 年代起，政府推行公租房市场化运作改革，逐渐引导企业和第三方组织参与进来，大幅减轻了政府的财政压力。随着社会发展和生活水平的提高，低收入群体对居住环境的品质要求也不断提升，90 年代政府提出了“混合居住模式”，即在同一区域建设公共租赁房和商品房，避免贫民窟增加导致严重的社会阶层割裂。目前，部分公租房由政府直接投资建设，并以低于市场价近半的水平租给低收入居民；另一部分则由住房协会或企业主导，可自行购买土地建设公租房或购买社会住房后用于出租运营，政府则对其提供一定的融资和税收支持。2021 年 3 月，英国政府发布的《大伦敦空间发展战略》（*The Spatial Development Strategy For Greater London*）中提出，未来伦敦每年要新增 6.6 万套住房，其中 50%应为民众可负担的住房，在长租公寓方面，政府将通过“快速审批”（fast-track）计划，确保在未来能够快速开发至少35%的可负担房产（公共土地上是50%）。

我国自1995年起提出“安居工程”建设口号，“十一五”期间在解决中低收入家庭住房困难问题的基础上，初步确立了“低端有保障、中端有支持”的住房保障政策框架，经济适用房、公共租赁住房等保障性住房大规模实施建设。随着城镇化建设进程的加快，各大中城市面临着土地资源紧缺、棚户区改造等新的问题。2009年，深圳率先提出“城市更新”模式，探索通过二次开发存量土地破解发展瓶颈。作为国内首个全面从增量转型存量改造供地的城市，深圳确立了“政府引导、市场运作”原则，在保持较低的财政投入的同时，拉动了较高的固定资产投入、地价收入和税费收入，也保障了保障性住房、公共服务配套的落地，最终确保了多方利益共赢的局面。2007年深圳出台国内首部地方性城市更新立法，规定旧改项目只需达到不低于95%的签约率，市、区政府便可对未签约房屋进行征收，通过大胆立法进行创新和变通，破解拆迁难等问题。

（二）医疗卫生、教育及养老设施

医疗、教育及养老服务设施是关系居民生活质量与社会和谐稳定的基础保障，合理的服务设施分配、完善的服务体系是城市高质量发展的重要支撑。上海市政府于1997年提出了打造亚洲一流医疗中心城市的目标，通过出台专项政策大幅提高科研资金投入，为临床医学中心建设、重点学科建设和人才培养等医疗卫生事业的发展提供了大力支持。2005年9月，上海申康医院发展中心经由市政府批准成立，次年启动“医联工程”，推动各市级医院的信息化建设、临床信息共享等工作。2007年，上海申康医院发展中心作为投资主体，联合上海市多家市属国有企业，成功引进了国内首家质子重离子医院。上海市医疗资源水平位居全国前列，但在人均资源供给、布局均衡性上同样存在不足。2008年，上海出台医疗卫生设施布局规划，提出在5个郊区各新建一所三级综合医院，到2020年全市医疗卫生设施将形成“1+2+9+X”的整体布局。2021年上海市公布的重大建设项目清单中，涵盖医疗卫生项目14个，包括上海第一家提供老年康复服务的三级医院——上海老年医学中心、全球最高标准公共卫生基地——上海市疾控中心新建工程、国内最大儿童肝移植中心——仁济医院肝脏泌尿外科临床诊疗中心等。

在教育设施配建方面，南京通过做好顶层设计、推进教育改革等多措并举，推进全市优质教育资源不断放大。南京老城区范围拥有丰富的名校资源，政府通过引导主城区的名校到新区办分校、推动名校组团集群式发展、推动名校集团化办学、探索名校托管弱校、发挥名校连续孵化效应、实施名校兼并弱校等多种举措，放大了名校的引领作用，推动了教育资源的均衡布局。早在“十二五”之初，南京市提出建设“中国幼教名城”的发展目标，实施“三项工程”确保优质教育资源覆盖各学段，包括“增量工程”高水平普及学前教育、“创优工程”提高学前教育水平、“惠民工程”推动学前教育公益普惠发展。2018 年，南京市政府先后出台义务教育学校标准化建设三年攻坚计划、南京普通高中总体布局优化方案、南京市总体规划——教育专项规划等顶层设计文件，明确到 2020 年解决中小学学位缺口 10 万个，到 2023 年新增高中学位 3 万个，通过统筹规划实现全市城乡学校科学布点，保障所有学龄人口能够及时享受到优质的教育服务。

南京作为全国养老服务业综合改革试点城市之一，在养老服务体系建设方面也提供了诸多参考经验。由市委市政府主要领导挂帅，25 个政府部门和单位为成员的“南京市养老服务业综合改革领导小组”，推动出台 60 多个专项政策文件，构建了较为完备的养老服务发展政策体系。为解决大城市养老机构“一床难求”的困难局面，南京在全国率先提出“两无偿一优先”的举措：社区 40%以上用房“无偿”用于养老服务，公建配套的养老服务设施“无偿”提供给非营利性社会养老机构运营，行政事业单位的闲置用房“优先”用于养老设施①；在全市试点推行“家庭养老床位”，通过互联网将养老机构和居家老人链接起来；大力发展“养老服务时间银行”的互助式养老模式，为空巢独居老人提供养老服务的志愿者将获得“存储时间”，在年老后可以享受相同时间的养老服务。2015 年，《南京市养老服务设施布局规划（2014—2020）》正式实施，要求民政部门参与到城市新建地区规划图纸审核，保证新建小区养老设施建设落实到位。2018 年，南京市政府出台“养老服务十条”，由市级财政投入超过 1 亿元，通过为养老院加装电梯、将养老服务业从业人才纳入“积分落户”等措施，全面提升养老服务质量。同时，将各区养老工作考核纳入“南京高质量发展”核心指标体系，考核权重占比高

① 王杰秀，安超．我国大城市养老服务的特点和发展策略［J］．社会政策研究，2019（4）：58-82.

达8分。

（三）科技、文化与体育活动设施

科技文化设施是服务于民众、广泛普及科学技术和文化知识的重要载体，也是城市在文化环境建设中不可或缺的重大工程。上海市在“十三五”规划中提出，到2020年将基本建成文化要素集聚、文化生态良好、文化事业繁荣、文化产业发达、文化创新活跃、文化英才荟萃、文化交流频繁、文化生活多彩的国际文化大都市①。随着上海博物馆、上海大剧院、上海科技馆、上海航海博物馆等一批大型文化设施相继落成，截至2019年末，上海基本实现了“中心城区10分钟、郊区15分钟的公共文化服务圈”建设目标。2010年上海世博会成功落幕后，园区内的大片空地等待再度开发，土地出让价值可达千亿元。上海市政府没有选择商业开发用途，并于2017年投入超百亿元将其打造为世博文化公园，总面积2平方公里，约等于纽约中央公园的规模。公共文化服务工作被纳入上海全市城乡发展一体化、乡村振兴发展等工作目标当中，通过公共文化四级配送体系，以区域人口为基础，重点向远郊地区倾斜，着力实现城乡公共文化服务均等化，破解远郊地区资源相对稀缺等问题。

近年来，上海提出要建设成为全球著名体育城市和国际赛事之都，陆续启动了一批重大体育设施建设，包括地标性体育场所“万体馆”和“八万人体育场”的升级改造等重大项目。2021年，上海市政府发布《关于本市推进全民健身工程加强体育场地设施建设的意见》，将全民健身设施建设作为“民心工程”的重要组成部分，提出到2025年，人均体育场地面积达到2.6平方米左右，基本实现社区市民健身中心街镇全覆盖、都市运动中心区级全覆盖，在产业园区、商务楼宇等场所建设一批示范性健身驿站，力争实现全市公办中小学校体育场地设施应开尽开等。

三、新型基础设施

根据国家发改委给出的定义，新型基础设施是以新发展理念为引领，以技术创新为驱动，以信息网络为基础，面向高质量发展需要，提供数字转型、

① 上海市人民政府新闻办公室．国际文化大都市建设，2021.

智能升级、融合创新等服务的基础设施体系，其范围主要包括信息基础设施、融合基础设施和创新基础设施三个方面。

（一）5G、工业互联网、数据中心等信息基础设施

2020年，国家发改委明确提出要加快推动5G网络部署、支持5G基础设施发展，随后工信部正式发放5G商用牌照，全国多个省份相继出台专项规划，大幅提高了5G基站的建设目标（见表4-6）。以深圳市为例，为推动5G基础设施加快部署，深圳市政府出台了专项扶持政策，每个5G基站补贴1万元，通过降低成本激发运营商的铺设动力。依托雄厚的技术和产业优势，深圳率先实现了5G独立组网（SA）全覆盖，截至2021年4月，全市建成5G基站4.7万个，5G产业规模、5G基站和终端出货量均列全球首位。同时，为实现5G技术全球领先、5G产业生态逐步完善的发展目标，深圳主要从三个方面进行发力：一是突破关键核心技术，支持企业提升研发创新能力，鼓励企业参与全球标准合作，在5G专利总量上实现全球领先。二是打造产业生态，推动企业做大做强，引进国内外5G领军企业的同时，通过引导基金的作用扶持中小微企业发展，实现产业规模领先。三是推进产业集聚，统筹5G产业空间布局规划，打造了深港科技创新合作区、深圳高新区、龙岗5G园区和坪山5G园区等一系列重点项目，通过组建5G产业联盟和技术联盟，促进创新链与产业链对接，推动5G在多领域产业化应用。

表4-6 全国及部分省份5G发展规划

地区	规划出处	主要内容
全国	2021年全国工业和信息化工作会议	2021年将加快主要城市5G覆盖，新建5G基站60万个以上。聚焦10个重点行业，形成20大典型工业应用场景，开展工业5G专网试点，并适时发布部分频段5G毫米波频率规划
北京市	《北京市5G产业发展行动方案（2019—2022年）》	到2022年，北京市运营商5G网络投资累计超过300亿元，实现首都功能核心区、城市副中心、重要功能区、重要场所的5G网络覆盖
上海市	《上海5G产业发展和应用创新三年行动计划（2019—2021年）》	2021年计划实现5G产业“三个千亿”的目标，即5G制造业、软件和信息服务业、应用产业规模均达到1000亿元；5G产业链企业数量计划超过300家
广州市	《广州市加快5G发展三年行动计划（2019—2021年）》	2021年计划全市建成5G基站6.5万座，实现主城区和重点区域5G网络连续覆盖，建成全国领先的5G网络

续表

地区	规划出处	主要内容
深圳市	《深圳市加快推进5G全产业链高质量发展若干措施（公开征求意见稿）》	努力实现5G网络设备芯片国产化自主可控、扩大5G产业规模、推动5G产业链强链补链、构建良好5G产业生态体系、打造5G行业应用样板城市
浙江省	《浙江省加快5G发展行动计划（2020—2022年）》	到2022年底，把本省打造成为5G网络建设领先区、5G产业发展集聚区、5G创新应用示范区。建成5G基站12万个，实现乡镇以上区域、重点行政村及重要工业园区5G信号全覆盖，5G用户数达3000万个
安徽省	《支持5G发展若干政策》	到2101年底，计划建成5G基站达1.5万个以上，实现5G网络16个地市市区基本连续覆盖、所有县城核心区域覆盖
四川省	《四川省加快推进新型基础设施建设行动方案（2020—2022年）》	到2022年底，计划全省5G基站总量达到12万个
湖南省	《湖南省5G应用创新发展三年行动计划（2019—2021年）》	到2021年，计划全省基本完成5G规模组网并实现商用，长株潭建成5G宽带城市群，其他市州主城区、重要功能区、重点应用区实现5G网络覆盖
湖北省	《湖北省5G产业发展行动计划（2019—2021年）》	到2021年，计划全省网络建设累计投入达到600亿元，力争建设5G基站5万个以上，实现武汉市5G网络全覆盖

资料来源：鑫创科技产业研究院整理。

根据工信部的相关规划，我国工业互联网发展将实施“三步走”战略，首个规划期到2025年，工作重心即为工业互联网基础设施和平台的建设。2015年，首届世界工业互联网产业大会在山东青岛召开。青岛不仅有强大的工业基础，更拥有我国工业互联网平台龙头企业海尔卡奥斯，作为国内抢先布局工业互联网的城市，青岛全力推动龙头企业发挥引领作用，在较短的时间内聚集了一批“国字号”创新平台、“双跨平台”和头部企业纷纷落位。2020年初，青岛提出“打造世界工业互联网之都”的发展目标，并先后发布了《青岛打造“世界工业互联网之都”规划方案》《青岛市工业互联网三年攻坚实施方案》《关于加快工业互联网高质量发展若干措施》等一系列政策文件，提出建立“工业赋能”和“未来城市”两张场景清单，对工业互联网平台建设、企业用户上云用平台、企业两化改造等给予奖励和支持，发展全链条的工业互联网体系。为加快吸引资源聚合，青岛与上海、深圳达成合作，通过新型基础设施共享共建、整合优化资源配置、推动企业及各类机构协同创新等举措，共建工业互联网生态。针对人才缺乏的不利局面，青岛科技大学成立了青岛工业互联网学院，借鉴德国“弗劳恩霍夫研究院”运行模式，打造科教产深度融合的新型学院，在培养实用型技术人才的同时，联合国内外专家学者协同攻关关键共性技术，推动工业互联网技术创新与成果转化。

数据中心不仅是“新基建”的重要一环，也是信息技术产业竞争的关键基础设施。与5G基站相比，数据中心的建设需要大额投资，但往往也具有更为可观的收益，除地方政府外也吸引了众多企业加入投资布局。2018年，上海提出“创建存算一体的数据中心资源高地”的发展目标，并于2020年发布了针对互联网数据中心（IDC）建设的详细规划。为优化空间布局、实现规模化发展，上海提出将大型和超大型数据中心布局在上海市外环以外区域，并对单个项目规模提出了具体的指标要求。在节能环保和技术领先性方面，上海对标国际水准，对数据中心建设中的技术应用提出了很高的要求。2020年6月，上海市经信委发布《支持新建互联网数据中心项目用能指标的通知》，公布了支持用能的12个新建IDC项目名单，共支持机架数3.6万个，并要求确保在2021年6月底前投产运行。计划到2021年第一季度，上海将新增6万数据中心机架供给，直接投资达到120亿元，带动投资超过380亿元。单个数据中心项目投资金额超过百亿元，如腾讯长三角人工智能超算中心及产业基地项目，总投资超过450亿元，总占地面积236亩。很多企业也在上海设立数据中心，比如上海优刻得青浦数据中心、万国数据上海浦江数据中心、上海智能网联汽车公共数据中心等。

（二）重大科技基础设施、科教基础设施等创新基础设施

根据国家发改委给出的定义，创新基础设施主要指支持科学研究、技术开发和产品开发的公益性基础设施，如重大科技基础设施、科教基础设施、产业技术创新基础设施等①。“十四五”规划中提出“支持北京、上海、粤港澳大湾区形成国际科技创新中心”“适度超前布局国家重大科技基础设施”等战略部署，为提升区域创新能力和国际竞争力发挥示范引领作用。相较于北京丰富的高校和人才资源、上海开放的市场环境和跨国机构，粤港澳地区在以企业为主导的技术创新能力上更具有优势。2018年，广州市政府发布《建设国际科技产业创新中心三年行动计划（2018—2020年）》，提出要创建综合性国家科学中心、争取国家在大湾区布局国家实验室、布局建设重点领域

① 新华网．创新基础设施纳入“新基建”将带来哪些改变，2020.

粤港澳联合实验室、推进广深港澳科技创新走廊建设等 14 条具体措施，并分类、分阶段提出了具体工作目标。2019 年广州市公布的重点建设项目计划中，科技创新基础设施项目多达 22 个，总投资 108.2 亿元，包括广州再生医学与健康广东省实验室、南方海洋科学与工程广东实验室（广州）、新一代信息技术价值创新园等。

为促进金融与科技深度融合，广州打造了具有国际影响力的风投创投中心，首批科技成果产业化引导基金获得财政投入 50 亿元，引导社会资本为科技企业融资突破百亿元。2019 年发布了人工智能应用示范、新材料、脑科学与类脑研究、智能网联汽车 4 个重大科技专项及 1 个重点专项，经费规模近 4 亿元。在政策的支持和引导下，各类私募股权投资、创业投资机构得以快速发展，银行信贷大幅向初创的科技企业倾斜。

在创新载体和创新平台建设方面，广州统筹规划空间布局，推动各区错位协同发展，目前已初步形成了由广州科学城、中新广州知识城、琶洲互联网创新集聚区、广州大学城等多个创新节点联动的创新平台链。通过建立协同创新机制，推动资金和人才跨区域流动、科研创新跨区域合作、科技成果跨区域转化等合作模式落地。截至 2019 年底，广州已拥有国家重点实验室 20 家、省重点实验室 237 家、市重点实验室 165 家；国家级科技企业孵化器 36 家、众创空间 252 家，孵化面积超过 1000 万平方米。

2021 年，广州落地全国首个科技创新基础设施专项实施方案，以极大的政策支持力度，从优化规划布局、深化科技体制改革、夯实人才支撑、支持技术创新体系建设等多方面，支持科技创新基础设施建设。通过实施重大科技创新发展区域提升行动、前沿科学研究基础设施建设行动、产业技术研发基础设施建设行动、科技公共服务基础设施建设行动等 4 个重大行动，建立由分管市领导牵头的市科技创新领域新基建发展联席会议制度，统筹全市科技创新领域新基建工作，支撑广州加快共建粤港澳大湾区国际科技创新中心、综合性国家科学中心的重要目标。通过建立重大科技创新发展区域工作目标表和科技领域新基建重点项目库，定时滚动更新重点项目库，对入库的重大项目给予补助。首批入库项目共有 158 项，总投资达 1681 亿元。其中，前沿科学研究重大创新基础设施项目共 38 项，总投资约 483 亿元；产业技术创新基础设施项目 108 项，总投资约 1149 亿元；科技公共服务基础设施项目 12 项，总投资约 49 亿元。在金融保障方面，改革创新资金投入方式，通过争取多级财政保障、新增政府债券额度、发挥国有资本投资能力、发挥市科技成果产业化引导基金作用等方式，探索拓宽项目的资金来源。

（三）智慧交通、智慧能源等融合基础设施

以智能电网、智能电表为代表的智慧能源设施有助于解决城市发展中面临的能源危机问题。2017 年 3 月，南方电网公司在广州中新知识城落地全国首个“互联网+”智慧用能综合示范小区，约有 1454 个用户体验到了智能化的用电服务。广州市供电局开始采用光纤复合低压电缆对互联网、电视网、电话网以及电网进行连接，实现对水、电、气三表的“抄、算、管、控”一体化管理。同时，通过将能源与信息深度融合，对智能家居、分布式能源等进行整合，为用户提供智慧用电、高效便捷的生活服务。广州市供电局与广州各区政府达成合作，联合各新建小区和老旧社区改造项目，推动落位十多个“四网融合”“三表集抄”示范小区项目试点，基本覆盖全市 11 个区。广州市供电局加速向智能配电网转型升级，提出建设与国家重要中心城市地位相匹配、“网架坚强可靠、设备标准智能、调控高效灵活、运维精益有效、客服优质互动”的一流配电网。到 2020 年，广州基本实现客户年平均停电时间降至 50 分钟，中心城区不超过 30 分钟，配网自动化覆盖率、配变监测计量终端覆盖率、配电通信网总体覆盖率达成 3 个 100%，支撑多种能源形式和用能形式的互联互通、高度集成，支撑广州现代产业和社会经济的快速发展需求。

智慧交通系统（简称 ITS）是未来交通系统的发展方向，它是将先进的信息技术、数据通信传输技术、电子传感技术、控制技术及计算机技术等有效地集成运用于整个地面交通管理系统而建立的一种在大范围内、全方位发挥作用的，实时、准确、高效的综合交通运输管理系统。深圳的智能交通建设一直处于全国最前沿，从 1997 年建设中国第一个电子警察，2001 年中国第一台车牌识别应用，再到 2020 年深圳福田区率先利用 5G 进行车路协同试点与探索；随着人工智能、云平台、大数据等新一代信息技术融合并落地应用，以“交通大脑”为代表的智慧交通系统为深圳的交通治理带来了新的变化。深高速自 2018 年起与百度合作，包括智能交通、信息化升级等多个领域，如搭建智慧高速体系结构、规划服务内容，创建智能交通实验室，在区域性交通综合规划、运行及图像识别等方面开展应用创新等。2021 年 3 月，深圳发布《深圳经济特区智能网联汽车管理条例（征求意见稿）》，提出无人驾驶和智能网联汽车道路测试与示范应用、准入和登记、道路运输等相关条例，

通过立法加快无人驾驶、智能网联汽车健康发展。目前，深圳符合条件的智能驾驶路测开放道路覆盖多个区域，累计超过 144 公里。

通过以电为中心的能源绿色转型是能源革命的重要内容，电动化和绿色化是汽车革命的重要目标，两者的目标和路径高度一致。在能源消费端，连接着电动化、绿色化、网联化、智能化、共享化的电动汽车，在能源供给端，连接着以电为中心、以坚强智能电网为基础平台、支撑能源电力清洁低碳转型的能源互联网（简称“两个连接”）。数字革命和数字经济浪潮下，新型基础设施建设将“两个连接”推向纵深，推动形成智慧交通和智慧能源融合发展的新格局。截至 2018 年底，广州全面实现公交电动化，全市累计推广应用纯电动公交车 11225 辆，超额完成超过 1 万辆的原定工作目标，电动公交车投入规模居世界城市前列。全市累计建成各类充电桩约 2. 6 万个、换电站 13 座，累计充电 4 亿度。广州围绕智慧能源，创新发展多种新能源利用方式。2020 年 9 月，广州新能源综合利用示范区正式通过国家能源局综合司批复，落位广州市开发区。广州支持开发区发展氢能产业，超前布局氢能产业核心技术，力争打造“中国氢谷”。

第四节　人文环境：以人为本

著名心理学家亚伯拉罕 · 马斯洛（Maslow A. H.）从人类动机的角度提出了需求层次理论，将人的需求由低到高分成生理需求、安全需求、归属与爱、尊重需求和自我实现五个层次。人们对生活环境的需求也随着经济水平不断提高而发展到更广泛的层面，不仅要满足衣食住行等物质基础需求，也要充分考虑人们对精神交流、价值实现以及幸福感的需求，这就要求城市在不断完善基础设施建设的同时，还要富有人文关怀。城市人文环境应以物质环境为载体，以文化积淀为灵魂，坚持以人为本的理念，构筑起可满足物质、文化与精神需求的多层次城市环境。通过打造良好的城市人文环境，能够促使城市更有活力、更富魅力，从而提升城市综合竞争力和人才吸引力。

一、物质环境建设

城市物质环境主要可分为人工环境和自然环境两部分，随着经济发展和人民生活水平不断提高，城市建设逐渐由唯经济开发向复合生态开发进行转变。在构建可满足人类生活和生产活动空间的同时，对自然生态环境保护的重要性日益凸显，人工环境和自然环境的协调统一成为打造高品质城市物质环境的主导思想。

（一）人居环境与城市功能建设

创建优良人居环境的核心目的在于改善人民的生活质量，提高居民的生活品质和健康水平。城市人居环境是人类与其所处环境之间通过相互作用，不断创造出的立体环境，包括生活居住环境、工作劳动环境、休闲娱乐环境和社会交往环境等。

城市规划和管理是人居环境建设中至关重要的一项内容，通过合理且具有前瞻性的城市规划，能够为城市的合理布局、各项设施建设以及城市未来发展做出综合部署。法国巴黎的城市规划和管理以精细化著称，在长达 2000 年的城市发展进程中，巴黎坚持以保护为导向，利用有效的技术手段和严格的管理制度，保证了城市现代化建设与城市传统风貌保护同步推进。从 1860 年首次编制城市规划至今，巴黎政府实现了从战略性到规范性，再到修建性的体系化规划，并保持较高的超前性。城市建设在高度集约化的同时“密而不乱”，中心城区和商务集中区采用较高的平均容积率，而东部传统工业和从业人员聚集地区采用较低的平均容积率，密集的建筑区通过公园绿地和窄路密网串联起来，既保持了较为舒适的城市尺度，又实现了较高的土地效益。

自 80 年代起，为改善居住区选址不当、公共设施及服务匮乏等问题，巴黎展开了大规模的居住区改造工作，通过增加适老设施、公共活动设施等社区配套，改善住区环境。同时，为了进一步优化职住平衡关系，将街区内可提供的就业和住房数量比例作为评判标准，将功能高度混合提升城市生活便利性和活力。始建于 1958 年的拉德芳斯新区，是巴黎为疏解中心城区人口、保护历史风貌而打造的现代化城市副中心，也是欧洲知名的国际化商务中心。经过数十年的高速发展，新区也出现了职住过度分离、交通承载力饱和、生活便利度不足等问题。2006 年政府出台《拉德芳斯更新规划》，通过加强快速路与街区路网的衔接、鼓励自行车和步行交通等措施改善原来“人车分流”而造成的尺度割裂；通过大量增加住宅供应、增设便利店及休闲娱乐设施等措施促进职住平衡，改变新区“夜晚变空城”的单一商务功能；通过增加和优化交通标识、增设人行道和过街天桥等措施改善交通便利度，提高交通管理能力。

（二）生态环境建设

城市化进程加快的同时也伴随着人口增长、资源短缺、环境污染等全球性问题，城市与自然和谐发展成为未来城市高质量发展必须解决的课题。许多国家和地区都已将生态环境保护纳入城市发展建设的重点任务，从低碳节能、城市绿化、生态化设施建设等多个方面进行实践探索。

在低碳节能方面，日本在能源利用效率、绿色建筑等领域都居于世界前列。以东京为例，约有 40% 的二氧化碳排放来自住宅楼、办公楼等建筑，为实现低碳节能目标，东京大力推行生态建筑建设，要求开发商采用先进的科学技术来减少能源消耗，并在投入使用后对建筑物中的设备运行性能是否达标进行监测。政府一方面为开发商提供资金支持和减税优惠，鼓励低碳化住宅开发；另一方面鼓励居民优先购置低碳化住宅，并施行“绿色点数”政策支持民众购买节能型家电，大力推广低碳生活理念引导人们选择和使用低碳物品。为提高民众对城市环境建设的主人公意识，东京政府鼓励民众参与城市规划设计和公共环境的日常管理，在培养民众主动维护环境的同时，也节省了城市公共环境管理费用。

在城市绿化方面，日本早在 1976 年就制定了完整的城市绿地系统规划，对城市绿地的建设和维护提出明确的实施指引。1994 年至 2007 年，日本对《城市绿地保护法》进行多次修订，根据不同城市的实际情况明确了城市公园、特别绿地保护地区、绿化推进重点地区等不同区域的绿地保护和绿化实施政策。在绿地系统规划编制时，首先要经过细致的现状调查，对地域特征、绿化现状、历史变迁、城市居民意愿等调查结果进行论证，确保城市绿化建设符合多数市民的期望；其次是遵循“与自然共生”的理念，注重对野生动植物生存环境的保护，通过保留大面积的水域和森林，形成生物栖息网络，与城市和谐共处；同时，规划设计具有游憩功能的城市绿地，通过分析市民游憩活动特征和趋势，为不同功能的绿地类型和建设量提出长远规划。

二、文化环境建设

关于城市文化的定义并没有统一的标准，许多学者在对城市发展的研究中尝试给出明确的所指对象，如郑卫民①提出，城市文化简单地说是人们在城市中创造的物质和精神财富的总和，是城市人群生存状况、行为方式、精神特征及城市风貌的总体形态②。他将城市文化在纵向上分为四个层面，即物质文化、行为文化、管理与制度文化、观念文化。

（一）个性魅力塑造

城市个性魅力的塑造，即为形成鲜明且独特的城市形象。人们对城市文化的感知主要是基于对这个城市的总体印象而来，良好形象的形成需要城市找准自身定位的同时，凝练城市文脉、塑造鲜明的城市个性。在城市化进程中，多数城市建设受到“现代化”观念的影响和约束，缺少对个性发掘的意识，从而导致“千城一面”。当代国际上最具影响力的规划师——彼得·霍尔（Peter Hall）说“城市个性显示城市的竞争优势，也是城市的魅力。”塑造个性鲜明且富有魅力的城市，需要从城市的历史文化、城市风貌、人文精神等多个方面着手，在传承历史文脉的同时，差异化打造能够凸显城市个性的新标志。

重庆是我国具有代表性的历史文化名城，也是巴渝文化的发祥地。在新中国成立之初，重庆是西南地区的政治、文化和经济中心，从改革开放至今已发展成为人口超过3000万的特大城市。2019年，重庆市政府出台《重庆市人民政府办公厅关于加强历史文化保护传承规划和实施工作的意见》（以下简称《意见》），提出全面建设“山水、人文、城市”三位一体的国家历史文化名城的工作目标。③《意见》明确要彰显“传统巴渝”“明清移民”等5类传统风貌特征，对历史文化街区、历史建筑、文化建筑等各类历史文化遗产提出了保护与传承的实施意见。在城市风貌的塑造上，重庆也形成了独有的“山城”特征。受自然条件的约束，重庆的道路高低错落、绵延曲折，整个中心城区依山而建、临江而筑，建筑与城市道路之间纵横交错，结构十分鲜明。

成都作为我国西南地区的另一大核心城市，不仅拥有蜀地千年历史底蕴，更以其独特的人文魅力、时尚而有活力的休闲娱乐氛围，快速向现代化、国际化都市迈进。中国城市规划设计研究院发布的《中国城市繁荣活力2020报告》显示，成都与北京、上海、广州、深圳同被划为第一方阵，属于“均衡

---

① 郑卫民，湖南城市学院副教授、高级建筑师、国际注册城市规划师、博士生。

② 郑卫民．试论城市文化与城市现代化［J］．湖南社会科学，2005（3）：119-121.

③ 中国政府网．重庆：加强历史文化保护传承规划和实施，2019.

型高活力城市”。每年有众多文化交流、美食节、动漫展等各类活动在成都举行，产业与文化的繁荣发展吸引了越来越多的年轻人到成都聚集。2001 年，成都提出树立“中国休闲之都”的主题形象，2003 年正式推出“世界休闲之都”的城市品牌。在城市总体规划上，科学布局兼顾城市居民和外埠游客利益的休闲文化设施，力争使历史文化古城的休闲气质和现代化大都市的繁荣相依相存，树立休闲宜居城市形象的同时，促进商业、商务及产业经济繁荣发展。2019 年 4 月，成都出台《关于加快发展城市首店和特色小店的实施意见》，并随后举办“首店经济”发展交流大会，大力招引国际知名品牌入成开设旗舰店、体验店等品牌首店，支持发展特色小店，从政策层面推动成都建设“国际消费中心城市”。2005 年，成都市政府打造以“时尚成都”为主题的购物节，不断推动形成浓厚的商业氛围。以“精神消费”为核心的咖啡馆、博物馆、酒吧夜店、主题民宿等各类休闲文化设施在成都快速聚集，精彩纷呈的资源为城市活力场景的构筑提供了土壤，成都对旅游人口、常住人口的吸引力都实现了快速提升。

（二）多元文化与包容性

城市的发展与创新离不开多元文化的驱动，而对多元文化的包容性是衡量城市人文和管理水平的重要尺度。全球知名的国际化城市如东京、伦敦等，均体现了较为突出的多元性文化和良好的包容性。深圳作为我国第一个经济特区，可以称之为由多元文化碰撞出的城市，多元和包容性是深圳的一大重要特质。改革开放初期，来自天南海北的人到深圳逐梦，外乡人、外来客的概念在这里被极度地弱化，人们更容易互相被接纳和包容。城市的发展离不开人才，多元化人才的聚集成为深圳高速发展的核心驱动力。从改革开放至今，深圳不断地吸纳各行业人才，初期阶段主要通过体制机制的创新，利用政策优势在深圳构建一个“资源聚集洼地”，大力招引全国各地的人才到深圳就业创业。随着改革开放的全面深化，深圳顺应发展阶段变化，推出一系列政策措施吸引国际人才来深发展，涵盖了人才安居落户、就业创业服务、教育医疗服务等诸多方面，通过营造开放、包容、公平的生产生活环境，让中外居民都能在深圳宜居乐业。

开放和包容的人文环境不仅推动了深圳人口的快速增长，也为企业大胆创新和快速发展提供了土壤。深圳鼓励企业创新和试错，在政策、服务和金融等多方面对创新创业提供支持。2020 年，深圳出台《深圳经济特区科技创新条例》，这是我国首部覆盖科技创新全生态链的地方性法规，也是首次以立法的方式要求财政为基础研究提供固定资金投入，要求对基础研究的资金投入不得低于实际科研资金的30%。该条例还为在深圳注册的企业提出了“可以设置特殊股权结构”的创新规定，企业可为创始人、重要技术人员、高级管理人员等设置特别表决权股份，且可以在深交所上市交易，从而避免创始团队在后续的股权融资中面临失去公司控制权的风险，为科创企业和人才拓宽融资渠道的同时，有效降低风险。开放、公平的竞争环境，为深圳培育创新精神提供了坚实的支撑，一大批品牌企业从深圳孵化并迅速成长起来。

第五章 典型科技城市产业发展案例

国内外很多城市在产业发展方面拥有很多经验，本章选取了爱尔兰高威一个国际科技城市和上海、深圳、成都三个国内科技城市，对城市整体产业发展历程、体系、布局、策略等进行分析，同时在每个城市选择一个优势产业研究，总结科技城市产业发展的策略，为其他城市产业发展提供参考。

第一节　爱尔兰高威市产业发展分析

一、爱尔兰医疗科技产业发展概况

（一）产业发展现状

爱尔兰是欧洲主要的医疗科技热点国之一，亦是世界公认的医疗科技中心，集聚 300 多家医疗科技企业，总就业人数超过 3.2 万人。世界十大医疗设备制造企业中有 9 家企业选择在爱尔兰设立分部并开展业务，爱尔兰人均医疗科技领域就业人数居欧洲首位。①

爱尔兰医疗科技产业供应链体系成熟，许多供应商都成了全球知名外商直接投资企业的首选合作方。本地企业、外商直接投资企业、领先的学术和关键临床意见领袖之间的合作日益紧密，这种形式的合作具备强大的国际竞争优势。目前，爱尔兰医疗科技产业面临的挑战在于如何做到持续发展，如何整合提升战略能力，以及如何打造支撑其发展的生态体系，从而使其成为一个以创新为主动力，成熟且具有高附加值的经济体。

在医疗设备制造领域，爱尔兰始终占据主导地位。全球 25%（超过 3000 万人）的糖尿病患者使用爱尔兰生产的注射医疗设备，全球 33%的隐形眼镜，80%的医用支架，以及 75%的骨科膝关节医疗设备等都是在爱尔兰加工制造的。2014 年至今，整个行业新增 2000 多个就业岗位。本地企业数量占爱尔兰

① Medical Technology Ireland [EB/OL]. http://www.medicaltechnologyireland.com/visit/about-galway.

医疗科技产业的60%，其中绝大多数为中小型企业。目前，爱尔兰是欧洲主要的医疗产品出口国之一，年出口额达126亿欧元，产品出口至世界100多个国家和地区。爱尔兰医疗科技产业被政府视作爱尔兰经济的首要贡献者，其出口额度约占国家出口总额的10%。①

（二）产业发展历程

1. 追溯医疗科技产业起源

探究爱尔兰医疗科技产业如何能够蓬勃发展，首要关注的是爱尔兰如何摆脱陷于制造衰退期的困境，又是如何吸引9家全球排名前十的医疗科技企业在爱尔兰设立分支机构的。医疗科技产业的高速发展离不开坚实的制造业基础和来自政府的战略性支持。20世纪80年代，当制造业进入衰退期时，爱尔兰政府和制造业的经营者们都想挽救整个产业并寻求更长远的发展，从而做出将研发与创新等要素注入医疗科技产业这一决定。

起初，大规模的国际企业生产制造厂塑造了爱尔兰医疗科技产业雏形，同时，良好的制造业基础与相对完善的供应链也加速了医疗科技产业的发展。当时，医疗科技产业鲜少关注研发，没有任何设立研发中心的计划。21世纪初期，全球排名前20的医疗设备企业中就有13家选择在爱尔兰开设工厂，医疗设备产业拥有爱尔兰制造业7.5%的员工，共有75家企业构成了爱尔兰医疗设备产业。如今，爱尔兰医疗设备产业企业总数共计450余家，就业人数29000余人。相较于爱尔兰其他产业，医疗科技产业的显著特征体现在跨行业协同方面。爱尔兰医疗科技产业之所以能够发展到今天，得益于众多医疗企业管理者们具备的战略前瞻性思维，这些管理者能够发现爱尔兰医疗科技产业在吸引外资与获得政府支持资助等方面的独特价值与优势。

爱尔兰医疗科技产业集群起源于外商直接投资的跨国企业。近年来，爱尔兰外商直接投资规模增长显著，爱尔兰也成为整个欧洲外商直接投资最受青睐的国家。过去10年中，爱尔兰医疗科技产业就业岗位扩大了33%。

在爱尔兰政府引导下，政府对产业的战略部署不再仅局限于为企业提供空间载体和税收补贴。2015年，在爱尔兰科学基金会CURAM医疗设备研究

---

① Medtech Rising 1916－2016, The story of how Ireland became a success in global medtech, Irish Medtech Association.

中心的资金支持下，爱尔兰首个干细胞制造中心在爱尔兰国立高威大学正式成立，并设立将爱尔兰打造成为医疗设备技术发展引导者这一目标。政府、医疗服务机构和高校之间的合作进一步巩固了该产业和爱尔兰健康护理系统的研发能力，爱尔兰健康创新中心（HIHI）也于2016年在科克大学正式成立。在爱尔兰企业局和健康服务执行局的双重支持下，爱尔兰健康创新中心与合作机构都柏林圣三一学院、国立高威大学、科克理工学院和相关医疗院系共同引领创新型研究并采用新兴健康护理技术、服务和产品。临床研究和以患者为中心而开展的研发为爱尔兰在技术交流领域占据主导地位铺平了道路。据爱尔兰投资发展局介绍，70%的爱尔兰医疗科技企业从事的研发活动都是由政府资助，研发活动与医疗科技产业融合发展的趋势日渐成熟。

2. 产业与政府紧密合作

政府机构和主要的行业协会在助力医疗科技产业高速发展的过程中发挥了关键作用。爱尔兰投资发展局为爱尔兰创造了良好的营商环境。20世纪90年代中期，爱尔兰投资发展局分割成立了3个不同的组织机构，架构重组加快了机构将优质外商直接投资引入爱尔兰的步伐。爱尔兰投资发展局成功促成外商直接投资具有里程碑意义的实例不胜枚举。例如，2019年，美国医疗科技企业Stryker就为其在爱尔兰科克设立的研发中心注资2亿欧元。为进一步提升对医疗科技产业的支持，爱尔兰投资发展局曾经宣布成立新冠肺炎疫情（COVID-19）专项基金，并向医疗技术与制药领域注资2亿欧元。

除了爱尔兰投资发展局之外，爱尔兰医疗科技协会在帮助其成员中的跨国企业和中小型企业与爱尔兰政府沟通过程中扮演了重要角色。爱尔兰医疗科技协会对该产业的实际需求有清晰的理解，并了解如何能够更好地代表会员企业在政府面前发声，以及掌握让爱尔兰始终保持吸引外资企业来本国投资和发展的长久魅力。

3. 新兴创业思潮

在观念上，人们对于如何定义企业家产生转变，大多数人都希望看到企业家创业成功。创业者思维在当今大学生群体中十分流行，高校也开设了各类旨在培养创业者思维的课程。爱尔兰国立高威大学的生物创新奖学金（BioInnovate Fellowship Programme）项目为许多成功的医疗科技初创企业提供了资金支持。

与其他大学主导的研究基金一样，BioInnovate 与早期项目相同，为引领创新的学生们创造了一个能够当面交流和分享创新理念的社交平台。在这一平台上，交流创业思维成为一种常态，新一代创新创业者们也随之加入爱尔兰医疗科技产业发展的浪潮中来。①

二、爱尔兰产业发展机遇与策略

（一）产业发展助力因素

世界一流的技术与管理人才、具有竞争力的企业税率和助力创新的知识发展基础、利于研发的良好环境与监管机制、尊崇质量至上并遵循道德伦理、历史悠久的制造基础、跨领域的高效协同、企业家精神、创新能力与主观能动性、良好适应力、勤奋踏实的工作态度等诸多因素都促进了爱尔兰医疗科技产业发展。

（二）产业发展机遇

1. 行业前瞻

提高行业应对全球化发展趋势和国际竞争的能力；加大外商直接投资和跨国企业对爱尔兰子公司的授权；适应全球健康护理产业支出减少的态势；提升先进制造能力和设计能力；扩大研发产品领域投资；提升不断变化的欧盟内外监管与合规环境的应变能力；及时调整应对市场变化的各项举措。

2. 生态体系发展

在爱尔兰健康医疗体系打造创新引领文化氛围，优化爱尔兰临床研究基础设施；通过引入新经济模式，实现健康护理体系可持续发展；推进新兴医疗科技应用；在爱尔兰高校内营造具有创业思维的文化氛围；将创业者思维课程融入小学至大学教育阶段教学大纲并进行推广；为学徒制等新型教育模式的发展提供必要支持；培养健康经济学、销售和营销等产业相关技能，提升应对市场变化的能力。

---

① Dr. Paul Anglim. How Irish MedTech came to thrive. https：//www. med-technews. com/medtech-insights/latest-medtech-insights/how-irish-medtech-came-to-thrive/.

（三）产业发展方向与策略

爱尔兰致力于发展成为以患者为中心的，具有创新性的全球医疗科技产业发展引领者、医疗产品引领者，以及医疗解决方案引领者。爱尔兰将成为全球重要的医疗科技中心。医疗科技产业积累的坚实基础和良好的营商环境也让爱尔兰成为该产业发展的首要目的地。爱尔兰医疗科技产业发展、医疗产品与解决方案将会为全球健康护理产业和全球经济发展做出重要贡献。

爱尔兰医疗科技产业任务是通过以下几个方面塑造并助力产业发展的，其中包括：推进关键事项实现产业发展愿景；在爱尔兰和全球经济体中培养爱尔兰医疗科技产业价值意识；为爱尔兰医疗科技企业提供服务、支持和信息资源等附加价值；增加与其他相关产业的互动，包括信息与通信技术、制药、生物科技、材料，促进新兴健康护理科技和解决方案的发展。

过去四年，爱尔兰医疗科技产业持续发展。与此同时，全球对健康护理的需求和成本也在逐年攀升，这对全球绝大多数医疗健康经济体构成了挑战。技术的引入也将有助于迎接这些挑战。除此之外，还需要有创新性的商业模式激发出新的产业发展构想。①

三、高威医疗科技产业发展分析

（一）高威医疗科技产业发展现状

高威作为爱尔兰西部首府，是爱尔兰第三大城市，近年发展势头强劲，经济实力增长迅速，产业布局十分广泛，包括制造、旅游、零售、分销、教育、健康护理、金融、建筑、文化和专业服务等多元化产业。②

高威郡议会在 2017 年 3 月发布的一份关于未来发展报告中指出，高威郡将通过帮助产业多元化发展与创新达到激发经济活力的目的。西部地区聚集了数量众多的跨国企业与本地企业，覆盖的产业领域十分广阔，在医疗设备、生物医药、信息通信技术等领域的优势尤为显著。自 20 世纪 60 年代，跨国

① Medtech Rising 1916－2016, The story of how Ireland became a success in global medtech, Irish Medtech Association.

② Welcome to County Galway Guide [EB/OL]. http://www.galway-ireland.ie/.

企业在高威的经济发展中发挥了重要作用，为该地区本地企业的发展奠定了坚实基础。该地区作为全球公认的医疗科技产业集群，医疗科技产业就业人数居欧洲首位。

高威也是重要的科技中心，尤其在互联网与协同工作技术领域十分显著。城市环境友好和经济发展潜力十足等因素加快了高威持续向好发展进程，并被《金融时报》评为2014—2015年度欧洲最佳微型城市（城市人口小于10万人）和2016—2017年度欧洲最佳微型城市。除了医疗设备、生物医药、信息通信技术产业集群之外，高威的经济发展潜力还体现在食品与农业食品领域快速发展的乡镇地区。

医疗设备产业对高威的就业与经济贡献巨大。20世纪90年代成立的波士顿科学（Boston Scientific）与美敦力（Medtronic）对爱尔兰整个国家，尤其对高威的医疗设备产业发展做出了积极贡献。如今，高威已经成为全球五大医疗科技产业中心。高威医疗设备产业集群的形成离不开产学协同，高校源源不断地为产业输送高技术人才，波士顿科学与美敦力等企业为高威医疗科技产业在全球树立了良好声誉，产业链上下游企业和由知识转移而衍生的企业数量的增长也加快了高威新一批初创企业的诞生。在波士顿科学与美敦力两家企业的强力引领下，许多本地企业都参与到了心脏内科相关医疗设备，尤其是药物洗脱支架及相关设备的生产中，促使高威成为公认的专业化冠状动脉医疗设备生产基地。

医疗科技产业集群中的医疗设备企业均得到了来自诸多组织机构的大力扶持，其中包括爱尔兰企业局（Enterprise Ireland）、高威本地企业办事处（Local Enterprise Office Galway）、爱尔兰国立高威大学（NUIG），以及高威梅努斯理工学院（GMIT）。这些机构为企业提供的服务包括业务发展支持、资金、市场准入、获取新客户、领导力发展、获得成熟劳动力，并提供知识与研发设施等。在爱尔兰国立高威大学引领下，爱尔兰CURAM国家医学设备研究中心的创立，为未来的研究与发展提供了重要的源头支持，帮助高威各类医疗设备企业实现规模化与多元化发展。爱尔兰CURAM国家医学设备研究中心产业伙伴约40个，共同致力于支持产品开发与创立新兴初创企业。该研究中心的成立有助于提升部分在高威的全球跨国企业的国际知名度。此外，研究中心还将开展生物材料、干细胞和药物输送系统等专业领域研究。

除了爱尔兰国立高威大学在医疗设备领域的贡献之外，高威梅努斯理工学院的高威医疗技术中心（GMedTech）具有设计与研发领先的临床前相关体外模拟人体解剖的能力。这些模拟器加速了下一代医疗设备和临床医生培训平台的发展，同时也对外科医学规划起到了促进作用。此外，未来医疗科技领域对从业人员所需的技能要与高校等机构提供的医疗技术领域职业教育培训需要相互匹配。

高威既有蓬勃发展的医疗科技创业中心，也有跨国企业集群与研究中心，制药领域与医疗设备制造领域直接就业人数达 10700 人，世界排名前 15 的医疗设备企业中的 3 家都选择在高威设立分支并开展业务，有超过 25 家企业在高威郡设立生产制造厂，高威郡为爱尔兰创造了大量制药与医疗设备领域就业岗位，助推高威成为举办爱尔兰医疗科技展会的首选之地。① 爱尔兰高威市产业分布见图 5-1。

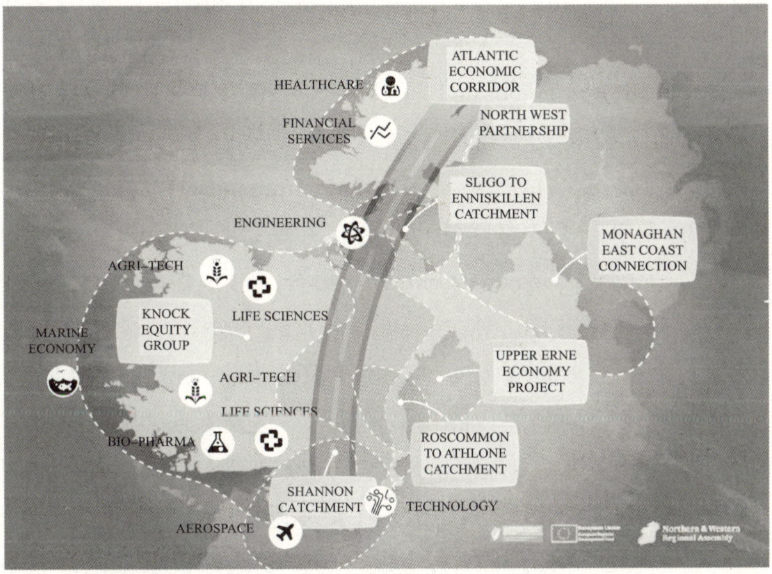

图 5-1　爱尔兰高威市产业分布

注：图 5-1 由上至下产业分布依次为：健康护理、金融服务、工程、农业科技、生命科学、海洋经济、农业科技、生物医药、科技、航空航天。

资料来源：爱尔兰北部与西部地区议会（NWRA）。

（二）高威医疗科技产业发展历程

以高威为中心的医疗科技产业集群的兴起是由外商直接投资政策引起的，政策包括提供地方资金扶持、降低企业税率，以及输送受过高等教育并且能够将英文作为工作语言的年轻劳动力。爱尔兰第一家外资医疗科技企业 Beck-

① Medical Technology Ireland［EB/OL］. http：//www.medicaltechnologyireland.com/visit/about-galway.

man Coulter 于 1973 年在高威创立。当时，高威与爱尔兰其他地区一样，缺乏医疗科技领域专业知识与技术储备。其后，1982 年创立的医疗设备制造商巴德（CR Bard）和 1994 年创立的波士顿科学（Boston Scientific）加速了医疗科技产业发展。高威的美敦力（Medtronic）和波士顿科学（Boston Scientific）均生产制造用于心脏手术的药物洗脱支架。这些子公司起初都在进行低附加值的制造与流水线生产等作业。随着时间的推移，当地企业的项目经理和团队通过顺利且高效地完成项目工作逐渐培养了良好声誉与信任感，因此，这些企业也得到了总部更多的放权，肩负起更多的责任。由于当地高校不断向行业输送技术人才，企业也将它们的价值链从一开始的生产制造逐渐转向产品设计与研发，同时增加了产品线。如今，这两家企业都在积极开展研发工作。波士顿科学（Boston Scientific）于 2009 年宣布了总额为 9100 万欧元用于在高威的研发投入，支持初期阶段创新活动的顺利开展。2019 年，公司继续注资 6000 万欧元，其高威的设备技术中心（Equipment Technology Centre）正式挂牌成立。2013 年，美敦力（Medtronic）在高威投资 7700 万欧元设立了客户创新中心（Customer Innovation Centre），集合了许多物理学家和工程师，共同助力创新理疗领域的研究。总之，跨国企业的子公司从最初作为总部派至当地的任务执行者，逐渐转变为通过新兴知识技术为总部赋能的业务贡献者，而那些海外子公司优秀的管理者们正是促成这一变化趋势的主要原因。

频繁的研发活动拉动了当地经济增长。高威劳动力市场规模不断扩大，专业技术领域的供应商层出不穷，这也吸引了更多外资医疗科技企业入驻。同时，当地子公司的员工们也发现了围绕自主设计与研发医疗设备或医疗设备配件衍生的创业机遇，由此，2000 年初期至中期也诞生了新一批拥有国际化背景的本地企业。爱尔兰国立高威大学不仅向企业输送了生物医疗工程领域的毕业生，同时还着力投资包括心血管医疗设备、免疫学、干细胞生物学等研究领域。高威梅努斯理工学院在向医疗科技产业输送人才方面也做出了突出贡献。

20 世纪 90 年代末，高威本地医疗领域相关企业数量增速开始超过跨国医疗企业，一个健全、自主持续循环发展的产业集群正逐渐形成。尽管这些企业规模小，其中不乏一些重要的全球竞争者，例如爱尔真（Aerogen），一家全球领先的气雾剂输送技术制造企业，为世界许多呼吸机生产制造关键的药物输送设备配件。[①] 同时，也有其他一些在实现快速发展后顺利退出的企业，例如 2015 年全球

---

① http：//www. aerogen. com.

销售额达 2.5 亿美元的 Creganna Medical 公司，在 2016 年被 TE Connectivity 收购，诸如此类的成功案例对循环利用产业技术资源具有积极的示范效应。

同一时期，本地企业的性质也发生了实质性转变，它们不再只是贴牌加工的供应商、分销商或服务商，而是逐渐转向专注于健康护理相关产业主要设备、软件和系统等的设计与研发。一项研究指明，2015 年，有 35%的具有国际化背景的本地企业参与到以心血管为核心的医疗技术以外的医疗领域研发中，包括肠胃学、泌尿学、肺部学、妇科学、呼吸系统、医学软件和智能应用系统。[①] 美国是大多数医疗科技应用领域的主要市场。爱尔兰香农国际机场与美国互通了直达航线，机场同时设有入境美国前的边境检查窗口，这让高威到波士顿和纽约与高威到伦敦、巴黎或柏林一样便捷（见图 5-2）。

图 5-2　爱尔兰香农国际机场区位图

资料来源：https：//www. pngegg. com/en/png-pmwlw.

---

① Evers N. and Giblin M. Born globals and the medical technology cluster in the west of Ireland. Chapter 7 in I. Mandl and V. Patrini （eds.） European Born Globals：Job creation in young international businesses. London：Routledge，2017.

医疗科技产业集群的另一个特征是有天使投资人的介入，其中有业界资深人士，也有医疗科技领域的创业者，还有一部分人士辗转于跨国外资企业和本地企业之间，在客户拓展、品质标准与监管等医疗科技企业管理领域不断打造国际声誉。

全世界排名前十的医疗科技企业中有 8 家企业在高威设立了分支机构。高威医疗科技产业集群的这一密集型增长得益于区域性产业集群服务的加持，主要包括来自爱尔兰国立高威大学（NUI Galway）和高威梅努斯理工学院（GMIT）这两所重要高等院校开设的相关教育培训和科研项目，以及行业组织与政府机构。表 5-1 与表 5-2 阐释了 20 世纪 90 年代以来这些服务是如何确立与发展的。对该领域的新进入者而言，当地风险投资的介入是很重要的一项发展促因。西部发展委员会发起的西部投资基金（WIF）迄今为止向西部地区 31 家生命科学和医疗科技企业投资 2100 万欧元，并通过 BioExel 加速器帮助了另外 13 家 Pre-seed 轮融资。这些企业拥有 1100 名直接就业人员，如果计算上间接就业人数，总就业人数达 3300 人。①

表 5-1　高威高等教育院校对医疗科技相关项目与研究中心的投入

创立年份	项目/中心	高等教育院校	详细信息
1998	工程学学士学位（生物医学方向）	爱尔兰国立高威大学	技能、技术知识培训与发展
1999	国家生物医学工程中心（NCBES）：研究中心	爱尔兰国立高威大学	医疗科技领域研究，包括产学合作
2003	再生医学研究所（REMEDI）：研究中心	爱尔兰国立高威大学	专注于再生医学领域的研究，包括产学合作
2009	医疗设备科学方向专业研究生培训	爱尔兰国立高威大学	医疗科技领域职业技能培训发展
2008	HRB 临床研究设施和转化医疗设备实验室	爱尔兰国立高威大学	与当地医院成立的合资公司，支持临床研究与临床实验
2010	生物创新中心：创业管理与内部创业培训项目	爱尔兰国立高威大学	旨在激发新思路，创造新的医疗设备初创企业或在现有企业内实施创新模式的培训项目

① Jonathan L., Majella G., Mark H. Joining the Dots Business Clusters in Galway/Mayo and the UK. Available at http://whitakerinstitute.ie/wp-content/uploads/2020/12/Business-Clusters-in-Galway-and-the-UKrev5.pdf, 2020.

续表

创立年份	项目/中心	高等教育院校	详细信息
2010	医学学士学位（荣誉学位）	高威梅努斯理工学院	医疗科技领域的技能和培训发展
2012	医疗设备技术资质	高威梅努斯理工学院	医疗科技领域的技能和培训发展
2013	生物医学工程硕士	爱尔兰国立高威大学	医疗科技领域职业技能培训发展
2014	爱尔兰干细胞制造中心（ICCM）	爱尔兰国立高威大学	爱尔兰唯一一个获得许可的干细胞制造中心
2014	医疗设备研究中心（CURAM）	爱尔兰国立高威大学	研发可移植的智能医疗设备
2016	医疗工程技术：研究中心	高威梅努斯理工学院	针对临床研究与医疗科技企业的技术研发中心，研究结果包括新知识的应用
2017	BioExel：面向初创企业的加速器项目	爱尔兰国立高威大学	针对新兴医疗科技初创企业的加速器项目
2017/2018	医疗科技与医疗质量跳板课程	高威梅努斯理工学院	医疗科技领域的技能和培训发展
2019	工程学硕士（生物医学工程）	爱尔兰国立高威大学	医疗科技领域职业技能培训发展

资料来源：Cunningham 等。

表 5-2 高威支持医疗科技产业集群发展的产业发展机构和产业活动

产业发展机构（国家和区域）	爱尔兰投资发展局（IDA Ireland）	政府性质的国家产业发展机构，在高威设有办事处，专注于外商投资，该机构下设一个国家医疗科技部门
	爱尔兰企业局（Enterprise Ireland）和当地企业办事处	政府性质的国家机构，在高威设有办事处，促进本地企业发展，该机构下设一个国家医疗科技部门
	西部企业创新中心（WestBIC）	促进区域内任何产业的企业家和创新型中小企业发展，是欧洲企业创新中心网络的一部分，是一家公私合营性质机构
	爱尔兰政府语言机构（Údarás na Gaeltachta）	政府出资的区域性权威机构，促进以爱尔兰语言为主要地区的经济社会与文化发展，帮扶范围包括高威
	爱尔兰医疗技术协会（Irish MedTech Association）	私立性质的国家企业协会，促进爱尔兰医疗科技行业发展
	西部发展委员会（Western Development Commission）	促进爱尔兰西部地区发展的政府机构

续表

高威医疗科技产业活动	医疗科技行业商务对接活动（MedTech Brew）	在高威举办的常规性活动，面向医疗科技行业从业者
	爱尔兰医疗科技展会（Medical Technology Ireland Exhibition and Conference）	贸易展会与论坛——在高威举办的展出爱尔兰医疗科技产品与服务的年度活动
	医疗科技发展论坛（MedTech Rising 2019）	医疗科技 CEO 论坛——企业领袖和国际专家汇聚一堂讨论新技术应用、商业模式、企业家精神、全球研发、技术融合等的发展论坛
	2019 医疗科技西部峰会	围绕“企业面临的挑战”为主题的医疗科技论坛，内容包括打造一个可持续发展的机构，供应商—跨国企业关系，医疗科技初创企业生态体系的机遇与挑战，以及卓越运营的领导力

资料来源：Cunningham 等。

（三）高威医疗设备龙头企业集聚

产业集群指的是同一个产业领域的企业在地理上的集聚。研究表明，同一产业集群中的企业能从产业集群效应中受益，如有利于企业间知识互通、更便捷地获取相关技能，以及供应链成本缩减。高威拥有享誉国际的医疗科技产业集群、医药及健康护理产业集群，以及信息通信工程与创意两个规模相对较小的产业集群。

其中，医疗科技作为重点产业集群，根据欧洲行业标准分类体系（NACE）划分，可分成医疗与牙科设备制造与供应，工程与相关技术咨询，以及自然科学和工程研究与实验开发等。①

波士顿科学（Boston Scientific）是全球排名第 13 位的医疗技术公司（基于 2019 年营业收入），在高威共有 3800 名雇员。公司设立在高威的制造基地建于 1994 年，现在是该公司在爱尔兰最大的基地，它也是波士顿科学（Boston Scientific）全球最大的制造工厂，每年生产 400 多万台设备。产品包括导管、胆道支架和药物洗脱支架。2015 年，波士顿科学（Boston Scientific）是爱尔兰排名第 14 的出口公司，出口商品总价值达 41 亿欧元。位于高威的

① Jonathan L., Majella G., Mark H. Joining the Dots Business Clusters in Galway/Mayo and the UK. Available at http://whitakerinstitute.ie/wp-content/uploads/2020/12/Business-Clusters-in-Galway-and-the-UKrev5.pdf, 2020.

基地也是该公司的欧洲创新中心。

克雷干纳（Creganna）于1979年成立于爱尔兰，并于1998年进军医疗设备行业，在高威共有1000名雇员。到2003年，医疗设备成为公司唯一的业务重点。如今，克雷干纳专注于为世界顶级医疗设备企业提供外包解决方案。

美敦力（Medtronic）在高威共有2000名雇员，是世界最大的医疗技术公司（基于2019年营业收入），该公司集研究、开发和制造医疗设备为一体，重点关注慢性疾病领域。每5秒钟就会有一名患者的生命因为美敦力（Medtronic）的产品得到救治。美敦力（Medtronic）自1999年起就在高威建立了业务体系。全球制造和技术发展中心现在是公司内部的一个集研究、开发和制造于一体的卓越中心。2015年，美敦力（Medtronic）是爱尔兰第三大出口公司，出口产品总值达167亿欧元。2016年，该公司在爱尔兰医疗技术奖评选中（Irish Medtch Awards）获得“年度医疗技术企业”（Medtech Company of the Year）殊荣。次年，美敦力（Medtronic）收购了总部位于高威的Crospon公司，这是一家专注于治疗胃肠道疾病的医疗设备公司。

功德医疗（Merit Medical）自1993年起开始在爱尔兰开展业务，在高威共有1000名雇员。公司总部设在高威，并在此进行研发活动，每年生产超过900万台设备。在爱尔兰医疗技术奖评选中，功德医疗（Merit Medical）荣获“2018年度医疗技术企业”殊荣。①

（四）政府财政资助高威医疗科技产业发展

政府宣布3000万欧元用于资助高威医疗技术与生命科学项目，作为政府总额9500万欧元革新性技术基金（Disruptive Technologies Fund）的一部分，该基金旨在支持能够带来高质量工作岗位的创新项目。最大一笔700万欧元的拨款分配给了Medtech Revelium主导的一个项目，该项目采用一种水凝胶疗法，促进膝骨关节炎的再生治疗。该基金其他部分拨款分配的项目包括多个区域和国家的医疗科技企业，涉及应用领域十分广泛，例如提供高效可靠的无人机运输项目，技术领先的心脏瓣膜移植手术，以及胃肠癌和肺癌的新一代治疗。②

① Get Reskilled：Medical Device & Pharma Companies in Galway-Ultimate Guide，available at：https：//www.getreskilled.com/medical-device-companies-galway/.

② 30m funding for Galway based MedTech and Lifesciences projects，available at：https：//galwaybay-fm.ie/galway-bay-fm-news-desk/e30m-funding-for-galway-based-medtech-and-lifesciences-projects/.

（五）高威医疗科技产业就业分布

高威市 2016 年总人口为 78668 人，相较上一次人口普查（2011 年）上涨 4.2%。高威市人口相较 2006 年数据上涨 8.6%。高威市人口总就业人数在 2011 年至 2016 年上涨 10.8%，与全国增长率近乎持平（11%）。

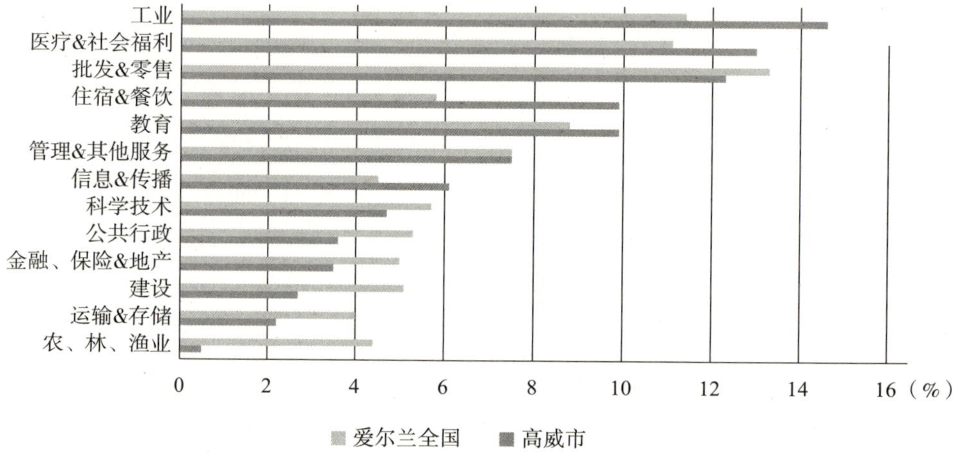

图 5-3　爱尔兰全国与高威市各行业总就业人数对比（2016 年统计）

资料来源：高威市就业市场情况普查（2016 年 10 月 17 日）。

高威市人口在工业和健康医疗产业就业人数高于该产业全国就业人数（见图 5-3）。工业领域就业人数占比自 2011 年以来上升显著，高于该领域全国就业人数平均占比（15.4%VS9.4%），健康医疗领域就业人数占比也高于该领域全国就业人数平均占比（16.4%VS13.4%）。①

医疗科技产业在高威市吸纳的就业人数占比为 56%，在高威郡占 40%（2016 年统计）。在爱尔兰，医疗科技产业的制造领域就业人数，作为 17 个产业中仅有的 6 个产业之一，在经济大萧条时期实现逆势增长，其增长率居所有产业第一。②

（六）高威医疗科技产业集群未来发展

高威医疗科技产业集群面临巨大发展机遇，从其应对新冠肺炎疫情的工

① WDC Insights Galway City's Labour Market Census，2016. 10. 17.

② Western Development Commission Insights series on Labour markets in the Western region，October 2017.

作中不难看出这一产业集群具备强大的产业网络效应。医疗技术设备产业准入门槛高，在监管流程和客户发展领域具备扎实专业能力的高附加值企业更是少之又少。医疗设备技术不断取得突破，高威在该领域掌握着重要资源和日益扩增的市场渠道，包括像 CURAM 和 BioInnovate 这类的研究实验室。此外，如果高威能够在健康护理监管、成本管控、生活水平（例如以低成本孵化出优秀的初创企业和共享办公中心，同时营造良好的创业环境氛围），此外，再通过建立纽带等方式让高威与都柏林资源互通，这样就能够吸引更多的数字医疗企业前来高威发展。

高威医疗科技产业集群在持续发展中同样面临诸多挑战。想要生存下来并且更加蓬勃稳定地发展，那些跨国企业子公司相对于它们的总部来说，或许需要从“贡献者”的身份转变为“战略伙伴”，或者通过不断巩固自身将风险降到最低，这也同样适用于供应链上下游的龙头企业。随着各国对爱尔兰西部生产制造的医疗科技产品需求在短时间内显著提高，新冠肺炎疫情也催生出一批新的企业参与竞争。目前，医疗科技领域的企业同样面临由新兴企业带来的创新思维等挑战。

另一个潜在威胁是从健康护理服务到数字医疗这一长远的战略性转变，信息与通信技术领域的潜在技术优势与健康护理服务相结合，可以衍生出新一批发展潜力十足的数字医疗企业。虽然高威市中心 Portershed 孵化器周边的信息通信技术产业集群和高威技术中心都在不断发展（疫情前均有扩张计划），但是首都都柏林仍然是产业资源与技术等优势的主要聚集地。

依照惯例，产业集群未来可持续发展的关键离不开具备相关职业经验的人才和全球高速发展并采用新型商业模式的医疗科技企业。资源跟随人才流动，人才具备高度吸引力，全球范围内对人才的需求与日俱增。①

许多产业迫于新冠肺炎疫情陷入发展缓慢甚至停滞不前的窘境。但是，医疗科技产业集群模式并不会发生巨大转变，相反地，极有可能发生的是，受到疫情和英国脱欧等影响，爱尔兰未来 5 年的产业布局将比过去 5 年更明显。例如，疫情暴发之前，全球数量过半的呼吸机均产自爱尔兰，呼吸机的生产大多集中在高威。尽管美敦力（Medtronic）这类企业做出翻倍生产呼吸机的决定，限于世界各国对呼吸机需求的激增和其本身数量的紧缺，又催生

---

① Jonathan L.，Majella G.，Mark H. Joining the Dots Business Clusters in Galway/Mayo and the UK. Available at http：//whitakerinstitute. ie/wp－content/uploads/2020/12/Business－Clusters－in－Galway－and-the-UKrev5. pdf，2020.

出许多新的企业参与到呼吸机生产这一市场本就成熟的竞争中来。这些新兴企业是否会持续抢占市场份额，或者通过创新的商业模式和低成本的设计等途径长期发展下去仍有待观察。[①]

第二节　深圳产业发展分析

深圳作为我国活力之城、创新之都，自 1980 年特区成立以来连续 40 年快速发展，在先进制造业、对外贸易和交通运输服务等领域取得了举世瞩目的成就，并荣获“全球经济中心城市”“世界先进制造业产业集群核心城市”“国际综合交通枢纽”等称号。与此同时，深圳着眼于数字经济的创新发展，提前布局新一代电子信息技术、生物技术等战略性新兴产业，率先在 5G、数字货币等领域开展试点。

未来，深圳将根据《中华人民共和国国民经济和社会发展第十四个五年规划和 2035 年远景目标纲要》中提及的“支持深圳建设中国特色社会主义先行示范区”，按照《粤港澳大湾区发展规划纲要》中提及的城市定位，深圳发挥作为经济特区、全国性经济中心城市和国家创新型城市的引领作用，加快建成现代化国际化城市，努力成为具有世界影响力的创新创意之都[②]。

一、深圳产业发展概况

（一）深圳产业发展现状

从增速来看，深圳经济在全国处于领先地位，1980—2019 年 GDP 的年复合增长率为 20.7%，远高于北京、上海以及全国同期的 9.8%、9.7% 和 9.4%。2020 年深圳 GDP 同比增长 3.1%，位居一线城市增速榜首（上海为 1.7%、北京为 1.2%、广州为 2.7%），表现出其独特的经济韧性。

以绝对规模来看，深圳 2020 年 GDP 达 2.8 万亿元，在中国内地城市中排

---

① Enterprise Ireland，Ireland races to produce ventilators，nebulisers and more，available at：http：//globalambition.ie/ireland-races-to-produce-ventilators-nebulisers-and-more/.

② 中共中央、国务院印发《粤港澳大湾区发展规划纲要》. 2019-03-10.

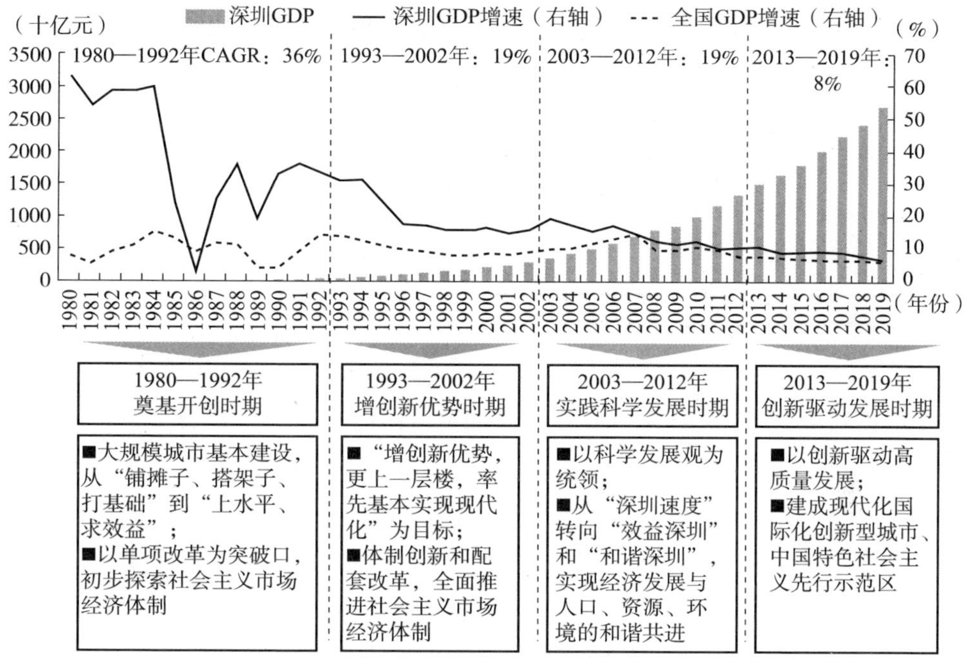

图 5-4 1980—2019 年深圳经济发展

资料来源：深圳经济特区研究会、深圳市史志办公室、中国统计数据库（CEIC）。

名第三，仅次于上海（3.9 万亿元）和北京（3.6 万亿元）（见图 5-4、表 5-3）；与香港相比，深圳 GDP 规模已连续两年超过香港，并不断扩大领先优势。

以人均发展指数衡量，2020 年深圳人均 GDP 突破 20 万元，高居中国内地城市榜首；与香港人均 34 万元相比，仍有一定差距，但自 2000 年以来差距已明显缩小。

表 5-3 2020 年全国 GDP 和人均 GDP 前 10 强城市

排名	GDP 前 10 强城市		人均 GDP 前 10 强城市	
	城市	GDP（十亿元）	城市	人均 GDP（万元）
1	上海	3870	深圳	20.5
2	北京	3610	无锡	19.1
3	深圳	2767	苏州	18.7
4	广州	2501	南京	17.4
5	重庆	2500	珠海	17.2
6	苏州	2017	北京	16.7

续表

排名	GDP 前 10 强城市		人均 GDP 前 10 强城市	
	城市	GDP（十亿元）	城市	人均 GDP（万元）
7	成都	1771	常州	16.4
8	杭州	1611	广州	16.3
9	武汉	1562	上海	15.9
10	南京	1482	杭州	15.5

资料来源：中国统计数据库（CEIC）。

深圳产业结构逐步调整，1980—2005 年，深圳的工业增加值从占 GDP 的 14%增长到占 GDP 的 51%。2010 年深圳第三产业逐渐开始发力，第三产业占 GDP 的比重达到 53%，首次超过第二产业，在 2020 年达到 62%（见图 5-5）。在第三产业当中现代服务业发展迅速，2020 年深圳金融、物流、教育等现代服务业增加值达 1.3 万亿元，占 GDP 的 47%。特别是深圳金融业实现了从无到有、由有到强的蜕变，1980—2019 年金融业增加值年均复合增长率达 28%，2020 年首次突破 4000 亿元，占全市 GDP 的 15%。据英国智囊团 Z/Yen 集团与中国（深圳）综合开发研究院联合发布的全球金融中心指数，2020 年 9 月深圳跻身全球十大金融中心，排名全球第九、中国第三，紧随上海（全球第三）和北京（全球第七）。

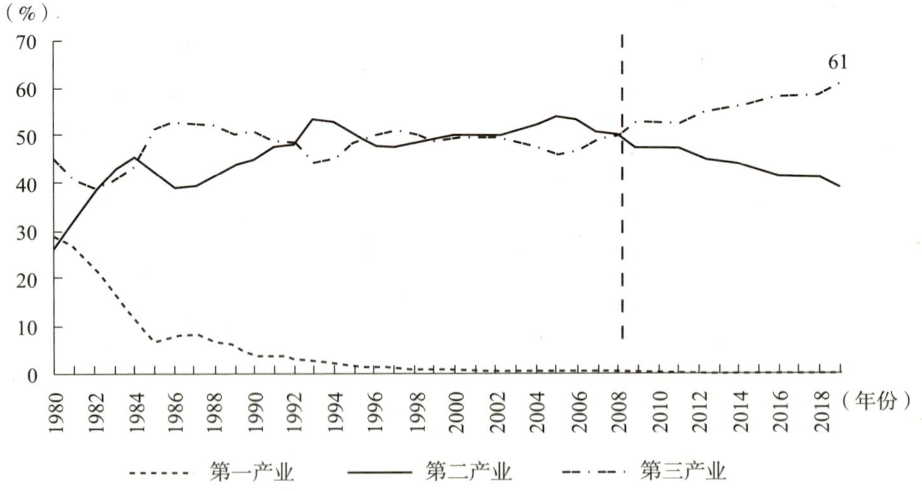

图 5-5　1980—2018 年深圳市 GDP 三产结构

资料来源：中国统计数据库（CEIC）、中金公司。

深圳产业持续升级，由初期的原料加工，逐步发展成一条完备的电子信息产业链，并不断向自主高端化发展。2020 年战略性新兴产业增加值 10273 亿元，占 GDP 的比重达 37%。深圳规模以上工业企业主营业务收入中，以计算机、通信为主的信息技术产业所占比重达到 61%，成为深圳的支柱产业（见图 5-6）。同时，战略性新兴产业，如新一代信息技术、数字经济、高端装备制造、绿色低碳、海洋经济、新材料、生物医药等①，近年来也得到了长足的发展，2012—2020 年，深圳高新技术制造业增加值占规模以上工业增加值的比重由 52%提高到 66%（见图 5-7）。

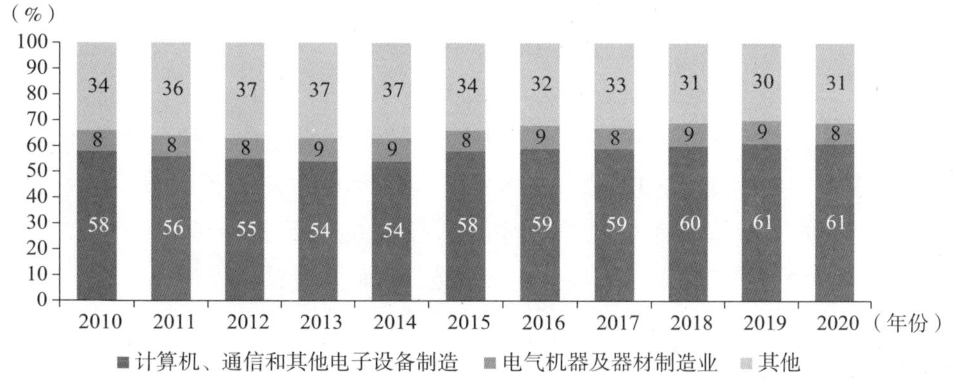

图 5-6　2010—2020 年深圳规模以上工业企业主营业务收入（按行业）分布

资料来源：《深圳统计年鉴》。

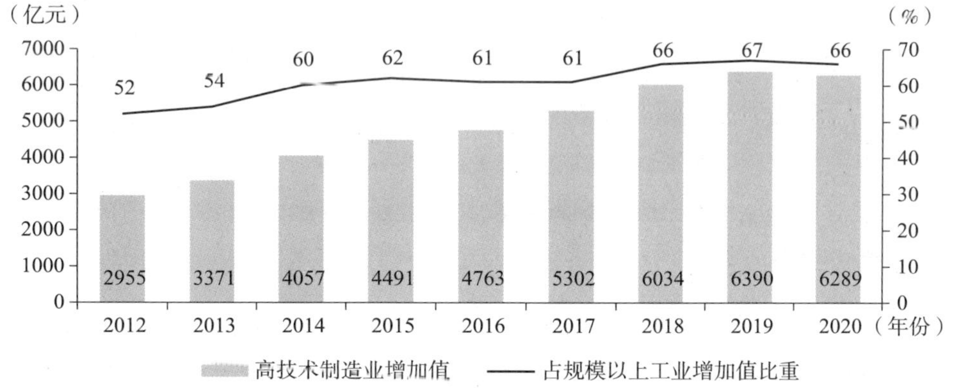

图 5-7　2012—2020 年深圳市高技术制造业增加值及占规模以上工业增加值比重

资料来源：《深圳统计年鉴》（2012—2020）。

① 中共深圳市委．深圳市国民经济和社会发展第十四个五年规划和二〇三五年远景目标的建议［N］．深圳特区报，2020-12-31.

在科创资源方面，不断创新和突破是推动深圳高质量发展的核心动力，自1993年，深圳就把发展高新技术产业作为第一经济增长点。截至2020年，有13所高等院校及科研院，包括深圳大学、南方科技大学、深圳技术大学、香港中文大学（深圳）、深圳北理莫斯科大学、中山大学深圳校区、哈尔滨工业大学（深圳）、天津大学佐治亚理工深圳学院、清华—伯克利深圳学院、清华大学深圳国际研究生院、北京大学深圳研究生院、暨南大学深圳旅游学院、中科大深圳理工学院（在建），在校大学生超过10万人。

科研能力方面，到2020年，深圳全市专利授权量为22.2万件，PCT国际专利申请量为2.0万件，商标注册量为36.3万件，均居全国第一；目前，累计有效发明专利拥有量达到16万件，保持率83.8%，每万人拥有发明专利119.1件，居全国首位；获中国专利金奖5项，占全国的1/8；各类国家、省、市级重点实验室、工程实验室、工程（技术）研究中心和企业技术中心等创新载体2260家，其中国家级118家、省部级605家[①]。设立13家基础研究机构，鹏城实验室、深圳湾实验室、人工智能与数字经济广东省实验室（深圳）等，发展第三代半导体、人工智能、脑科学等前沿领域。

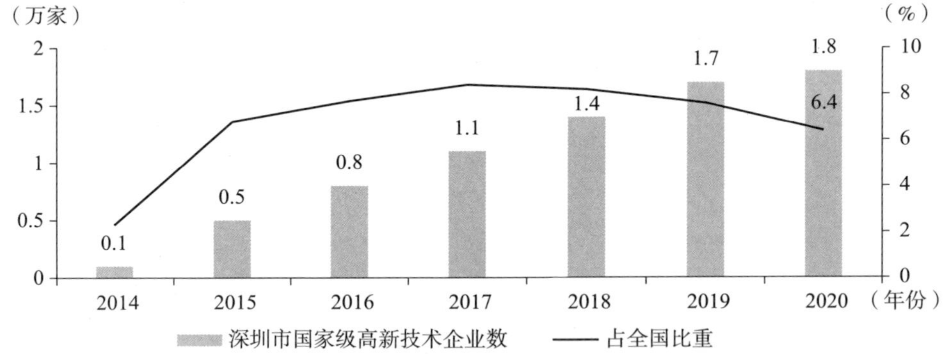

图5-8　2014—2020年深圳市国家级高新技术企业数

资料来源：Wind、中金公司。

科技创新与产业发展融合方面，一大批科技创新企业在深圳诞生，截至2020年初深圳国家级高新技术企业总量超过1.8万家[②]，占全国高新技术企业

① 张克科，李红亮，夏永红．深港协同建设国际科创中心的主要方向［N］．开放导报，2021-06-08.

② 2019年深圳政府工作报告［EB/OL］．http：//www.sz.gov.cn/zfgb/2020/gb1140/content/post_6859311.html.

的6.4%，居全国第2位（见图5-8）。其中8家世界500强企业，包括中国平安保险（集团）股份有限公司、华为投资控股有限公司、深圳正威（集团）有限公司、中国恒大集团、招商银行股份有限公司、腾讯控股有限公司、万科企业股份有限公司、深圳市投资控股有限公司；20多家独角兽企业，包括大疆、柔宇科技、优必选、SheIn、碳云智能、奥比中光、微众银行、雾芯科技、岩心科技、KK集团、联易融、丰巢科技等。

（二）深圳产业发展历程

深圳作为全国乃至世界最成功的经济特区，既得益于政策和自身的区位优势，同时也得益于发展过程中产业不断的转型与升级。通过40年间的多次转型，从工业制造产业链的最底层，走到了高新技术产业的最顶端，每个阶段的积极变革，成就了今日的深圳。

1. 1979—1985年：*初加工时期*

1979年深圳建立经济特区，同期中国香港、中国台湾的企业都面临着土地和劳动力成本的困境，深圳凭借中央对特区的优惠政策，吸引了大批“三来一补”企业来发展工业。外国公司提供设备、原材料、样品，并负责所有产品的外销，国内企业提供土地、厂房、劳动力。深圳企业通过来料加工、来样加工、来件装配等基础加工制造方式，迅速积累了建设资金、技术和管理经验，形成了规模较大、集群发展的代工厂。

1979—1895年，初级加工业和贸易业成为深圳发展的两大支柱产业，第二产业增长速度平均为86.9%。西部地区逐渐形成以制造业为主的蛇口工业区和沙河工业区，东部地区在华强北、上步、皇岗三区形成以电子、轻纺、建材等为主的工业园区。其中，1982年开始建设的上步工业区是中国大陆最早建立的电子产品加工生产基地。

2. 1986—1996年：*科技兴市阶段*

20世纪80年代中后期，深圳GDP增长率开始快速下降，环比增长不到7%，第二、第三产业发展模式单一，开始出现衰退迹象。1986年，深圳发布第一版城市总体规划，在总体规划指导下，深圳主要做了两方面的产业升级转变：第一，主动放弃坐享的红利，出台决议，停止注册新的“三来一补”企业，坚决迁移特区现有的“三来一补”高污染加工企业。第二，前瞻性地提出“科技兴市”战略，把高新技术产业作为深圳经济的第一增长点，并据此制定了一系列科技产业发展战略与规划，对电子信息、新材料、生物工程技术等战略性新兴产业进行有针对性的布局。

借助于深圳的地缘优势和国际产业梯度转移，以电子、计算机为代表的高科技企业及其配套产业集群开始迅速发展。这一阶段，工业生产的方向改变了，主要工业产品开始被微机、电子元件、集成电路、程控交换机等电子信息产品所占据。在以轻工业代工为主的福田中心地区，已经发展成为电子信息产业的聚集区和专业交易市场，华强北被业界称为“中国电子第一街”，至今仍在电子产业中占有一席之地。

3. 1996—2010 年：高新技术发展阶段

1996 年深圳发布《深圳市城市总体规划（1996—2010）》，明确提出以计算机及通信、电子、生物技术等产业为重点，大力发展高新技术产业；积极发展以金融、信息和新兴商业贸易为支柱的现代服务业；加速发展以集装箱、航空、口岸等为主的现代物流业。

在此阶段，高新技术成为深圳产业发展的重点，根据总体规划，政府出台《关于推动科学技术进步的决定》，提出科学规划高新技术产业布局，加快高新技术开发区的建设。1996 年，在南山区整合了深圳科技工业园、中国科技开发院、高新技术工业村，设立高新技术产业园区。1997 年，出台《深圳市高新技术产业园区发展规划》，提出要对现有低档工业进行清理改造，高新区已初步形成严格的功能分区，如研发、工业区、生活配套区等。在通信、计算机、软件、医药、新材料、光机电一体化等多个行业形成了高新区产业集群。

2011 年，高新技术产业园区在占全市不到 0. 6%的土地上，实现工业总产值 3630 亿元，同比增长 20. 2%，占全市工业总产值的 17. 8%；工业增加值 1096 亿元，同比增长 36. 8%，占全市工业增加值的 21. 9%；出口 179 亿美元；实现税收 256 亿元。高新区每平方公里工业总产值 316 亿元、工业增加值 95 亿元。

4. 2011 年至今：自主创新阶段

2010 年，《深圳市城市总体规划（2010—2020）》出台，该规划中对深圳的产业机构进行了再次转型升级，一方面进一步巩固和加强高新技术产业、现代物流产业、金融产业、文化创意产业等四大支柱产业，构建总部经济区、产业集聚基地，形成产业集群优势。另一方面积极推进传统产业升级改造，利用高科技、现代管理理念，改造传统优势产业，培育自主创新的龙头企业。

国家相继出台了信息技术、高端装备制造、绿色低碳、生物医药、数字经济、新材料、海洋经济等七大战略性新兴产业发展规划及配套政策，加快培育未来产业，推动生命健康、机器人、可穿戴设备、智能装备等五大未来产业发展。

未来，深圳将继续坚持创新引领，实施创新驱动发展战略，加快打造具有国际竞争力的万亿级和千亿级产业集群，做大做强具有更多优势领域的相关产业，引领产业升级改造，推动经济社会高质量发展。

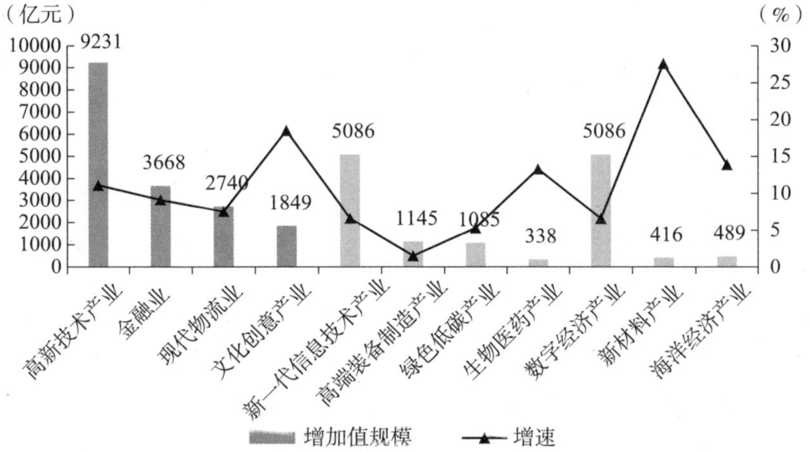

图 5-9　2019 年深圳支柱产业和战略性新兴产业规模及增速

资料来源：深圳市商务局投资手册（2020 版）、鑫创科技产业研究院整理。

表 5-4　深圳支柱产业和战略性新兴产业现状梳理

类别	产业	具体内容
支柱产业	高新技术产业	2019 年，深圳高新技术产业增加值 9230.9 亿元，同比增长 11.3%。形成了以电子信息产业为主导的高新技术产业集群，成为中国高新技术成果产业化的重要基地之一
	金融业	2020 年金融业增加值 4189.6 亿元，同比增长 9.1%；金融总资产、本外币存款余额、贷款余额均居全国第三位，VC/PE 机构 5 万多家，注册资本 3 万多亿元；目前金融业主要集中在福田、罗湖、前海深港现代服务业合作区等
	现代物流业	2020 年，深圳物流业增加值 2766.7 亿元，同比增长 1.3%；全年深圳港集装箱吞吐量 2654.8 万标准箱，位居全球第四。全国 80%以上的供应链管理公司总部聚集在深圳，美国 UPS、德国汉莎、菜鸟等 60 多家知名国际物流企业落户深圳
	文化创意产业	2019 年，深圳文化创意产业增加值 1849.1 亿元，同比增长 18.5%；是全国第一个获得联合国教科文组织颁发的“设计之都”称号的城市；荣获 iF 国际设计奖，在工业设计、平面设计等领域全国领先

续表

类别	产业	具体内容
战略性新兴产业	新一代信息技术	2020 年新一代信息技术产业增加值 4893.5 亿元，同比增长 2.6%，2021 年市新一代信息通信集群入选国家先进制造业集群优胜名单
	高端装备制造	2020 年高端装备制造产业增加值 1380.7 亿元，同比增长 1.8%，2021 年深广高端医疗器械集群入选国家先进制造业集群优胜名单
	绿色低碳产业	2020 年绿色低碳产业增加值 1227 亿元，同比增长 6.2%
	生物医药产业	2020 年生物医药产业增加值 408.3 亿元，同比增长 24.4%，尤其是在医学影像、基因检测两个领域技术优势突出
	数字经济产业	2020 年数字经济产业增加值 1601 亿元，同比微跌 0.2%
	新材料产业	2020 年新材料产业增加值 334.5 亿元，同比微降 0.2%
	海洋经济产业	2020 年海洋经济产业增加值 427.8 亿元，同比增长 2.4%

资料来源：深圳政府官网、鑫创科技产业研究院整理。

二、深圳产业体系及发展策略

（一）深圳产业体系

根据深圳“十四五”规划，深圳将构建高端高质高新的现代产业体系，到 2025 年 GDP 超 4 万亿元，世界 500 强超 10 家，全社会研发投入占 GDP 比重为 5%。重点任务方面，将推进产业基础高级化和产业链现代化；打造战略性高新产业发展高地；做大做强现代服务业；打造全球服务经济中心城市。

以“十四五”规划目标为依据，结合各项政策措施，梳理出“十四五”期间深圳将重点发展的战略性新兴产业，如新一代信息技术、高端装备制造、绿色低碳、生物医药、数字经济、新材料、海洋经济等（见表 5-5）。推行“未来产业引领”计划，前瞻布局量子科技、深海深空、氢燃料电池、增材制造、微纳米材料等前沿技术创新领域，建设未来产业试验区①。加速培育一批产业生态主导型企业，培育一批“专精特新”小巨人企业和“单项冠军”企业，构建完善专业化分工协作、共同发展的中小微企业产业体系。适应科技制造小批量、定制化特征，大力发展都市型智造业。

① 中共深圳市委．深圳市国民经济和社会发展第十四个五年规划和二〇三五年远景目标的建议[N]．深圳特区报，2020-12-31.

表 5-5 深圳“十四五”规划重点聚焦产业梳理

类型	方向	具体内容
新一代信息技术	集成电路	构建协同联动的产业生态系统
	人工智能	利用在硬件制造、大数据、应用模式创新等方面的比较优势，打造全球人工智能产业高地
	5G 移动通信	不断巩固深圳在世界通信产业中的领先地位
	新型显示	推动新型显示产业成为电子信息产业新增长极
	物联网	构建产业链上、下游的联动、协调、可持续发展格局
	智能网联汽车	打造智能网联汽车应用示范区
	柔性电子	打造下一代电子信息制造业制高点
高端装备制造	智能装备	推进新一代信息技术与制造业深度融合，打造智能制造示范区
	增材制造	加快建设 3D 打印制造业创新中心，形成覆盖新材料、产品设计、关键部件生产、产品应用等环节的完整产业链
绿色低碳	节能环保	打造节能环保产业基地和创新中心
	氢燃料电池	完善航天飞机、汽车、军工等领域产业链
生物医药	精准医疗	贯彻“健康中国”战略，构建国际一流精准诊疗平台和临床转化体系，构建生命健康大数据平台，启动“大科学计划”，打造国际领先的精准医疗示范区
数字经济	金融科技	加速建立金融科技研究机构，突破数字货币钱包、智能合约认证、金融大数据智能化分析等关键技术，建设世界一流金融科技中心
	智慧城市	实施“5G+8K+AI+云”新引擎战略，构建数字化政府、智慧城市，推动数字化转型，加速物流业、零售业、金融业等服务业的数字化，打造全球数字深圳影响力
新材料	石墨烯	建设高水平创新平台
	微纳米材料与器件	加大基础研究与应用研究的衔接力度，加快规模产业化进程，带动和支撑信息材料、能源、制造等相关产业的发展
海洋经济	—	以创新为先导，陆海统筹，加快建设具有国际竞争力和影响力的世界海洋中心城市

资料来源：深圳“十四五”规划、鑫创科技产业研究院整理。

（二）深圳产业布局

加快湾区建设，提升深圳核心引擎作用，打造湾区国际综合交通枢纽，在空间规划上实施“东进、西协、南联、北拓、中优”发展战略，推动城市高水平发展。

福田区在宏观层面，推动金融业等支柱产业优化升级，瞄准高端产业和高新技术产业，促进现代金融、科技创新和实体经济的协同发展。产业层面，大力发展人工智能、生命医药、金融科技、微电子等新兴产业以及智能制造、科技创新等产业，抢占新一轮制造业制高点。“十四五”期间，重点推进梅彩片区“深圳智谷”、新一代信息技术产业园、广东省南方量子科技协同创新研究院（省级项目），筹建未来通信高端器件制造创新中心。

南山区在宏观层面，以西丽湖国际科教城为先导，打造湾区的科创中心；以深圳湾 CBD 为抓手，打造湾区的总部经济中心；以高标准规划西丽高铁新城为契机，打造粤港澳大湾区的交通枢纽。产业层面，以企业为主体，以市场为导向，产学研深度融合，大力发展核心芯片、医疗器械、生物医药、人工智能、机器人、微纳米材料与器件、新材料、数字经济、新一代信息技术、通信软件及信息技术服务业等。“十四五”期间，推动国家工业设计研究院等项目落地、引进国际高端现代服务业资源，完成 3～5 个重点产业项目遴选，促成欧加通信、今日头条等企业落地。

坪山区在宏观层面，加快构建支撑东部中心城市加速发展的“四梁八柱”，让“美丽坪山”成为亮丽名片。产业层面，重点发展新能源汽车、新一代信息技术、智能制造、智能网联交通、5G 上下游产业。“十四五”期间，重点推进海普瑞、盛波光电、全药网、鸿合创新等项目建设，完成重大产业项目投资 50 亿元以上；加快比亚迪、村田科技等企业的发展，引进和培育一批百亿级大产业项目和十亿级高质量产业项目。

光明区在宏观层面，将综合性国家科学中心光明科学城打造成湾区国际科创中心的重要载体。产业层面，大力发展高端制造业，“十四五”期间，引进中集低轨、艾维普思等 127 个优质项目。

盐田区在宏观层面，提出建设中国特色社会主义先行示范区尖兵，加快建成宜居宜业宜游的现代化国际创新型滨海城区。产业层面，发展跨境电商、现代航运服务业、人工智能、产业互联网等产业。“十四五”期间，积极引进人工智能、机器人、工业互联网等项目，推动深港人工智能创新中心项目建设落地，加快推进人脸识别、智能安检等项目。

龙华区在宏观层面，加快建设现代化国际化创新型中轴新城。产业层面，围绕人工智能为核心，以电子信息、智能制造、生物医药等领域为重点，形成了石墨烯等一批具有先进性布局的高新技术。“十四五”期间，深入推进智慧龙华，完成 27 个项目建设；布局一批重点基础科研机构，建设一批产学研协同创新平台，攻克一批核心关键技术。

罗湖区在宏观层面，强调要全面构建深港合作新平台，打造深港商贸旅游消费合作重要载体和枢纽城区。产业层面，布局5G、人工智能、生命健康、智慧零售、智能制造等领域。“十四五”期间，争取口岸经济带纳入粤港澳大湾区建设重点项目库；加快红岭创新金融产业带沿线重点项目建设。

宝安区在宏观层面，明确打造粤港澳大湾区的空间之核、枢纽之核、产业之核、创新之核，打造成具有全球影响力的人才集聚高地、创新创业高地、高端制造和智能制造高地。产业层面，发展5G、人工智能、新一代信息技术、高端装备制造、数字经济、生物医药。“十四五”期间，实施“机器换人”“数字车间”“无人工厂”项目；中德（欧）产业科技合作项目10个以上；加快“互联网+”未来科技城、顺丰控股、云洲科技、世纪云芯等项目土地出让。

龙岗区在宏观层面，以深港国际中心、深圳国际博览中心、大运枢纽等“城市坐标”为支点，将大运新城建设成为深圳东部中心区核心区、高层次新“城客厅”。产业层面，以产业集群为导向的专业园区作为试点，发展机器人、集成电路、生命健康、生物等产业体系。到2021年，科技企业孵化器超过30家、创新平台超过200家，科技服务机构超过300家。

大鹏新区宏观层面，深度融入粤港澳大湾区建设，担当好全国生态文明建设试点示范区和全市生态文明体制改革试验区的重任，建设“美丽大鹏”。产业层面，重点发展生物产业、海洋经济、人工智能等产业体系，成立海洋大学和国家深海中心，探索建立海洋开发国际银行。

深汕特别合作区在宏观层面，提出到2021年建设成为粤港澳大湾区东部门户、粤东沿海经济带新中心、深圳自主创新拓展区、现代化国际性滨海智慧新城。产业层面，规划“一中心、四组团”，涵盖“总部+基地”“研发+生产”等模式。其中，中心组团打造高端商务和政务区，重点发展商务金融、公共文化和科技孵化器服务业等；东部组团打造科技研发区和未来产业区，重点发展高教科研、教育服务、机器人、海洋科技产业等；南部组团打造新兴海港商贸区和滨海生态旅游区，重点发展临港产业、海洋装备制造、邮轮游艇、滨海旅游、文化创业等；西部组团打造先进制造集聚区，重点发展新能源、新材料、新一代信息技术、人工智能、智能装备制造等；北部组团打造康养度假区，重点发展康养度假、医疗保健、生物医疗、生态休闲等①。

（三）深圳产业发展策略

1. 政策机制层面，顶层设计谋篇布局

国家层面提出深圳要发挥作为经济特区、全国性经济中心城市和国家创新型城市的引领作用，加强科技创新能力，建设中国特色社会主义先行示范区，努力成为具有世界影响力的创新创意之都。地区层面，大力支持“双区”建设，配置全球高端科创资源，打造湾区综合性国家科学中心（见表 5-6）。

表 5-6　深圳产业发展规划

类型	时间	政策	定位
国家层面	2019 年 2 月	国务院发布《粤港澳大湾区发展规划纲要》	深圳要发挥作为经济特区、全国性经济中心城市和国家创新型城市的引领作用，加快建成现代化国际化城市，努力成为具有世界影响力的创新创意之都②
	2021 年 3 月	《中华人民共和国国民经济和社会发展第十四个五年规划和 2035 年远景目标纲要》	支持深圳建设中国特色社会主义先行示范区
地区层面	2020 年 5 月	深圳发布《关于大力支持社会力量参与粤港澳大湾区和中国特色社会主义先行示范区建设的意见》	深圳坚持以先行示范、市场主导、国际一流、共建共享为原则导向，在深化改革扩大开放、参与基础设施互联互通建设、发展战略性新兴产业、深化与国际及港澳专业服务合作等九大领域，大力支持“双区”建设③
	2021 年 2 月	深圳市推进中国特色社会主义先行示范区建设领导小组会议	推进一批重大科技基础设施纳入国家专项规划，建立前沿交叉研究平台，提升全球高端创新资源配置能力，建设湾区综合国家科学中心

资料来源：鑫创科技产业研究院整理。

金融支持力度大。深圳积极探索建立产业化中试基金，加大对重点领域中试环节的精准支持力度；加强与股权投资机构的合作，对企业实施的产业化项目给予股权资金支持；引导银行、担保机构和融资租赁机构为中小企业提供产业化信贷支持、担保贷款支持和设备融资租赁支持；对产学研合作和

---

① 深汕新高速”线路位置浮出水面，深汕铁路预可研启动［EB/OL］. http：//news. southcn. com/gd/content/2018-09/10/content_ 183248902. htm.

② 粤港澳大湾区发展规划纲要［EB/OL］. http：//www. shunde. gov. cn/data/2019/05/23/1558575813. pdf.

③ 粤港澳大湾区建设深圳指引［EB/OL］. http：//house. cnjiwang. com/kx/202006/3158814. html.

战略性新兴产业高端论坛等活动给予资金支持；对国家重点实验室、国家工程研究中心等国家级创新载体建设给予最高 3000 万元资助；支持深港澳联合开发建设基金、鼓励境内外金融机构参与深港澳三地金融市场的互联互通，支持深圳国有企业广泛参与国际合作。

2. 开放协同、双向发力

深圳通过对内深化改革，建立以市场为手段的资源配置方式，创新资本市场、土地制度、投资方式等，形成一整套行之有效的经济发展模式，发挥产业带动作用，优化产业结构，做好产业转移，促进深莞惠和粤港澳大湾区城市的产业链升级，进一步形成新的产业分工和产业链全面融合机制。开放创新，通过对海外（包括港澳）高端人才和紧缺人才的个人所得税税收优惠，开放“深港通注册易”，建立跨境资金结算机制，支持港澳高校和科研机构参与广东省科技计划，促进人才、金融、生产要素等在湾区更加自由流动，更好地服务于区域产业协同发展。

3. 升级基础设施，搭建赋能平台

一方面，深圳努力建设能够提供数字转型、智能升级、融合创新等服务的基础设施体系，2020 年首批新基建项目总计 95 个，总投资 4119 亿元，其中 5G 网络、卫星通信、算力设施等信息基础设施 28 个；集成电路、生物医药等创新基础设施 42 个；智能制造、智慧能源、智能交通等融合基础设施 25 个。截至 2020 年 8 月，深圳成为全球首个 5G 独立组网全覆盖的城市。另一方面，深圳建设前海深港现代服务业合作区、深港科技创新合作区、光明科学城、深港口岸经济带、西丽湖国际科教城、沙头角深港国际消费合作区、粤港澳大湾区深圳生物医药产业创新合作区等 7 个重点平台①，促进战略性新兴产业发展。

4. 人文环境优越，低碳环保

2020 年深圳万元 GDP 能耗在我国内地城市最低，空气质量在全国 168 个重点城市中排名第九；城市森林覆盖率 40. 7%，绿化覆盖率 45. 1%。医疗资源配置完善，以“区域医疗中心+基层医疗机构”为主体，构建一体化、优质、高效的医疗服务体系，到 2019 年底，全市三级甲等医院总数达到 18 家，全市医院床位总数达到 51318 张，累计引进高层次医疗队伍 245 人。高等教

① 《粤港澳大湾区建设深圳指引》发布“10+1”区最新定位出炉［EB/OL］. http：//news. timedg. com/2020-06/17/21130911. shtml）.

育资源丰富，高起点、高标准建设一批高校，创新合作办学模式，促进产教融合，大力提升科研人员和科研力量，近 5 年来共开展合作办学、共建实验室、科研合作、联合培养、学生交换等各类国际交流合作项目 325 项。

三、深圳电子信息产业发展分析

2018 年深圳 IT 产业产值的比重接近全球 10%，IC 设计行业产值超过 100 亿美元，是国内唯一的销售额超过 100 亿美元的城市；到 2020 年第三季度，深圳 IT 产业产值达到 3400 亿元左右，占全国 IT 产业总产值的近 1/7；2021 年深圳市新一代信息通信集群入选先进制造业集群优胜者名单。

（一）战略规划

2020 年深圳发布《中共深圳市委关于制定深圳市国民经济和社会发展第十四个五年规划和二〇三五年远景目标的建议》，提出与东莞、惠州共同打造具有全球竞争力的电子信息、人工智能等世界级先进制造业产业集群。《广东省发展新一代电子信息战略性支柱产业集群行动计划（2021—2025 年）》提出到 2025 年，新一代电子信息产业营业收入 6.6 万亿元，建设 2 个国家级制造业创新中心，建成新一代信息通信（5G）园区 5 个、智能终端产业基地 5 个、半导体元器件及智能传感器产业基地 5 个，打造全球领先的电子信息产业基地。

（二）产业链完善

深圳电子信息技术创新能力强且产业链完善，连续 17 年 PCT 国际专利申请量居全国城市首位，2020 年深圳 PCT 国际专利申请量达 20209 件（见图 5-10），有效发明专利五年以上维持率达 83.8%，其中华为公司提交的 PCT 专利申请量 5464 件，居全球企业第一。

深圳 IT 产业结构呈现多元化的发展，在电子信息设计与制造、基础通信、软件和信息技术服务、互联网以及产业态势数字化等各个行业领域，都诞生了龙头企业。深圳信息技术产业链见图 5-11。

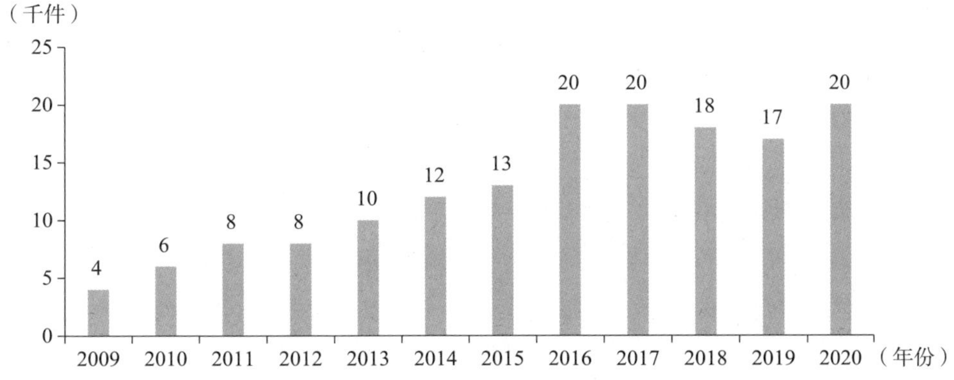

图 5-10 2009—2020 年深圳 PCT 国际专利申请量

资料来源：2009—2019 年深圳市知识产权发展状况白皮书、鑫创科技产业研究院整理。

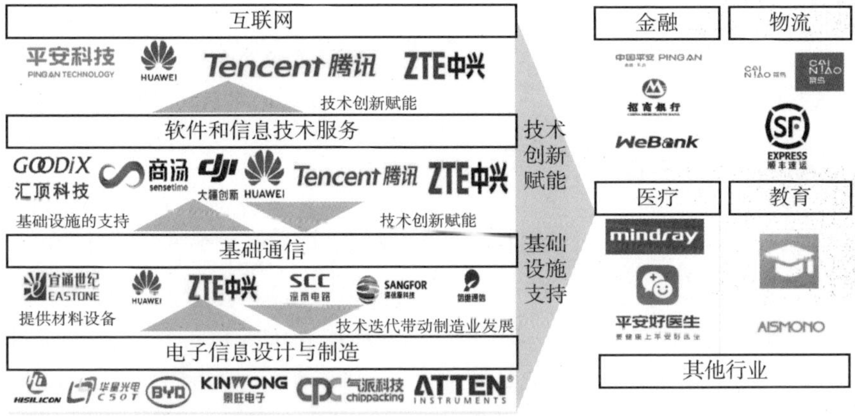

图 5-11 深圳信息技术产业链

资料来源：鑫创科技产业研究院整理。

（三）空间布局

深圳电子信息重点布局在坪山区和龙岗区，同时优化升级华为科技城新一代通信产业基地、深圳软件产业基地、光明新型平板显示产业基地、福田国际电子商务产业园、罗湖莲塘互联网产业集聚区等产业基地和集聚区（见表 5-7）。

表 5-7　深圳电子信息产业空间布局

区位	产业载体	介绍
坪山区	国家新型工业化产业示范基地 坪山新一代信息技术孵化器	围绕集成电路、第三代半导体等重点领域，聚力推进新一代信息技术产业的技术创新、产业开发和融合应用，拥有 1 个国家级技术中心（昂纳信息技术中心），7 个省级技术中心，12 个市级技术中心或工程实验室，集聚了中芯国际、昂纳、鸿合科技、共进电子、麦捷微电子、比亚迪 IGBT 项目、金泰克、青铜剑、基本半导体等 90 余家电子信息产业链的相关优质企业
龙岗区	华为科技城龙岗双环新一代信息技术产业园	专注于新一代信息产业，如云计算、高端软件、智能终端。高科技企业，如科陆电子、创维、意法半导体等，已进驻龙岗区，为龙岗区新一代信息产业的发展奠定了良好的基础
南山区	—	积极推进信息传输、软件与信息技术服务深度融合，大力推进以企业为主体、市场为导向、产学研相结合的技术创新，努力在核心芯片、器件等领域取得重大突破。依托 ARM 中国公司加快建设粤港澳大湾区集成电路公共创新设计平台，形成集成电路产业生态链
龙华区	—	重点支持 5G 移动通信+8K 超高清视频领域的核心技术及部件、终端设备、产业化应用，集成电路设计

资料来源：鑫创科技产业研究院整理。

（四）产业发展优势

以政策为导向，2018 年深圳出台《深圳市关于加大营商环境改革力度的若干措施》，从贸易投资环境、产业发展环境、人才发展环境、政务环境等 6 方面，提出了 20 项改革措施；2020 年《深圳建设中国特色社会主义先行示范区综合改革试点实施方案（2020—2025 年）》，进一步放宽前沿技术领域的外商投资准入限制，促进了新一代信息技术的发展；组织实施 2021 年新一代信息技术产业扶持计划，在 5G、超高清视频、新型显示、虚拟现实和增强现实等关键环节提供资金支持。

深圳以创新驱动促进经济发展，现已形成了以企业为主体、市场导向、产学研相结合的自主创新模式，有效地避免了科技与经济脱节。在华为、腾讯、华大基因等科技创新企业的带动下，成立 45 家产学研联盟，建立 38 家国家级、省部级重点实验室，为企业创新发展奠定了良好基础（见图 5-12）。

深圳是全国 IT 人才流入最多的城市，互联网人才流入率为 6.1%，位居全国第一，是第二名武汉（3.8%）的 1.6 倍（见图 5-13）。改革开放 40 年来深圳常住人口由 31.4 万人增至 1756 万人，增长 56 倍。同期，北京、上海、广州的人口增长均在 1~2 倍。同时深圳作为全国“最年轻”“最拼”的城市，

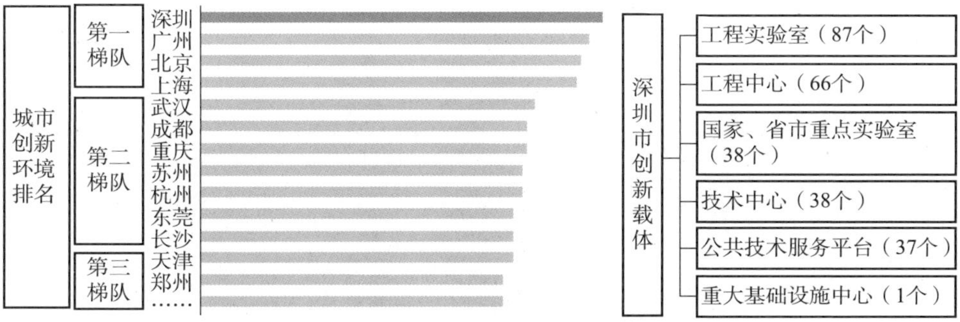

图 5-12　城市创新环境排名及深圳创新载体

资料来源：德勤咨询．中国创新崛起——中国创新生态发展报告 2019 [R]. 2019-09.

常住人口平均年龄只有 33 岁。

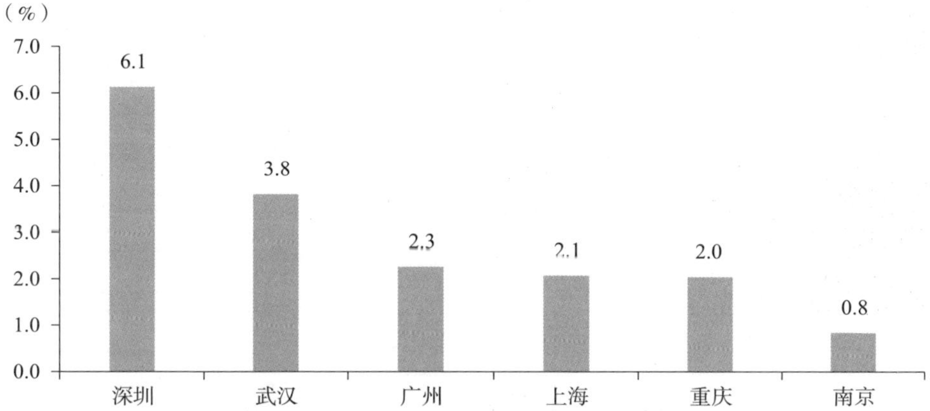

图 5-13　2019 年全国重点城市互联网人才流入率

资料来源：2019 中国互联网行业中高端人才报告。

深圳前海股权交易中心作为深圳市区域性股权市场的唯一合法运营机构，为广东省中小微企业证券的非公开发行、转让及相关活动提供了便利和服务，成为当地政府支持中小企业发展的综合性政策措施平台。

深圳资本市场活跃，科技企业可以顺利联结资金链。作为国内最活跃、风险投资机构最多、管理本土风险投资资金最多的地区之一，深圳是国内最活跃的风险投资中心之一。截至 2020 年初，深圳证券交易所注册的上市公司共有 2205 家，总市值为 23.7 万亿元；挂牌的债券（包括资产支持证券）有 5998 家，托管面额为 2.08 万亿元；挂牌的基金有 530 只，资产净值为 1933 亿元，拥有超过 5 万家 VC/PE 机构，注册资本超过 3 万亿元，占全国的 1/3①。与此同时，政府设立创业创新引导基金，引导更多民间资本流入创新领域（见表 5-8）。

表 5-8　深圳政府引导基金

基金名称	注册资本	管理规模	对外投资	投资标的
深圳市引导基金	200 亿元	1000 亿元	92 项	深圳市财政委员会完全控制，控制市天使引导基金和鲲鹏资本
深圳市天使引导基金	50 亿元	100 亿元	10 项	专注天使投资，助力深圳战略性新兴产业和未来产业投资
鲲鹏资本	240 亿元	1100 亿元	17 项	以并购基金为主，促进国有企业资本化
深投控基金	253 亿元	600 亿元	111 项	从事房地产开发，为创投企业提供载体
深圳高新投基金	88.5 亿元	300 亿元	91 项	为中小企业保证担保、融资担保、创业投资
深创投基金	54.2 亿元	3292 亿元	939 项	专注信息科技、光机电、互联网等行业投资

资料来源：德勤、鑫创科技产业研究院整理。

深圳产业融合发展，以生物医药、生物服务、生物制造、医学工程为代表的生物医药（BT）产业在技术上对电子信息产业嫁接需求最为突出，随着“IT+BT”新业态的发展，丰富了应用场景，从需求端推动电子信息技术发展（见图 5-14）。

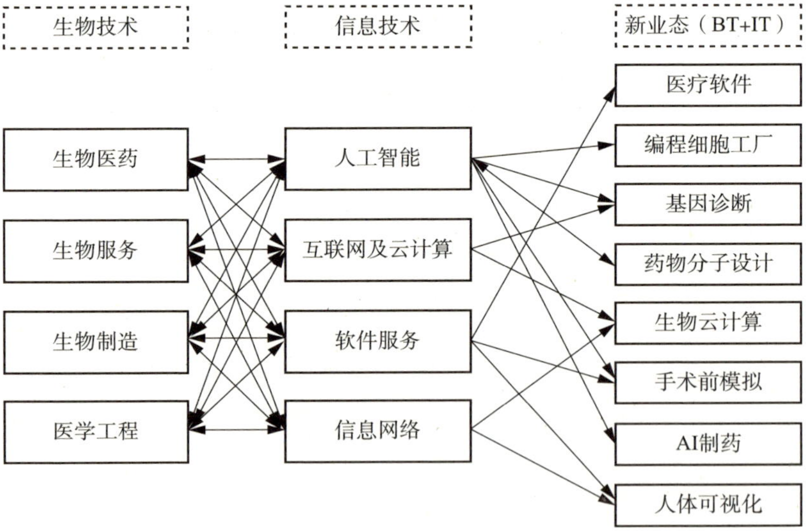

图 5-14　深圳“BT+IT”业态

资料来源：鑫创科技产业研究院整理。

① 辜胜阻，杨嵋，庄芹芹．创新驱动发展战略中建设创新型城市的战略思考——基于深圳创新发展模式的经验启示［J］．中国科技论坛，2020-03-15.

国际合作驱动，深圳 IT 行业外向型强，具有较强的外资吸引力，外商投资额不断增长，近十年深圳 IT 产业外商投资总额整体复合增长率达 10.6%①，同时深圳积极参与国际合作，促进国际化行业标准形成。

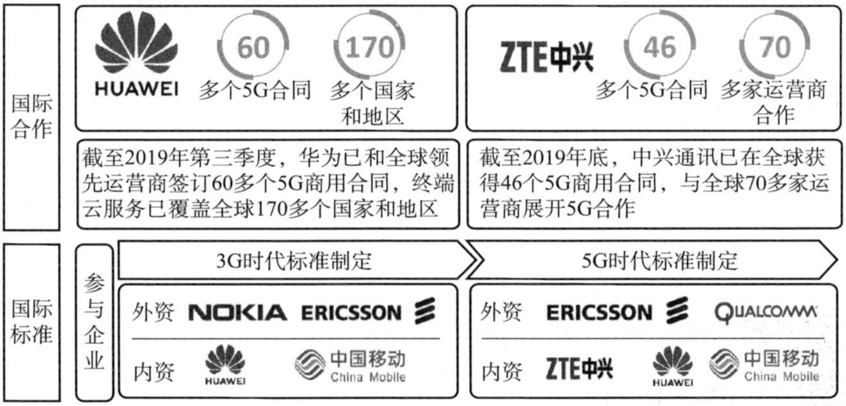

图 5-15　深圳国际合作成就以及国际标准建设

资料来源：德勤中国。

第三节　上海产业发展分析

上海作为全国的经济和金融中心，2020 年已基本建成国际经济、金融、贸易、航运中心，落户了一批国家重大科技基础设施和 15 个研发转化平台，形成了具有全球影响力的科技创新中心基本框架。

根据《上海市国民经济和社会发展第十四个五年规划和二〇三五年远景目标纲要》的要求，上海将聚焦集成电路、生物医药、人工智能等关键领域，着力打造具有国际竞争力的三大产业创新发展高地，逐步建成综合经济实力雄厚、产业能级高、集聚辐射能力强的国际经济中心。与此同时，上海发挥龙头带动效应，促进上海品牌和经营管理模式的全面输出，服务长三角地区优质发展。

① 深圳统计年鉴（2020）[EB/OL]. http://www.sz.gov.cn/attachment/0/736/736628/8386385.pdf.

一、上海产业发展概况

（一）上海产业发展现状

总量方面，上海经济规模在全国处于领先地位，其地区生产总值在2020年达到3.87万亿元，在中国城市中排名第一，在亚洲城市中排名第二，在全球城市中排名第六，对世界经济发展的综合影响力显著扩大（见图5-16）。

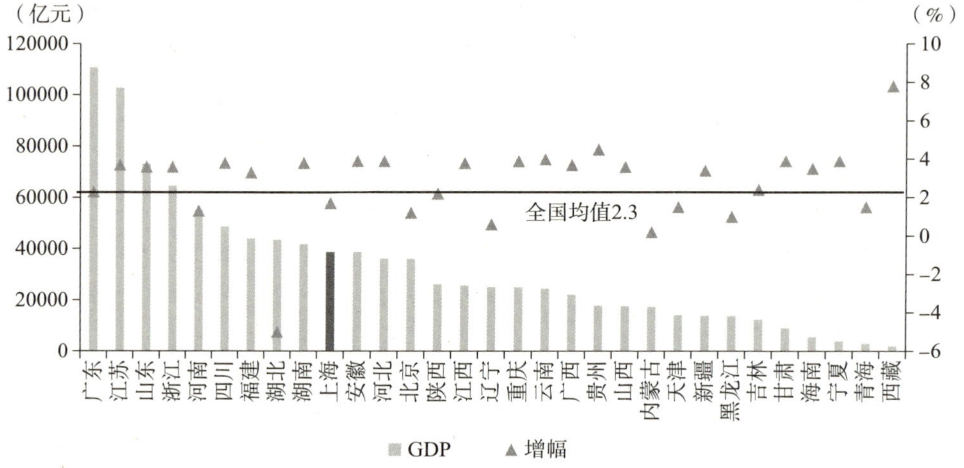

图5-16 2020年各省份GDP及增幅

资料来源：各地区统计局。

增速方面，上海着力提升城市能级和核心竞争力，继续推进经济高质量发展，2020年国内生产总值同比增长1.7%，略低于全国平均水平2.3%。

人均数据方面，2020年上海人均GDP突破15.9万元（24661美元），位居全国第九，按世界银行标准，上海已达到高收入国家和地区入门标准（见表5-9）。

表5-9 2020年全国GDP和人均GDP前10强城市

排名	GDP前10强城市		人均GDP前10强城市	
	城市	GDP（十亿元）	城市	人均GDP（万元）
1	上海	3870	深圳	20.5
2	北京	3610	无锡	19.1
3	深圳	2767	苏州	18.7

续表

排名	GDP 前 10 强城市		人均 GDP 前 10 强城市	
	城市	GDP（十亿元）	城市	人均 GDP（万元）
4	广州	2501	南京	17.4
5	重庆	2500	珠海	17.2
6	苏州	2017	北京	16.7
7	成都	1771	常州	16.4
8	杭州	1611	广州	16.3
9	武汉	1562	上海	15.9
10	南京	1482	杭州	15.5

资料来源：中国统计数据库（CEIC）。

金融业和信息服务业领先增长，2020 年全市第三产业增加值 28307.5 亿元，增长 1.8%。占全市生产总值的比重为 73.1%，比上年提高 0.2 个百分点（见图 5-17）。其中金融业与信息传输、软件和信息技术服务业是支撑服务业增长的主要力量。金融业增加值 7166.3 亿元，增长 8.4%；信息传输、软件和信息技术服务业增加值 2760.6 亿元，增长 15.2%。

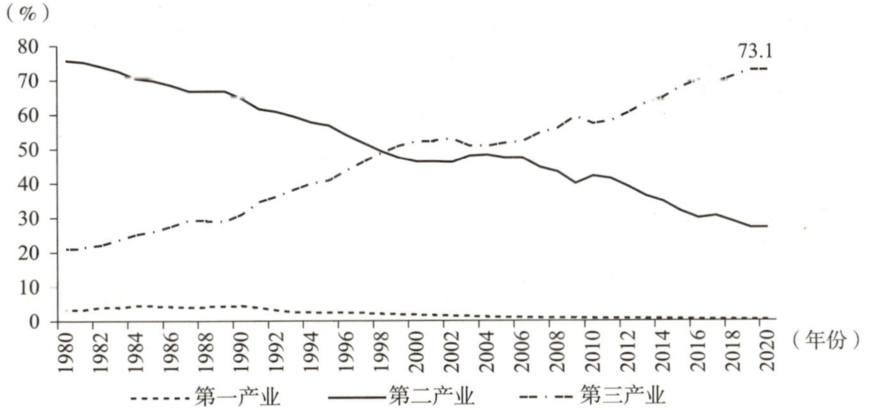

图 5-17　1980—2020 年上海市 GDP 三产结构

资料来源：鑫创科技产业研究院整理。

产业方面，上海产业加速升级，2020 年上海六大重点产业共完成工业总产值 23784.2 亿元，同比增长 4.1%，占全市规模以上工业总产值的比重达 68.3%；战略性新兴产业完成工业总产值 13930.7 亿元，比上年增长 8.9%，占规模以上工业总产值的 39.9%（见图 5-18）。以新能源、新材料、新能源汽车为代表的战略性新兴产业增速明显高于以电子信息产品制造业、生物医药制造业、汽车制造业为代表的重点产业（见图 5-19）。

图 5-18　2015—2020 年上海战略性新兴产业和支柱产业工业总产值

资料来源：鑫创科技产业研究院整理。

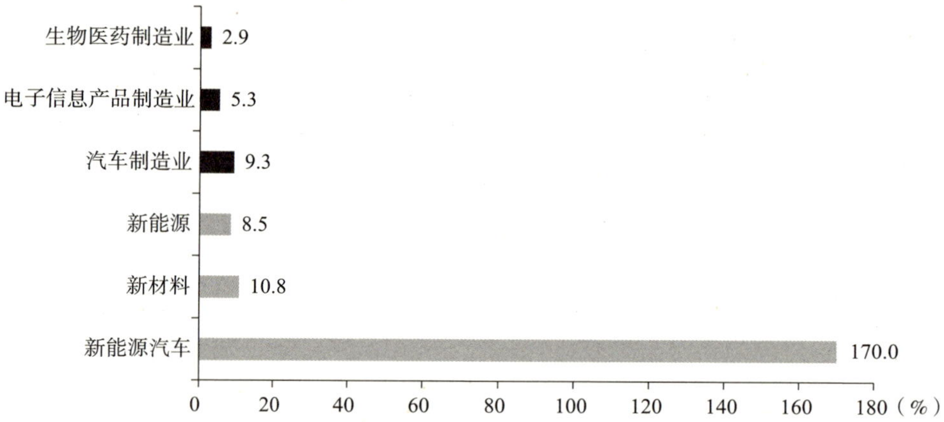

图 5-19　2020 年上海部分细分产业增速

注：灰色表示战略性新兴产业、红色表示重点产业。

资料来源：鑫创科技产业研究院整理。

科创资源方面，上海全面推进科创中心建设，强化顶层设计和制度供给，形成集成电路、人工智能、生物医药“上海方案”。截至 2020 年，上海有 64 所高等院校及科研院所，包括复旦大学、上海交通大学、同济大学等知名高校，在校大学生超过 40 万人；科研平台建设方面，截至 2020 年，上海众创空间总数超 500 余家，其中 49 家通过国家级科技企业孵化器认定。国家级大学科技园 13 家，约占全国总量的 11%，并落位一批国家重大科技基础设施和 15 个研发与转化功能型平台。

科研能力方面，2020 年，上海市专利申请量 21.5 万件，同比增长 23.6%；专利授权量 14 万件，增长了 39%，其中发明专利授权量为 2.42 万件，增长了 6.5%。至 2020 年初，有效发明专利五年以上维持率为 80.9%；每万人口发明专利拥有量达到 53.5 件，比上年增长 12.8%，位居全国第二。根据 WIPO2019 年发布的报告，上海已经跻身全球创新热点十大城市之列。2020 年全市研发经费支出（R&D）达到 1600 亿元左右，全年认定高新技术成果转化项目 845 个，达到历史最高水平。其中，电子信息、生物医药、新材料等占到了 83.6%。

科技创新与产业发展的融合方面，上海创新主体高度集聚。截至 2020 年底，上海有 461 个外资研发中心，科技小巨人企业和培育企业 2300 家，技术先进型服务企业 235 家，在有效期内高新技术企业的总数 17012 家。外资企业包括英特尔、IBM、三星、埃克森美孚、英华达、松下、台积电、东芝等世界知名企业。

（二）上海产业发展历程

改革开放以来，上海产业结构不断优化和调整。当前，上海正面临经济增长进入新常态、国际环境复杂多变等诸多挑战，产业结构优化调整正处在新的发展阶段，新的产业升级、全球化的城市建设和全球产业链的重构，将进一步提高其在全球价值链中的地位。

1. 1981—1990 年：*以提升经济效益为中心*

改革开放初期，上海经过调整，恢复了正常的运行，进入了发展的轨道。1983 年，上海市发布了《上海市国民经济和社会发展第六个五年计划纲要》，指出要把经济工作全面引向提高经济效益的轨道。将消费产品的生产摆在突出的位置，加强机械、电子、冶金、石化和建筑材料五大基础工业，加快建设运输、邮电等基础设施，建设铁路新客站、邮电大楼、越江隧道等重要项目①。

2. 1991—2000 年：*以服务经济为主的产业结构初步形成*

以增强企业活力为核心，上海开展了计划、财政、税收、金融、外贸、

① 严杉初．改革开放以来上海发展主线回顾与思考［J］．上海党史与党建，2013（3）．

劳动工资等方面的体制改革，建设闵行、虹桥、漕河泾三个经济开发区，培养一批与国际企业合作的技术型公司。产业结构从适应性向战略性转变，实施“三、二、一”产业发展战略，第三产业增加值增长速度明显高于第一、第二产业，并持续高于GDP增长速度，以金融、商贸、通信为主导的第三产业比重，于1999年首次超过第二产业，成为上海经济增长的重要动力。我国第二产业的发展从过去以传统工业为主转向以汽车、通信等高技术产业为主，2000年上海六大支柱产业产值占工业总产值的比重超过50%，高新技术产业产值占工业总产值的比重超过20%。

3. 2001—2015年：现代服务业和新兴产业迅速崛起

2001年《上海市国民经济和社会发展第十个五年计划纲要》确定提出增强城市综合竞争力。加速上海产业结构调整和升级，重点抓“新和增”，对接国家“互联网+”行动计划和“中国制造2025”战略，围绕大飞机、高端装备、高端医疗器械等重点领域，开展国家集成电路产业集聚区、北斗卫星导航产业重大应用和物联网重大应用示范工程①。到2015年，战略性新兴产业增加值占全市经济的比重达到15%；金融、信息等现代服务业发展迅速，金融业实现增加值4052.2亿元，比上年增长22.9%；信息传输、软件和信息技术服务业实现增加值1374.5亿元，增长12%。

4. 2016年至今：自主创新阶段

“十三五”期间，上海推进以现代服务业为主、战略性新兴产业引领、先进制造业支撑的新型产业体系建设。大力培育新技术、新业态、新模式、新产业经济。布局互联网经济、健康经济、绿色经济、智能制造，聚焦发展新一代信息技术、生物医药、高端装备、新能源等领域，大力培育战略性新兴产业，推进信息化与工业化深度融合。目前上海市集成电路集群以及上海张江生物医药集群已经入选国家战略性新兴产业集群、先进制造业集群优胜者名单。

“十四五”期间，聚焦创新型经济、服务型经济、总部型经济、开放型经济、流量型经济，强化“高端、数字、融合、集群、品牌”的产业发展方针。我们将以知识密集型服务业为重点，加快发展优势服务业，如高技术服务业、信息服务业、科技服务业、文化创意服务业等，推进集成电路、生物医药、人工智能三大先导产业的规模发展，加快发展电子信息、汽车、高端装备、先进材料、生命健康、时尚消费品六大重点产业。积极发展数字经济、数字

① 王轩．打好结构调整攻坚战创新转型拉长上海经济“短板”[J]．沪港经济，2015（9）．

社会和数字政府建设，力争形成具有国际竞争力的数字产业集群。充分落实智能制造行动计划，聚焦智能工厂、工业互联网、特色电商、网络视听等重点领域，培育一批地方龙头企业①。

二、上海产业体系及发展策略

（一）上海产业体系

《上海市国民经济和社会发展第十四个五年规划和二〇三五年远景目标纲要》明确提出，进一步优化产业结构、增长动力结构、市场主体结构和新业态结构。深入推进以现代服务业为主体、战略性新兴产业为引领、先进制造业为支撑的现代产业体系建设。到 2025 年，城市数字化转型取得重大进展，国际经济、金融、贸易、航运、科技创新中心核心功能迈上新台阶，2035 年上海基本建成令人向往的创新之城、人文之城、生态之城，基本建成具有世界影响力的社会主义现代化国际大都市，成为具有全球影响力的长三角世界级城市群的核心引领城市。②

以“十四五”规划目标和各项政策为依据，梳理上海“十四五”期间“3+6”产业布局，推动集成电路、生物医药、人工智能等三大主导产业的发展，加快发展电子信息、汽车、高端装备、新材料、生命健康、时尚消费品等六大支柱产业。着力打造一批代表未来发展方向的新兴产业，形成具有国际竞争力的高端产业集群（见表 5-10）。

表 5-10 上海战略性新兴产业梳理

融合性数字产业	战略性新兴产业	
人工智能	集成电路	机器人
大数据	卫星导航与位置服务	新能源智能汽车
工业互联网	生物医药	航空
—	新材料	节能环保
—	高端装备制造	船舶与海洋工程装备

资料来源：鑫创科技产业研究院整理。

①② 中共上海市委关于制定上海市国民经济和社会发展第十四个五年规划和二〇三五年远景目标的建议［N］. 解放日报，2020-12-10.

（二）上海产业布局

上海以“一心一环两带多区”进行产业布局。核心区重点发展高端服务业；中外环地区重点发展以人工智能、大数据为代表的融合型数字产业；沿江临海、嘉青松闵高端产业集群发展带，重点打造以战略性新兴产业、先进制造业为代表的高端产业集群①。

中心城区重点发展高端服务业以及融合型数字产业，郊区重点发展高端产业集群。浦东新区重点布局金融服务、生命健康、汽车、航空及高端装备等 7 个产业。其中，融合型数字产业园区主要布局在徐汇滨江、市北高新等地区，重点发展人工智能、大数据等业态混合型产业；战略性新兴产业园区主要布局在张江、祝桥等地区，重点发展集成电路、航空等战略性国家重大科技项目；现代服务业园区主要布局北外滩、国际旅游度假区，重点发展金融、航运、旅游等高端服务业；现代农业园区主要布局金山廊下、崇明现代农业园，重点发展现代绿色农业。

（三）上海产业发展策略

1. 政策机制层面，顶层设计谋篇布局

国家层面，2019 年 12 月国务院发布《长江三角洲区域一体化发展规划纲要》，明确提出，将上海定位为超大城市，要发挥上海龙头带动的核心作用和区域中心城市的辐射带动作用。2021 年 3 月，十三届全国人大四次会议通过《中华人民共和国国民经济和社会发展第十四个五年规划和 2035 年远景目标纲要》，明确提出，支持上海形成国际科技创新中心。地区层面，上海市“十四五”规划纲要提出，加快先进制造业与现代服务业融合发展，强化“高端、数字、融合、集群、品牌”的产业发展方针，打造具有国际竞争力的高端产业集群。

2. 开放式协作，双向发力

通过“G60 科创走廊”和跨市重大项目共商共建机制，加快长三角一体化发展，推动科技创新和产业发展深度融合，促进人才流动和科研资源共享，构建区域创新共同体，共同完善技术创新链，形成区域协同、分工、协作的技术创新体系。要扩大改革创新的叠加效应，培育国际合作和竞争的新优势，

① 上海市产业地图［EB/OL］. http：//city. eastday. com/gk/20181114/u1ai11987342. html.

为实现市场统一开放、规则标准互认、要素自由流动营造良好的发展环境。促进上海整体品牌输出和经营管理模式，为长三角地区高质量发展服务。

3. 更新基础设施，搭建赋能平台

一是上海以科技创新为动力，以信息网络为基础，构建提供数字化转型、智能化升级、融合创新服务的基础设施体系；高水平建设5G和固网“双千兆”宽带网络，构建工业互联网全网赋能集群，推进互联网应用IPv6升级，推进卫星互联网基础设施建设，构建全球数据中心平台，扩容中国电信亚太互联网交换中心。到2021年，实现市级100G、区级40~100G带宽能力，支持IPv4和IPv6双栈技术，到2022年，互联网国际出口带宽达到7T。二是围绕科技和产业前沿布局，建设上海交通大学张江科技园区、临港人工智能计算中心、长三角人工智能产业基地和计算中心，建设国内第一个医疗大数据训练基地，探索建设临港新片区“国际数据港”的互联互通设施，探索建设长三角生态绿色一体化示范区智慧应用项目。通过建立产业投资、创业投资、股权投资、科技创新、科技成果转化引导基金，在上海证券交易所建立科创板和试点注册制，运用金融手段促进产业发展。

4. 人文环境优越

2020年全市森林覆盖率达到18%，人均公园绿地面积达到8.5平方米，湿地保有量46.5万公顷；医疗配置完善，截至2020年，全市拥有医疗卫生机构5610所，其中医院387所，包括复旦大学上海医学院、上海交通大学医学院、华山医院等顶级医院。全市有卫生技术人员21.3万人，其中执业（助理）医师7.8万人；高等教育资源丰富，上海在国内高校聚集地中排名第二位，拥有14所985/211工程大学以及100多所科研机构①。

三、上海人工智能产业发展分析

上海作为中国重要的节点城市、长三角区域的枢纽和中国对外开放的窗口，在当今复杂的国际环境中，AI作为引领未来经济社会变革的重要技术，对其显得尤为重要。长期以来，上海高度重视发展人工智能产业，初步形成了人工智能产业生态圈，截至2020年初，其拥有的人工智能企业数量已经达

---

① 上海高等教育布局结构与发展规划（2015—2030年）［EB/OL］. http：//gjs.jlau.edu.cn/_ _local/F/B9/64/2B5D53A73266D93AF7D16CEF341_ 69C6DB37_ 6947B.pdf? e=.pdf.

到全国第二，占全国人工智能企业总数的 20.3%，位居世界第四。行业内重点企业有 1116 家，其中规模以上企业 183 家，工业总产值 1339.8 亿元。超过 1/3 的 AI 人才集中在上海，名列全国第一。

（一）战略规划

2019 年上海市印发《关于建设人工智能上海高地构建一流创新生态的行动方案（2019—2021 年）》，提出加快建设上海“创新策源、应用示范、制度供给、人才积聚”人工智能高地。到 2021 年，布局建设 4+X 融合创新载体，落地十大全球领先的创新应用场景，推进开放五大枢纽创新平台，打造 10 家创新龙头企业和 100 家创新标杆企业，形成千亿元产值规模的重点产业①。

（二）上海人工智能生态圈发展均衡

人工智能生态圈主要包括基础核心圈、技术开发圈、场景应用圈三个圈层。不同于北京、杭州、深圳等城市，上海人工智能生态圈分布比较均衡，在三个圈层均有一定布局，均出现一批代表性龙头企业（见表 5-11）。

表 5-11　上海人工智能生态圈

	领域	代表企业
基础核心圈	计算硬件（AI 芯片和传感器）	西井科技、澜起科技、富瀚、熠知、复旦微电子、新微、安路、晶晨半导体、矽典微电子、肇观、深迪、酷芯等
	计算系统技术	Ucloud、七牛云、科大智能、凌脉网络等
	数据	冰鉴科技、星环科技、评驾科技、驻云科技、上海大数据中心、上海数据交易中心等
技术开发圈	计算机视觉	依图科技、阅面科技、亮风台、小蚁科技、径卫视觉、名片全能王、图漾科技、银晨科技、奇手科技、Versa、好买衣等
	语音识别与自然语言处理	效声软件、互问科技、竹间智能、达观数据、乐言等

① 上海：聚焦支持人工智能企业发展，打造一流 AI 芯［EB/OL］. http：//www.xjdsb.com/zhineng/62544.html.

续表

	领域	代表企业
场景应用圈	智能医疗	森亿智能、傅利叶、伦琴医疗等
	智慧金融	氪信科技、东方财富、玻森数据、烨睿科技、璞映智能、买单侠、栈略数据等
	智慧教育	英语流利说、未来伙伴、高顿教育等
	智慧交通	思岚科技、蔚来汽车等
	智慧家居	微鲸科技等
	智慧零售	深兰科技、汇纳科技等
	智能制造	纵目科技、扩博智能等
	智能安防	悠络客、图麟科技等
	智能商务	Video++、岂安科技、图聚智能、YOGO 机器人、筝际科技、e 成科技等
	智能政务	钛米机器人、小 i 机器人等

资料来源：上海电子商会。

上海的 AI 芯片技术和研发在人工智能的基础核心圈中尤为突出。上海人工智能芯片企业数量众多，技术水平较高，凭借强大的芯片产业基础，聚集了一大批人工智能芯片企业；在人工智能核心圈的数据领域，正逐步依托城市数据集中化优势，培育出有重要影响的数据巨头；在云计算领域，Ucloud 专注于云计算，通过技术和成本的优势，降低 AI 企业的准入门槛。

在人工智能技术开发圈，上海计算机视觉、语音识别与自然语言处理等领域较为突出，不仅企业数量众多，而且海康威视、旷视科技、科大讯飞、IBM、微软等国内外知名企业都在上海设立了研发中心。

上海人工智能场景应用圈初步构建了智能产业应用小生态圈。上海在智能交通、智能医疗、智能金融和智能教育等领域具有明显优势，如智能交通领域的思岚科技、智能医疗领域的森亿智能与联影、智能金融领域的氪信科技以及智能教育领域的流利英语等。与此同时，国内外人工智能场景应用龙头企业，也纷纷在上海成立研发中心。

（三）空间布局

上海市人工智能产业规划在空间布局上以“人型”为主、“多点”为辅，主要分布在 8 个区域、11 个行业（表 5-12、图 5-20）。浦东新区与徐家汇在人工智能的企业资源、科研院所、功能平台等方面具有绝对优势。

在园区布局上，上海重点打造"张江—临港"人工智能创新承载区、"徐汇滨江—漕河泾—闵行紫竹"人工智能创新带、华泾北杨人工智能特色小镇、上海松江洞泾人工智能特色产业基地（国家级）。

表 5-12　上海人工智能产业空间布局梳理

区位	类型	定位	重点资源
宝山区	人型	智能硬件	人工智能企业 10 家
杨浦区	人型	智能教育 智能识别	人工智能企业 24 家，上海理工大学上海人工智能研究院
普陀区	人型	智能安防 智能硬件	人工智能企业 15 家
浦东新区	人型	智能芯片设计 智能语音识别 智能制造	人工智能企业 129 家，上海产业技术研究院、中国电信上海研究院、复旦脑科协同创新中心、中国科学院上海高等研究院智慧城市研究中心、上海人工智能协会联盟有上海人工智能发展联盟
长宁区	人型	智能识别 智能零售	人工智能企业 33 家，华东政法大学人工智能与大数据指数研究院
徐汇区	人型	智能医疗、 智能芯片设计 智能安防	人工智能企业 81 家，复旦大学类脑智能科学与技术研究院、公安部第三研究所、上海工业自动化仪表研究院、复旦大学脑科学研究院、中国科学院上海分院、中国科学院上海生命科学研究院、中国科学院神经科学研究所、上海交通大学智能计算与智能系统重点实验室、上海师范大学数理学院人工智能实验室、上海市智能创新产业协会
闵行区	人型	智能识别 智能医疗	人工智能企业 26 家，上海交通大学认知机器与计算健康研究中心，上海交通大学人工智能研究院、腾讯优图实验室
松江区	人型	智能制造 类脑智能	洞泾人工智能基地
嘉定区	多点	智能芯片设计和制造	人工智能企业 15 家，同济大学 CIMS 研究中心、同济大学人工智能研究所
青浦区	多点	智能制造	青浦智能创新基地
奉贤区	多点	智能医疗	南桥科技城、紫竹高新区

资料来源：鑫创科技产业研究院整理。

（四）产业发展优势

在政策扶持方面，上海提出要建设国家人工智能发展"高地"，并出台了一系列鼓励人工智能发展的政策措施。以人才队伍、数据资源、技术创新为重点，制定了 22 条细则，为相关人才搭建国际竞争力事业发展的平台。在医疗、金融、交通等重点领域，逐步建立风险评估和法治监管体系，制定行业规范和标准。

在平台建设方面，以上海市人工智能产业基地为基础，构建“研究院+AI创新平台、AI创新中心（实验室）”模式，通过研发创新、成果转化和产业链专业化服务，为人工智能产业各环节提供全方位的服务支持。

在资金支持方面，以G60科创走廊人工智能产业基金为依托，基金总规模达100亿元，要坚持市场化、专业化、国际化的运营体制，引导社会资本投入，最终形成1000亿元的资金规模。同时，成立上海市产业转型升级发展专项资金，总规模6亿元，有针对性地给予支持。

在应用场景方面，上海以全国首个人工智能创新应用先行区为依托，致力于AI+金融、无人驾驶、5G、智能机器人、AI+教育、AI+医疗、AI+工业等应用场景的开发。目前，上海已累计开放30个场景，涉及医疗、教育、制造、交通、文旅、城市管理、司法、金融等10多个领域，吸引了150多家海外企业、240多种方案参与其中（见表5-13）。

表5-13　上海人工智能应用场景梳理

领域	场景名称	场景需求
AI+学校	蔷薇小学	校园智能安保、智能课堂、智能运动、教师智能训练系统建设等
	市西小学	基础教育AI实验室建设、主观题智能阅卷系统、学习诊断系统等
	上海商学院	智能管理预警、教师智能助手、智能学习预警、智能舆情监测等
	上海世外教育集团	自适应学习系统、课堂实时分析系统、口语语音矫正系统等
	上海体育学院中国乒乓球学院	智能乒乓球教练
	上海大学	上海大学延长校区智慧校园AI综合场景应用
	上海市黄浦区中心小学	智慧云学校
AI+制造	上海集成电路研发中心有限公司	集成电路AIFab智能制造与研发优化
	上海电气集团股份有限公司	工业互联网使能高端装备预测性维护
	国网上海市电力公司	智能化电网运维管理
	宝钢股份	钢水钢渣识别的AI应用系统、带钢表面和轧辊表面视觉信息采集及缺陷判定、管理系统建设等

续表

领域	场景名称	场景需求
AI+社区	北新泾街道东片社区	便民生活及养老服务、文化教育服务、健身健康医疗服务、街面管控、小区物业服务等
	斜土路街道	智慧医养、智慧生活、智慧安防等
AI+家庭	小米智能家居展示中心	智能安防预警、智能家居等
AI+园区	张江人工智能岛	智能可视化指标中心、基于人脸识别的智能可视化和智慧前台、服务机器人等
	长阳创谷	园区内活动人群画像、园区数字化建筑群建模等
	上海西岸传媒港开发建设有限公司	西岸传媒港智慧化管理和服务
	上海国际汽车城（集团）有限公司	无人驾驶规模化示范应用
	网普物流装备（上海）有限公司	普洛斯智慧物流园区
AI+交通	嘉定区汽车博览公园	无人驾驶车辆、路测智慧终端、集中管理系统开发集成等
	临港科技城园区	低空数字化示范区、无人船滴水湖示范区、无人驾驶和智能网联汽车示范区等
	上海浦江桥隧运营管理有限公司	东海大桥道路运营智能维护
	吴淞口投资（集团）有限公司	吴淞口国际邮轮港
	上海机场（集团）有限公司	大型枢纽机场运用智慧交通提升陆侧交通服务质量
	上海申通地铁集团有限公司	上海地铁智慧视觉应用
AI+政务	静安区政务数据管理中心	决策智能支持平台、事中事后智能监管平台、智能办公系统等
	上海科创中心海关	海关科创智能监管服务
	徐汇区行政服务中心	智能客服务和引导、智能预审、辅助填表、主动服务、运输机器人等
AI+金融	中国建设银行上海分行	智能机具修停、智能备付金管理、智能网点排班、智能机房服务器故障检测等
	中国工商银行股份有限公司上海市分行	智慧银行生态体系
	中国外汇交易中心	银行间市场全生命周期的智能化交流交易
AI+安防	田林街道	新类型智能感知、网格化和公安管理模块等
AI+农业	上海金山区亭林镇周栅经济合作社	周栅智慧农村

续表

领域	场景名称	场景需求
AI+医疗	上海交通大学医学院附属上海儿童医学中心	基于人工智能的儿科分级诊疗应用
	上海交通大学医学院附属瑞金医疗	智慧瑞金、瑞智助医
	徐汇区卫事业管理发展中心、复旦大学附属中山医院、徐汇区中心医院	徐汇区心血管疾病全周期智能服务
	仁济医院	智能诊断、智能诊疗、智能随访、远程专家会诊等
	第十人民医院	智能门急诊全流程辅助诊疗、智慧 ICU、智能影像诊断系统、智能医疗机器人、智能慢病管理系统等
	上海肿瘤医院	智能肿瘤早筛、精准预约、精准院内就医流程引导、智能随访等
AI+文化旅游	上海博物馆	上海博物馆智能导览和智能科研
	上海文化广播影视集团有限公司	SMG 媒体内容智能生产平台
AI+城市管理	上海城投环境（集团）有限公司	人工智能在生活垃圾分类中的应用
	上海浦东新区科技和经济委员会	浦东新区城市 AI 生活新画卷
AI+司法	上海市高级人民法院	市高院金融案件智慧诉讼
AI+商圈	上海南京步行街投资发展有限公司	步行街智能商圈新地标
	上海百联商业互联网有限公司	世博园人工智能商业应用

资料来源：鑫创科技产业研究院整理。

人工智能助力金融科技发挥更大潜力。金融科技作为连接上海国际金融中心和科技创新中心的重要纽带，上海在此领域频频发力，并将“建设具有全球竞争力的金融科技中心”纳入“十四五”规划建设国际金融中心的大格局中。

上海依托包括股票、债券、期货、保险、信托等在内的完备金融市场体系，加快建设国家级金融科技发展研究中心、中国金融市场交易报告库等基础设施，成立了上海金融科技产业联盟，整合联盟内外部的科研力量和科技资源，建立适应数字经济发展的现代化金融基础设施体系，谋划设立国际资管中心、全球人民币支付清算中心等高级别金融机构，力争用 5 年时间将上海建设成为具有全球竞争力的金融科技中心（见图 5-20）。①

① 加快推进上海金融科技中心建设实施方案［EB/OL］. http：//www. shanghai. gov. cn/nw42229/20200823/0001-42229_ 1423292. html.

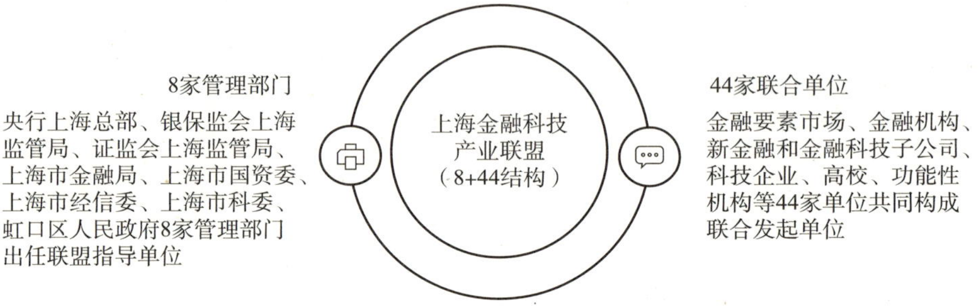

图 5-20　上海金融科技产业联盟

资料来源：鑫创科技产业研究院整理。

上海市的金融科技相关企业数量最多，超过 6.8 万家，占全国的 57.7%。传统金融公司与科技公司达成众多战略合作，极大地丰富了金融科技的应用场景（见表 5-14）。

表 5-14　上海金融科技应用场景梳理

应用领域	应用场景	代表企业
AI+银行	消费信贷、中小企业贷款、供应链金融	建信金科、中银金科、交银金科、兴业数金、汇丰金科
AI+保险	贯穿保险业务全链条，包括产品设计、销售、投保核保、理赔等	Wesure 微保
AI+证券	零售经济业务、机构业务	平安证券、华泰证券
AI+资管	深度学习实现投研辅助、消费金融智能风险、算法和量化模型	东方财富、陆金所
互联网金融平台	第三方支付、互联网信贷、互联网投资理财和保险	蚂蚁集团

资料来源：鑫创科技产业研究院整理。

今后上海金融科技发展的重点是提升科技硬实力，在产品、业务、风控等领域实现深度学习与决策；发展普惠金融，深化产品和业务，提高金融服务的可得性和资产的安全性；服务实体经济，利用科技降低企业融资成本，提高融资效率等。金融科技的应用场景见图 5-21。

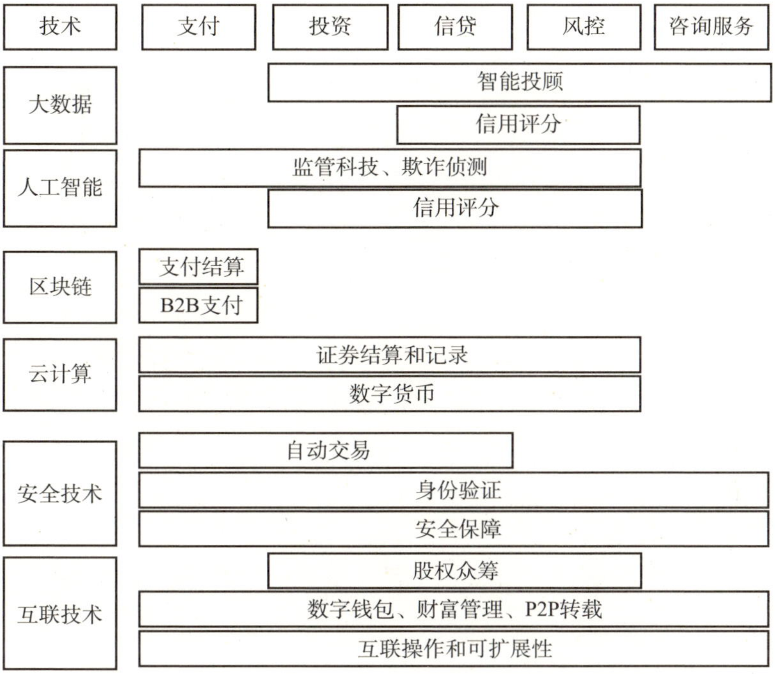

图 5-21　金融科技的应用场景

资料来源：赛迪研究院。

第四节　成都产业发展分析

成都作为成渝双城经济圈国家区域战略的中心，以及“一带一路”、长江经济带、西部大开发、西部陆海新通道的重要节点城市，产业发展迅速，经济总量从 2010 年全国第 13 位上升至 2020 年的第 7 位，电子信息、医药健康、轨道交通等产业在全国领先。

一、成都产业发展概况

（一）成都产业发展现状

自新中国成立以来，成都产业规模实现从五亿、十亿、百亿、千亿到万亿的四级跳。2020 年成都 GDP 达 17717 亿元，在全国城市排名第 7，相比 2010 年上升 6 名，占全国、全省比重分别为 1.7%、36.5%，较 2010 年分别提升 0.4 个、4.3 个百分点（见图 5-22）。2019 年人均 GDP 首次突破万亿元，达到高收入经济体水平。地区生产总值千亿级区（市）县从 2015 年的 2 个增至 2020 年的 8 个，市内各区之间经济差距逐渐缩小。市场主体突破 292 万户，位居副省级城市第 2。

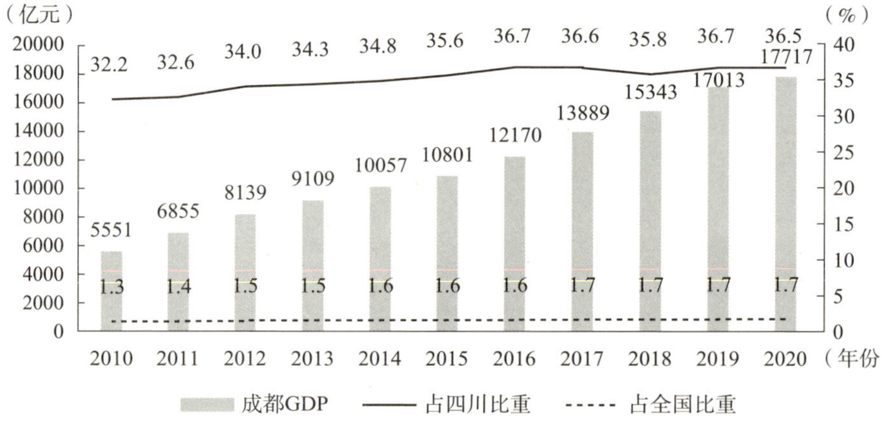

图 5-22　2010—2020 年成都 GDP 及其占四川、全国的比重

资料来源：鑫创科技产业研究院整理。

从三产结构来看，近 10 年成都呈现“一产稳定、二产降、三产升”的格局，产业结构持续优化。第一产业占 GDP 的比重稳定在 4%左右，第二产业占 GDP 的比重从 2010 年的 45%下降至近两年的 31%，第三产业占 GDP 的比重从 2010 年的 50%提升至近两年的 66%，迈入发达经济结构（见图 5-23）。

在分行业层面，成都电子信息、医药健康、新材料、汽车产业、石油产业、航天航空、冶金建材、食品产业、家具、制鞋等优势支柱产业已形成集群。电子信息产业成为全市首个万亿级产业集群，千亿级产业集群从“十二五”期末的 4 个增至“十三五”期末的 8 个，轨道交通、生物医药入选国家首批战略性新兴产业集群，软件和信息服务集群、成德高端能源装备集群成为国家级先进制造业集群。

高新技术产业和新经济为城市经济高质量发展注入新活力。2020 年高新技术产业营业收入破万亿元；新增高新技术企业 1900 余家，增幅超 40%，总数突破 6100 家。新经济企业数量达 45.8 万户，7 家企业达到独角兽标准，新

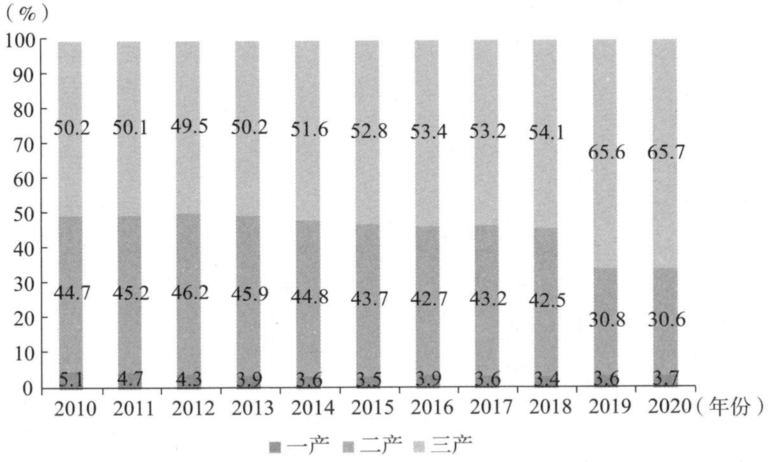

图 5-23 2010—2020 年成都三产占比

资料来源：鑫创科技产业研究院整理。

职业人群规模在全国仅低于北京和上海，是“最适宜新经济发展的城市”之一。境内外上市（过会）企业达 122 家，居中西部第 1 位。成都数字经济总指数，在全国排名第五，西部排名第一，相关产业发展迅猛。

成都影响力持续扩大，综合竞争力稳步提升，“十三五”期间实现从区域中心城市向国家中心城市的历史性跃升。成都是 GaWC 发布的《世界城市名册》中上升最快的城市，2016 年连升四级至 Beta-，2018 年跃升 2 级至 Beta+，2020 年再次提升 12 位至全球第 59 名，成为仅次于北上广深的中国内地第五位城市，且与前四城之间的差距不断缩小。截至 2020 年底 305 家世界 500 强企业在蓉落户，数量位居中西部第一。成都连续五年位居新一线城市商业魅力排行榜首位，2020 年引入 386 家各类型首店，位居全国第三，仅次于上海、北京。

（二）成都产业发展历程

成都自古以来产业发展就处于全国前列。秦汉时期建立的都江堰为成都 2000 多年的富庶和产业发展奠定了基础，赢得“天府之国”的美誉。新中国成立后，成都受益于三线建设、西部大开发、“一带一路”等国家战略，现代产业体系越来越完备。

1. 1977 年以前（改革开放前）：工业高速发展基础不断夯实

新中国成立前，成都以农业为主，且工业长期处于积贫积弱的发展态势。

为了改变这种不合理的状况，国家在新中国成立初期从项目投放和投资政策上大幅向内地倾斜。“一五”时期，成都作为全国工业重点建设城市之一，通过苏联援建的大型工业项目以及其他国家重点项目，工业形态从手工作坊为主转向现代工业化。在实施“一五”计划的同时，成都市产业定位也逐渐清晰。根据1952年成都被国家列为八个重点建设中心城市之一的精神，成都于1953年开始编制城市总体发展规划，1956年经国务院正式批准开始实施，明确全市是以精密仪器、电子、机械及轻工业为主的工业城市。

改革开放前，成都牢牢抓住“四个五年计划”和“三线建设”的发展机遇，工业高速发展基础不断得到夯实。20世纪60年代中期，我国外交环境恶化、周边局势紧张，中央决定从1964年起启动“三线建设”，实现工业由东向西战略转移。成都是国家三线建设投资的重点地区之一，中央将其列为电子、机械、航空航天、冶金、建材、化工等生产和科研配套基地，主要接收轻工业与电子工业企业。同时将西南局三线建设委员会设在成都，成都成为大西南三线建设的指挥中心。通过三线建设，成都市基本建立起门类比较齐全、水平比较先进的现代化工业体系，电子工业基地初步形成、机械工业迅速发展、航空研究制造基地逐步建立，大致形成以东西方向为主、南北方向为辅的产业格局，为成都“十四五”时期构建现代化开放型产业体系打牢基础。1978年，成都工业增加值达16.4亿元，占地区GDP比重达45.5%，工业投资达1.5亿元，相比新中国成立初期的0.1亿元显著提高。①

2. 1978—2000年（改革开放后）：现代工业逐步改革

受益于改革开放和国家“三线调迁”，成都工业实现了从计划经济体制向社会主义市场经济体制的过渡②。1993年成都工业增加值首次突破百亿元，达129.7亿元，占地区生产总值的比重为33.4%。2002年，电子信息、机械（含汽车）、医药、食品（含烟草）四大主导产业工业增加值占全市工业比重达67%，电子信息业、医药业与西安相当，食品业为重庆的1.5倍、西安的5.5倍。

改革开放之后，成都开始积极实施企业改制，促进企业提档升级。同时，在企业结构上打破行业、地区、所有制等界限，以大中型骨干企业为核心，

① 上下求索七十年工业征途变坦途——新中国成立七十周年成都市经济社会发展成就系列之九[EB/OL].（2019-9-16）. http://www.cdstats.chengdu.gov.cn/htm/detail_177712.html.

② 游添茸，于儒海．成都工业历史发展概述［J］．建筑与文化，2020（2）：142-143.

以发展重点产品为“龙头”，进行工业横向经济联合，组成优势互补的企业集团，形成企业联合体。至1986年底，成都市上千个企业组建近400个经济联合体，建立成都电视电器、成都工程机械、成都无缝钢管等具有规模效益和竞争力强的跨行业、跨地区、跨所有制的企业集团，着重发展电子、冶金等重点产品。

同时，改革开放促进大批乡镇企业、民营企业、三资企业不断涌现，开发区和工业园区逐步成为现代工业发展的载体和增长极，工业呈现出多点分布、快速发展的格局。1994年起，成都把发展个体私营经济纳入地方经济社会发展规划，并于1998年制定实施《大力发展个体私营经济的决定》，个体私营经济呈现规模化、现代化的发展势头。从1991年成都高新区得到国家批准至2002年末，成都工业开发区共116个，为成都进一步优化其工业布局提供了先期条件。

20世纪80年代中期，国务院针对三线建设提出“调整改造、发挥作用”的方针，开启“三线调迁”进程。1983年将国务院指挥中心“三线办”设于成都，成都成为全国“三线调迁”的指挥中枢。随后，大批在偏远地区经营困难的三线工业企业迁入成都远郊县，其中大中型企业达40余个，成都工业结构愈加合理，城市活力进一步提升。

三线军工受国家战略调整影响大多闲置，成都市积极响应中央“平战结合、军品优先、军民结合、以民养军”的方针，引导军工企业以需订产，对军工企业进行改造。如军转民过程中，5719厂成功制造出电力工业所用的操作机构及石油化工用的平板闸阀、孔板取压装置等，天兴仪表厂、宁江机械厂等三线军工下属企业批量生产摩托车和汽车配件，旭光厂为电视机配套的高频头做到全国第一。

3. 2001年至今（21世纪）：工业腾飞，产业布局优化，加快构建“5+5+1”现代产业体系

成都不断完善现代产业体系，从四大支柱产业，到2007年的十大重点产业集群，再到2018年的“5+5+1”产业体系，城市产业层次不断丰富，且更契合市场、更能体现成都自身优势（见表5-15）。同时，产业园区不断调整升级，布局日趋成熟，从遍布市域的116个工业园区逐步整合为21个工业集中发展区，再到近几年的14个产业生态圈；集聚企业的方式从高补贴集聚低成本、低门槛企业到优惠政策引导、产业补贴吸引技术密集型企业，再到以

提高功能复合率和宜业宜居度为导向的 3.0 版本。成都在产业层面实现了对多数沿海城市的“追赶—持平—超越”进程。

表 5-15　成都产业体系变迁

时间	产业体系	具体产业
2002 年	四大支柱产业	电子信息、机械（含汽车）、医药、食品（含烟草）
2007 年	十大重点产业集群	IT 制造、软件、汽车、冶金建材、制鞋、家具、航空航天、生物医药、食品、石化
2018 年	“5+5+1”产业体系	5 大重点产业：电子信息、装备制造、医药健康、新型材料、绿色食品；5 大重点领域：会展经济、金融服务业、现代物流业、文旅产业和生活服务业；1 个产业体系：发展新经济、培育新动能

资料来源：鑫创科技产业研究院整理。

产业结构从“制造业引领”转型为“制造业与服务业协同发展”。随着大数据、人工智能、物联网、金融科技等高新技术与实体经济不断融合，成都服务业为制造业发展注入新的动能、释放新的活力。科技、信息、金融、流通等先进生产性服务业不断为先进制造业高质量发展赋能。生产性服务业规模不断扩大，2019 年增加值达 5143 亿元，2017—2019 年年均增速 11%。服务业服务实体经济能力不断增强，交子金融提供超 1100 亿元的投融资服务，会展服务平台推动 130 家企业“走出去”拓展供应链，成都人力资源服务产业园为 2.4 万家单位提供人力资源服务。

成都主导产业从中低端为主向高端高质高新为主迈进。2020 年高新技术产业营业收入突破万亿元，占规模以上工业比重超 40%。先进制造业能级不断提升，电子信息、食品饮料、装备制造、先进材料和能源化工五大现代产业营业收入连续两年破万亿元，2020 年同比增速达 10%。2019 年生产性服务业增加值占全市 GDP 比重达 30.2%，较 2017 年上升了 0.3 个百分点，新兴产业实现全面布局。

二、成都产业体系及发展策略

（一）成都产业体系

1. 产业体系从“三业协同”升级到“四业协同”

《成都市产业发展白皮书（2019）》中提出成都的产业发展目标是，着力构建先进制造业、现代服务业、新经济协同发展的“5+5+1”高质量现代产业体系。《成都市产业发展白皮书（2020）》进一步提出，加快形成先进制造业、现代服务业、新经济协同发展格局。2021年发布的成都市“十四五”规划纲要明确，“十四五”期间围绕构建先进制造业、现代服务业、新经济、都市现代高效特色农业协同发展的现代化开放型产业体系，以高能级产业生态圈建设为牵引，以产业功能区高质量发展为支撑，继续完善产业体系—产业生态圈—产业功能区三级产业支撑体系，为未来五年成都产业发展指明了方向。“十四五”期间的产业体系相比之前增加了都市现代高效特色农业，同时不仅强调现代化，而且注重开放型产业体系的发展（见表5-16）。

表5-16　“十四五”时期成都现代化开放型产业体系

现代化开放型产业体系	聚焦产业
先进制造业	电子信息、医药健康、装备制造、先进材料、绿色食品
现代服务业	生产性服务业的专业化和高端化、生活性服务业的高品质和多样化、先进制造业与现代服务业的深度融合
新经济	重点布局数字经济、智能经济、绿色经济、创意经济、流量经济、共享经济六大经济形态，加快发展“人工智能+”“大数据+”“5G+”“清洁能源+”“现代供应链+”五大重点产业
都市现代高效特色农业	农商文旅体融合发展、农业发展质效提升、农业品牌体系建设

资料来源：鑫创科技产业研究院整理。

2. 产业生态圈由17个调为14个，注重内涵式发展和开放协同

2017年社会各界普遍认为产业竞争的核心已从要素之争转变为生态之争，产业生态圈理念在成都逐渐达成共识。当年7月，成都市明确了以产业生态圈建设推动产业发展的全新理念，市委书记对此提出“主题鲜明、要素可及，资源共享、协作协同、绿色循环、安居乐业”的要求。同时，制定了五年行动计划、工作方案、建设指引等系列政策，建立市县两级联动工作机制，确定启动建设13个市级重点产业生态圈，涉及电子信息、汽车制造、轨道交通等7个产业。

2019年，成都初步构建起“16+1”个产业生态圈。2020年3月，成都将产业生态圈数量由17个调整为14个，剔除了军民融合产业生态圈，将文化创意、旅游运动2个产业生态圈合并为“文旅（运动）产业生态圈”，将电子商务、现代商贸2个产业生态圈合并为“现代商贸产业生态圈”。分类别来看，先进制造业类生态圈8个，现代服务业类生态圈5个，都市现代农业类生态圈1个（见图5-25）。

2021 年 3 月发布的"十四五"规划纲要仍延续了 14 个产业生态圈，提出到 2025 年基本将其建成高能级生态圈的目标，同时瞄准部分高附加值环节，培育若干个"微型生态圈"（见表 5-17）。近期，成都积极响应国家碳中和愿景，谋划全市第 15 个产业生态圈——碳中和产业生态圈，通过发展低碳农业、优化能源结构、推动清洁生产、推广低碳交通、发展绿色建筑等来构建该产业圈。《2021 年成都市产业生态圈引领产业功能区高质量发展工作计划》出炉，确定 2021 年产业生态圈建设的重点是推动其内涵式发展和开放协同。

表 5-17　"十四五"时期成都现代化开放型产业体系

产业生态圈	2019 年规模	主要布局园区
电子信息	规模以上企业营业收入 8400 亿元，同比增长 14%，居中西部城市第一位	成都科学城、成都芯谷、金牛高新技术产业园区、成都电子信息产业功能区、成都新经济活力区
医药健康	产业总规模约 4300 亿元，生物医药产业投资、利润近三年年均增长超 20%	成都医学城、天府国际生物城、天府中药城、华西大健康产业功能区
绿色智能网联汽车	产能达 200 万辆，总产值超 2000 亿元，已聚集 28 家整车、218 家规模以上零部件企业	成都中法生态园、龙泉驿汽车产业功能区、简州新城、天府新区新能源新材料产业功能区
航空航天	产业规模已破 800 亿元，制造类企业 500 余家	青羊总部经济区、淮州新城、成都空天产业功能区、新都现代交通产业功能区、成都高新航空经济区、双流航空经济区
轨道交通	279 家企业，是全国轨道交通产业链条最齐备城市之一	金牛科技服务产业功能区、天府智能制造产业园、新都现代交通产业功能区
智能制造	全产业规模突破 1000 亿元，获批建设国家新一代人工智能创新发展试验区；17 个项目入选工信部智能制造和两化融合试点示范，平均生产效率提升 30%	青城山旅游装备产业功能区、成都智能应用产业功能区、大邑文体智能装备产业功能区、中德（蒲江）中小企业合作区、天府智能制造产业园、新都智能家居产业城、成都龙潭新经济产业功能区、成都现代工业港、青白江欧洲产业城、淮州新城、成都空天产业功能区
先进材料	规模以上工业企业 588 户，主营收入 1403.7 亿元，同比增长 21.6%	天府新区新能源新材料、成都新材料、青白江先进材料 3 个产业功能区
绿色食品	营业收入 3025 亿元，同比增长 9.4%，在海外设立 5 个"成都川菜海外推广中心"和 2 个"郫县豆瓣川菜原辅料推广中心"	青城山旅游装备产业功能区、邛崃绿色食品产业功能区、中德（蒲江）中小企业合作区、成都川菜产业园、天府智能制造产业园、简阳临空经济产业园

续表

产业生态圈	2019 年规模	主要布局园区
会展经济	成都跻身亚太十大会展城市	中国天府农业博览园、李冰文化创意旅游产业功能区、安仁・中国文博产业功能区、天府总部商务区、成都高新航空经济区
现代金融	已入驻相关企业 4900 余家，2019 年成都金融科技排名全球第 18 位	成都青羊文化金融商务区、华西大健康产业功能区、交子公园金融商务区、白鹭湾新经济总部功能区、春熙路时尚活力区、青白江国际铁路港
现代物流	国际航线总量达 128 条，位列全国第四，已覆盖全球五大洲；亚蓉欧国际班列年已连接境内外 41 个城市	青白江国际铁路港、新都智慧物流产业园、双流航空经济区、高新航空经济区、青白江欧洲产业城、简阳临空经济产业园、西部电商物流产业功能区
文旅（运动）	文创产业增加值 1460 亿元，同比增长 24.5%；旅游总收入 4664 亿元，同比增长 25.6%；体育产业收入达 730 亿元，同比增长 15.5%	李冰文化创意旅游产业功能区、三郎国际旅游度假区、西岭雪山运动康养产业功能区、安仁・中国文博产业功能区、新津梨花溪文化旅游区、三国创意园、龙门山湔江河谷生态旅游区、成都影视城、成都熊猫国际旅游度假区、成都东郊记忆艺术区、天府水城、锦江新兴传媒功能区、少城国际文创谷、天府奥体公园、天府文创城
现代商贸	全市商贸业实现增加值 2204 亿元，占服务业增加值比重为 19.8%；电商交易额突破 2 万亿元，居中西部第一	武侯电商产业功能区、双流航空经济区、天府总部商务区、国际商贸城功能区、春熙路时尚活力区、交子公园金融商务区、西部电商物流产业功能区
都市现代农业	全市农业增加值 631.8 亿元，列副省级城市第一	温江都市现代农业高新技术产业园、都江堰精华灌区康养产业功能区、崇州都市农业产业功能区、蒲江现代农业产业园、天府现代种业园、中国天府农业博览园、金堂食用菌产业园

资料来源：鑫创科技产业研究院整理。

3. 产业功能区量不变，定位更精准、边界更聚焦

自 2017 年 7 月成都创新性提出“统筹布局建设 66 个产业功能区”的战略决策以来，成都持续优化产业空间布局，不断寻找克服“大城市病”和城市内部同质化竞争的重要路径。各功能区进一步完善“两图一表”即产业链全景图、产业生态发展路线图、重点企业和配套企业名录表，指导开展精准招商，产业链、价值链、供应链建设成效显著，产业集群态势初步显现。

2021 年 3 月，成都对产业功能区再次进行优化调整，虽然总数保持 66 个不变，但产业定位更精准，空间边界更聚焦，其中 58 个产业功能区实现了对整建制乡镇或街道的覆盖。近期，成都拟新增成都健康医学中心（未来医学城）、成都未来科技城、天府牧山数字新城 3 个产业功能区

（二）成都市产业布局

从 2020 年各区县 GDP 及其增速来看，高新区均位居全市第一，反映了该区整体产业处于高质量运行阶段。龙泉驿、金牛、青羊、武侯、锦江、成华、双流 7 个区 GDP 均超 1000 亿元，金堂、都江堰、崇州、新津、邛崃、大邑、蒲江 7 个区县 GDP 不足 500 亿元，彭州是所有区县中唯一一个 GDP 同比下降的。各区县主导产业及涉及产业功能区见表 5-18。成都高新区是四川省首个经济规模突破 2000 亿元的高科技园区。成都高新综保区进出口总额连续 33 个月位列全国第一，电子信息产业持续高增长，生物医药产业加速跃升；双流区 2020 年 GDP 首次突破 1000 亿元大关。

表 5-18　成都各区县主导产业及产业功能区

区县	主导产业	产业功能区
高新区	电子信息、生物医药、新经济	成都新经济活力区（新川创新科技园、中韩创新创业园）、电子信息产业功能区、天府国际生物城、交子公园金融商务区
龙泉驿区	汽车产业、智能装备、以电子元器件为主的电子信息业、新材料	龙泉驿汽车产业功能区、成都中法生态园
金牛区	电子信息、轨道交通、现代商贸	金牛科技服务产业功能区、成都国际商贸城功能区、金牛高新技术产业园区、熊猫国际旅游度假区
青羊区	现代金融、文博文创、商务商贸业	青羊文化金融商务区、少城国际文创谷、青羊总部经济区
武侯区	特色文创、大健康、金融和电子商务	三国创意园、华西大健康产业功能区、武侯电商产业功能区
锦江区	现代商贸、新兴金融、数字传媒	春熙路时尚活力区、白鹭湾经济总部功能区、锦江新兴传媒功能区、交子公园金融商务区
成华区	特色文创、新经济、枢纽经济	龙潭新经济产业功能区、东郊记忆艺术区、熊猫国际旅游度假区
双流区	电子信息、新能源、航空产业	成都芯谷、双流航空经济区、天府国际生物城
新都区	轨道交通、航空、现代物流	新都现代交通产业功能区、智能家居产业城、智慧物流产业园、熊猫国际旅游度假区
郫都区	电子信息、食品饮料、影视文创、氢能装备、智能制造	成都现代工业港、成都川菜产业园、成都影视城、电子信息产业功能区
温江区	生物医药、大健康、都市现代农业	成都医学城、温江都市现代农业高新技术产业园

续表

区县	主导产业	产业功能区
青白江区	新材料、现代物流、智能制造、以玻璃及玻璃深加工为主的建材业	先进材料产业功能区、青白江国际铁路港、青白江欧洲产业城
彭州市	新材料、中医药、航空航天、山地旅游、现代农业	成都新材料产业功能区、龙门山湔江河谷生态旅游、天府中药城
金堂县	节能环保、通用航空、应急、食品饮料业	淮州新城、天府水城、金堂食用菌产业园
都江堰市	文化旅游、数字经济、创意经济、绿色经济	李冰文化创意旅游、青城山旅游装备、都江堰精华灌区康养
简阳市	现代商贸、航空物流、智能制造装备、航天装备	简阳临空经济产业园、西部电商物流产业功能区、成都空天产业功能区
崇州市	优质粮油、智能应用、康养旅游	崇州都市农业产业功能区、成都智能应用产业功能区、三郎国际旅游度假区
新津区	智能制造、农业博览、文化旅游	天府智能制造产业园、中国天府农业博览园、新津梨花溪文化旅游区
邛崃市	新能源新材料、食品饮料（优质白酒）、生物医药（医械）	天府新区新能源新材料、邛崃绿色食品产业功能区、天府现代种业园
大邑县	文博、文旅、智能装备	安仁·中国文博产业功能区、西岭雪山运动康养、大邑文体智能装备
蒲江县	精工机械、生态食品	中德（蒲江）中小企业合作区、县现代农业产业园

资料来源：鑫创科技产业研究院整理。

（三）成都产业发展策略

1. 政策机制上，国家战略叠加三级产业支撑体系

多个国家开放战略、国家区域战略交汇实施，推动成都重塑其开放格局，引领城市能级加快跃升。成都不仅是“一带一路”建设、长江经济带发展、西部陆海新通道建设、国家自由贸易试验区等开放战略实施的重要节点，而且是推进西部大开发、建设成都地区双城经济圈等区域战略的关键区域。

创新性提出“产业体系—产业生态圈—产业功能区”三级产业支撑体系，转变产业组织方式，引导成都市内各区县产业错位协同发展。针对产业功能区，建立健全专业化机构职能体系、政策体系、运营管理体系、督导考核体系“四大专业体系”，为功能区建设保驾护航。针对新经济，不仅是全国首个

系统提出发展新经济的城市，而且在组织机构层面成立成都市新经济发展委员会、成都新经济发展研究院，在政策层面既有行动纲领又有落地细节，确定了六大新经济形态、七大应用场景的定位，从而在新经济活力上领跑新一线城市。

在开展全面创新改革试验的过程中，成都职务科技成果权属改革经验入选国务院推广的第二批支持创新相关改革举措，被誉为科技领域的“小岗村”实践。该改革的核心内容是职务发明人可按比例与单位共享专利权，减少科技成果转化过程中的阻力，彻底解决职务发明人与单位在专利转化时权力与动力不对等的问题。

不断扩大并调整行政区划，以满足成都未来发展的空间和用地需求，提高成都的资源优化配置能力。1922 年首次扩张，并入华阳；1950 年将 14 区合并为 8 区；1976—1983 年第二次扩张，吸并温江地区，同时广汉、什邡划转德阳市；2016 年第三次扩张，代管简阳市，开启双机场和东进时代；2020 年 5 月，成都东部新区挂牌成立，托管简阳市部分街道（镇），第三次形成一个计划单列的准行政区。

2. 国际国内均实行开放协同

（1）国际协同。

构建开放型经济体制。成都自贸片区自挂牌以来，地方事权改革全面完成，“多式联运‘一单制’”等 12 项改革经验在全国推广，已形成面向全球市场的金融体系，并于 2021 年 2 月实现四川自贸区首家外资企业跨境注册，2019 年新设企业数利用外资实际到位增速、外贸进出口总额增速排名均居第三批自贸区首位。

不断拓展开放通道，基本形成亚蓉欧立体大通道体系。成为全国少数拥有两座机场的城市之一，成都双流机场已成全球最繁忙的十大机场之一，2020 年起降架次和运营总航班数均位居全球第 8；成都天府国际机场 2021 年 6 月正式开航。建立起以成都为主枢纽的全球陆海货运配送体系，截至 2021 年 4 月 26 日，成都中欧班列开行 8 周年，累计开行超 8000 列，进出港货值从 2017 年的 577 亿元增长至 2020 年的 1507 亿元；成都国际班列境外城市已拓展至 61 个，累计开行破 13000 列，设计和建造了七条国际铁路通道和五条海铁联运通道。

打造开放合作平台。成都中法生态园、中德（蒲江）中小企业合作区、中韩创新创业园、新川创新科技园、中意文化创新产业园、中日（成都）地方发展合作示范区 6 个国别合作园区能级不断增强，其中中法、中德、中韩 3 个已成为产业功能区，成都中法生态园入选“2019 年中国国际化营商环境建设十佳产业园区”（见图 5-30）。先后制定《成都市融入“一带一路”国家战略推动企业“走出去”五年（2016—2020 年）行动计划》《成都市融入“一带一路”建设三年行动计划（2019—2021 年）》，鼓励企业参与“一带一路”国家建设，实施国际创新合作、国际经贸往来、国际化消费、国际人文交流等专项行动。

持续深化经贸合作水平。2020 年成都外贸进出口总额达 7154 亿元，位居全国第 9；同比增长 22%，增速位居全国千万级城市首位。与全球 228 个国家或地区达成经贸往来，拥有 104 个国际友城和国际友好合作关系城市。

（2）国内协同。

成都联合重庆积极推动成渝地区双城经济圈建设，致力于打造全国高质量发展重要增长极。2020 年推进 31 个川渝重大项目建设，总投资 5563 亿元，涵盖高铁、高速公路、快速通道、5G 网络、人工智能融合应用平台、产业园区等。启动 10 个共建平台建设，授牌首批 20 个产业合作示范园区，聚焦协同打造电子信息、汽车摩托车、生物医药、装备制造、材料、消费品等重点产业集群。

强化自贸区之间的协同发展。四川、上海、广东等 11 个自贸区于 2018 年在成都共同发布协同开放发展倡议，明确将大力实施内陆与沿海沿边沿江协同开放战略，进一步强化改革、创新、发展等全方位的协同。同时，四川自贸区三个片区之间开展了非常丰富的协同合作实践，实现片区间联动发展。

成都与省内其他市州之间在产业、人才等方面协同发展。已与德阳、绵阳等 8 个市州签订了制造业发展合作协议，与德阳、绵阳、遂宁、乐山、雅安、眉山、资阳等 8 市人社局局长共同签订了职称互认、技能人才队伍建设、人力资源三个合作协议。“十四五”时期将通过共建成德临港经济产业带、成眉高新技术产业带、成资临空经济产业带等打造错位协同的产业生态圈。

3. 传统基建与新基建并重

传统基建发展迅速。相继开通西成、成贵高铁，成都成为“全国第五大铁路枢纽”。随着第二绕城高速建成通车，成都成为全国除北京外唯一拥有六环的城市。截至 2020 年底，成都轨道交通运营共 554 公里，位居全国第 4，共 389 座车站，位居全国第 3。成都港获批建设，将成为四川重要港口和融入长江经济带的重要支撑。

新基建成果位居全国前列。累计建成5G基站3万余个，成为全国首个“5G双千兆+”全面商用城市。成都工业互联网仅次于部分制造业发达城市，在全国处于第二梯队，且在标识解析一级节点建设中占据重要位置。入选“科创中国”试点城市、国家新一代人工智能创新发展试验区，2020年建成科创空间617.5万平方米，超算中心投入运营，创建综合性国家科学中心首批6个支撑项目已启动建设。已印发《成都市新型基础设施建设行动方案（2020—2022年）》，到2022年基本形成技术先进、模式创新、四网融合、支撑有力的新型基础设施。

4. 着力打造适合人才发展的人文环境

注重生态和社会可持续性、提高生活条件和城市文化吸引力。成都作为全国十大古都和首批国家历史文化名城，连续蝉联12届“中国最具幸福感城市”冠军，位居“中国文创第三城”，将“公园城市”理念写入新总规，建成4408公里天府绿道体系。

着力打造适合人才发展的环境。自2017年发布“成都人才新政12条”至2021年4月中旬，成都累计吸引青年人才落户47.6万人，其中30岁以下人才占比78.9%，连续获评“最佳引才城市奖”，入选科技部发布的“外籍人才眼中最具吸引力的中国城市”十强。2020年发布人才新政2.0版，在全国率先推行先安居后就业、新职业人才专项支持等政策，推出落户安居、生活补贴、职称评定等定制化举措。2020年末在蓉高校65所，在校学生103.9万人，位居全国第四。

持续优化营商环境激发市场主体活力。针对民营企业，20世纪末，成都提出“不限发展比例、不限发展速度、不限经营方式、不限经营规模”的“四不限”发展政策，民营企业的营商环境发生巨变；2018年，再次出台“成都民营经济25条”，为民营企业建立全生命周期的政策服务体系。针对政企沟通，成都市政府在线上、线下均建立了常态化沟通渠道，线上搭建了“成都市企业服务平台+‘962578’企业服务热线”，初步实现了“信息多跑路、企业少跑腿”的目标；线下通过举办企业座谈会、行业沙龙等，解决企业反映的相关问题。

三、成都医药健康产业发展分析

作为14个产业生态圈之一，成都医药健康产业规模在2018年超3000亿元，2019年超4000亿元，获批国家生物医药战略性新兴产业集群，成为成都民生和发展的必备产业之一。同时，成都位居“中国最具投资价值生物医药创新城市”第八名，已有4家企业跻身我国医药工业百强。因此，着重对成都医药健康产业进行分析，能为其他城市相关产业发展提供借鉴。

（一）战略规划

在五年规划纲要中，成都始终重视医药健康产业的发展，“十一五”提出加快发展医药产业；“十二五”进一步提出大力发展生物医药产业，并将其纳入高新技术产业；“十三五”继续强调加快发展生物医药产业；“十四五”将实施“医药健康产业发展行动”，以4大产业功能区为重要载体，重点发展生物技术药创制及外包服务、生物医学材料及医疗器械研制、小分子药创制、现代中药研制等领域，建设西部大健康产业基地，到2025年产业规模突破8000亿元。

“十三五”期间，成都先后出台《关于加快成都市生物医药产业发展的专项政策》《成都市人民政府办公厅关于成立成都市医药健康产业推进领导小组的通知》《成都市高质量现代化产业体系建设改革攻坚计划》《关于促进成都医药健康产业高质量发展的实施意见》等政策，从组织机制、专项政策、产业引导基金等方面促进产业发展。

（二）产业链

成都市医药健康产业生态圈产业链主要包括研发及原材料供应、制造和流通、医疗健康等服务三个环节（见表5-19）。在制造和流通环节，成都的医学影像诊断设备在全球具有比较优势，其中粤泰医疗是全球第四家、亚洲第一家掌握超导磁共振整机系统集成技术的公司；在大输液、血液制品、体外诊断试剂等领域全国领先，其中血液制品占全国1/3，四川科伦药业于2018年凭借大容量注射剂的全球优势获评制造业单项冠军示范企业，迈克生物在国内率先推出化学发光诊断产品；在中药、化学药、生物药等领域也有一定竞争力。此外，着力打造“医美之都”，发布《成都医疗美容产业发展规划（2018—2030年）》，首条医美特色街区开街。

表 5-19　成都市医药健康产业生态圈产业链环节

产业环节	研发及原材料供应		制造和流通			医疗健康等服务			
领域	研发	原材料供应	医药制造	器械制造	药品流通	医疗健康服务	保险金融	信息服务	外包服务
细分领域	应用生物组学	有机化合物	新型化学药制剂	诊断诊疗设备	医药物流	体检/健康管理	健康保险	HIS	CRO
	医疗信息学	生物提取原料药	生物技术药	医疗耗材/植入器械	医药批发	精准医疗	金融产品	医疗应用开发	CMO/CDMO
	精准医学	创新植物药	中药制品	康复设备	医药仓储	医疗美容		健康大数据	CSO
		中药保健养生食品	中药衍生品	手术设备		高端康复医疗		人工智能	
			中医改良型新药	重大诊疗设备		特色专科医疗			
			生物医学材料	医学穿戴设备		养生养老服务			

（三）空间布局

目前成都市医药健康产业主要以成都医学城、天府国际生物城、天府中药城、华西大健康产业功能区 4 个产业功能区为载体，分布在高新区、温江区、彭州市、武侯区等区域，形成产业集聚（见图 5-24）。

1. 成都高新区

2017 年，高新区明确将打造“四链条一体系一社区”的现代化生物产业生态圈，以“生物医药、生物医学工程、生物服务、健康新经济”为四大主攻方向，并于 2017 年、2020 年分别发布《关于构建生物产业生态圈（产业功能区）促进生物产业发展的若干政策》《关于促进生物产业生态圈（产业功能区）成型成势发展的若干政策》，从提升产业链、创新链、供应链、金融链等方面全面支持区内生物医药企业发展。高新区已初步建成涵盖靶点发现、安全性评价、有效性评价、临床试验到产业化的新药创制全链条创新平台体系，构建了 BIO 品种贷、生物医药产业基金、保险超市等特色金融体系，依托中欧班列等打造全球供应链，帮助企业加快研发速度。

2020 年高新区生物医药产业规模突破 600 亿元，生物医药园区综合竞争力排名跃升至全国第三，以天府国际生物城、天府生命科技园、天河孵化园为主要载体。其中，天府国际生物城作为核心载体，累计落户项目 150 个，总投资超 1100 亿元，包含国药中生、绿叶生命、赛默飞共享实验平台、川大生物医学材料创新中心等产业化项目和多领域功能项目；天府生命科技园、天河孵化园均以孵化为主要任务。

2. 成都温江区

温江区在全国率先提出医学、医药、医疗“三医融合”理念，打造“三医+大数据/AI”主导产业体系，成为全国唯一全域专注深耕大健康产业的城区。全区积极打造“想进来、易生存、离不开”的产业生态环境。对高层次人才实施项目资助、薪酬奖励、住房安居、子女就学、医疗保健、配偶安置等全环节人性化的政务服务、创业服务、生活服务。2021 年 5 月，因多年深耕医药健康产业受到国务院督查表扬，工作亮点为“大力培育发展战略性新兴产业、产业特色优势明显、技术创新能力较强、产业基础雄厚”。“十四五”期间致力于将三医融合产业之城建设成全国标杆，医药健康产业营收达 1000 亿元。

成都医学城作为温江区“三医”融合发展的主承载地，不仅搭建了面积1800平方米的高端共享会议空间、研发供应链服务平台等平台，而且研发实力不断增强，精准医学孵化器被评为国家级科技企业孵化器，“三医研发小镇”获批全国特色小镇典型案例。目前，园区产业集聚态势初显。以药明康德等行业龙头为引领，聚集“三医”企业464家，其中医学研发151家，药械制造152家，医疗服务机构61家，大数据/AI企业6家。2020年医药健康产业营业收入达300亿元。

3. 成都彭州市

彭州市是全省少有的具备发展中药材种植、中医药研发制造、中医药贸易流通及中医药健康养生旅游等中医药全产业链条的区域。根据《彭州市中医药健康产业发展规划（2019—2028年）》，彭州市将构建以中医药研发制造与商贸流通为支柱，以中药材种植为特色，以中医药健康养生、中医药健康旅游为引导的中医药健康产业体系，以天府中药城和湔江河谷地带为主要依托，布局形成“一核、一带、三区”的中医药健康产业空间格局（见图5-24）。

成都市唯一一个以中医药为特色的产业功能区——天府中药城就坐落于彭州市最南部，该功能区2021年启动四川中医药职业学院、川产道地药材产业技术研究院等八大科技创新性平台项目。此外，通过“种子计划”、投资基金等方式集聚人才、资本、技术等要素，建立囊括800名科学家的极早期新药研发“种子库”。目前，功能区已集聚新绿色药业等近百家医药健康领军企业，主营业务收入连续3年增速保持约20%。

4. 成都武侯区

武侯区重点发展高端医疗、健康管理、智慧健康、健康养老、医疗旅游五大领域。自2018年10月市政府授牌武侯区“西部大健康金融中心”以来，《武侯区促进健康产业发展若干扶持政策》《武侯区关于支持大健康金融产业发展的若干政策》等系列扶持政策相继出台，同时搭建了健康医疗大数据平台，率先在国内采用实时全量采集模式，推动大健康产业发展。

华西大健康产业功能区作为武侯区重点建设的三大功能区之一，以医疗医美、大健康金融为主导产业，细分领域包括创新健康服务、高端医疗医养等，同时打造以华西医院为代表的生态体系。目前已会聚了一大批院士级别的高层次人才，拥有22个国家和省部级重点实验室，打造了数字医疗国际创

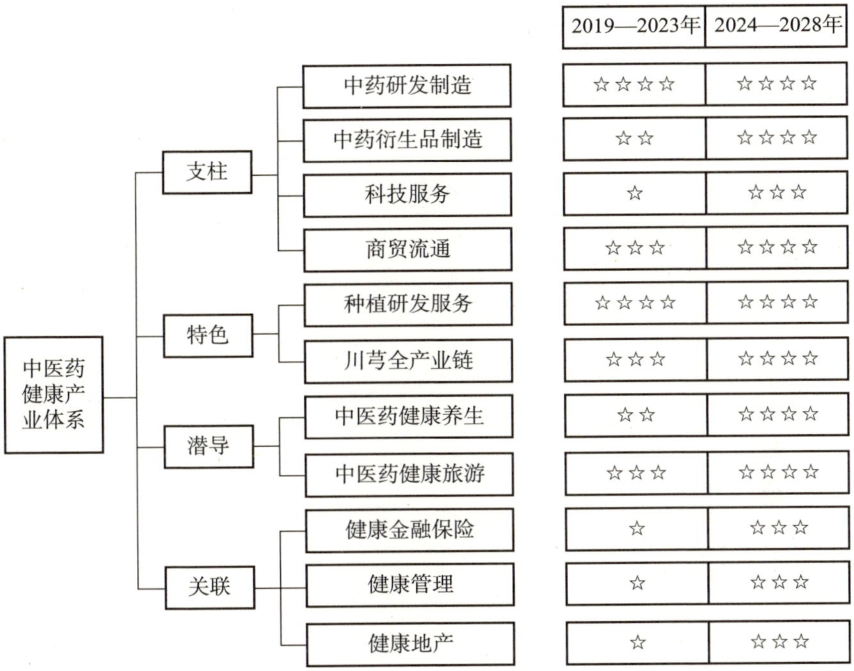

图 5-24　彭州市中医药健康产业体系

注：☆代表产业发展力度，☆越多代表在该阶段重点发展。
资料来源：《彭州市中医药健康产业发展规划（2019—2028 年）》。

新中心等多个健康数据平台。

（四）产业发展优势

中药材资源富饶。成都素有“中药之库”的美誉，有 2000 余种中草药，“都江堰川芎”“都江堰厚朴”“听江”郁金原种和粗加工饮片，“金堂明参”，“崇州郁金”等被列为国家地理标志保护产品。全市中药材种植面积约 40 万亩，其中川芎年产量 2.3 万吨，占全国的 90%以上。

医疗资源丰富。2020 年末共有医疗卫生机构 11954 个，三甲医院 39 家，在全国排名第 7，各类卫生机构床位数 15.4 万张，执业（助理）医师 7.2 万人，居全国领先水平。其中华西医院综合实力连续 11 年排名全国第二，拥有 33 个国家临床重点专科。

创新平台和人才集聚，加快形成涵盖基础研究、药物发现、药物设计、临床前开发、临床试验到工业化生产的全链条创新支撑体系。拥有四川大学等 60 多所医药专业高等院校及科研机构，生物治疗国家重点实验室、中国科学院成都生物研究所等重点科研平台。成都集聚医药健康领域高端人才超 500 余人，包括 5 个生物医药诺奖团队，38 名享受国务院特殊津贴专家，11 名两院院士，64 名全国老中医药专家学术经验继承人。此外，成都高新区先后被授予国家生物医药研发创新产业基地、国家生物医学材料及医疗器械高新技术产业化基地和国家（成都）生物医药产业创新孵化基地，同时是“十三五”期间全国首家且唯一承担新药专项成果转移转化试点示范基地。

医药商贸辐射能力较强。成都不仅是国家首批药品出口基地，而且是我国中西部最大的生物医药集散贸易中心，辐射范围广。拥有药品批发企业 417 家，零售连锁企业 125 家，零售药店 10561 家；医疗器械专营店约 4000 家，兼营店约 9000 家，主要专业市场包括成都国际医药港、荷花池中药材市场、量力医药健康城等。

创新资本不断集聚。火石创造数据库数据显示，截至目前，成都市医药健康产业累计发生融资事件 102 起。此外，各区争相设立产业引导基金推动产业发展，其中高新区、武侯区分别设立了 20 亿元（中古）生物产业引导基金和 20 亿元大健康产业引导基金；温江区设立了 3 亿元温江大健康产业投资基金、3 亿元健桥资本成都生物医药产业发展基金①。

① 火石创造．成都全力打造医药健康产业生态圈［J］．中国医药报，2019（2）．

第六章 科技产业发展趋势与重点

当前，全球新一轮科技革命和产业变革方兴未艾，以人工智能、智能制造、大数据、物联网为代表的科技产业和新兴技术逐渐改变社会生产模式。美国、中国、日本、德国等世界主要经济体都将发展科技产业作为战略发展重点。本章对全球主要国家科技产业发展方向和规划政策进行系统梳理，深入探究人工智能、金融科技、健康科技、智能制造等行业最新发展趋势，并展望未来科技产业发展愿景。

第一节　全球科技产业发展趋势

科技产业创新已成为驱动所有国家经济发展的战略重点。以新产业、新业态、新生产工具和新商业模式为基础的知识经济，已成为各国提高核心竞争力的关键，并且对助力全球经济增长和可持续发展有着深刻影响。本节首先通过梳理工业 1.0 时代到工业 4.0 时代的发展历程，阐述全球科技产业进步与突破的实质是驱动经济发展生产要素构成的变化。之后，将阐述现今社会聚焦的主流科技走向和部分关键国家支持科技创新发展的战略政策及产业发展方向，从而揭示全球科技产业创新发展趋势。

一、宏观背景：工业 1.0 至工业 4.0 生产要素的演变及特征

纵观整个人类历史，重要科技创新的成果几乎都依托于工业革命在各个时期的创新成果。工业有效地调动了各种自然资源和生产资料来重构生产要素，同时，人们的工作效率和生活品质被产业转型升级后的产品极大地丰富提升。工业 1.0 至工业 4.0（工业革命）的历史演进见表 6-1。

表 6-1　工业 1.0 至工业 4.0（工业革命）的历史演进

	工业 1.0 机械制造时代	工业 2.0 电气化与自动化时代	工业 3.0 电子信息化时代	工业 4.0 智能化时代
时间段	18 世纪 60 年代至 19 世纪中期	19 世纪下半叶至 20 世纪初	20 世纪 70 年代至今	2013 年至今
特点	通过水力和蒸汽机实现工厂机械化	劳动分工基础上采用电力驱动产品的大规模生产	广泛应用电子与信息技术，使制造过程自动化控制程度进一步大幅度提高	利用数字信息化技术促进产业变革，机器将进一步取代人工，并实现万物互联

续表

	工业 1.0 机械制造时代	工业 2.0 电气化与自动化时代	工业 3.0 电子信息化时代	工业 4.0 智能化时代
主要发明/关键技术	蒸汽机	内燃机、发电机、电话、飞机	原子能的利用、航天技术、电子计算机、人工材料、遗传工程、互联网、人机交互	物联网、大数据、无人工厂、人工智能
工业特征	蒸汽机与铁路时代	电气化铁路时代	电子和网络时代	绿色技术与低碳时代
关键要素	煤炭、铁	钢、石油、塑料	芯片	可再生能源

资料来源：鑫创科技产业研究院整理。

（一）工业 1.0 时代

工业 1.0 时代是机械制造时代，时间是 18 世纪 60 年代至 19 世纪中期。瓦特蒸汽机的发明实现了机械化的大规模生产，同时也大幅度提高了生产效率。经济社会从以基于农业和手工业的模式转变为利用工业和机械制造推动经济发展的新模式。

（二）工业 2.0 时代

工业 2.0 时代是电气化和自动化时代，时间是 19 世纪下半叶至 20 世纪初。该时代的突破是在劳动分工的基础上投入电力驱动的大规模生产。动力成本由于电力的普及显著下降，使生产效率再次得到跨越式提升。这场工业革命是工业发展道路上的一个重要里程碑，为大规模生产工业产品创造了崭新模式。

（三）工业 3.0 时代

工业 3.0 时代是电子信息化时代，即 20 世纪 70 年代开始并一直延续至今。在升级工业 2.0 的基础上，广泛应用电子与信息技术，使制造过程自动化控制程度大幅提高，制造业的整体生产模式由此提升到了新高度。

（四）工业 4.0 时代

工业 4.0 最早是德国政府在 2013 年《高技术战略 2030》确定的十大未来项目之一，现已上升为国家战略，旨在支持工业领域新一代工业技术的研发与创新，工业 4.0 时代是将实体物理世界与虚拟的网络系统连接，通过新的数字信息技术在工厂中实现智能制造。

综上所述，每一次的工业革命都驱动了技术的极大进步，并且使社会生产方式和生产效率获得了极大提高。目前，以数字经济为代表的新兴产业正在逐渐主导世界产业体系变革与转型，新兴经济体也纷纷参与了关键核心领域的竞争。根据全球领先的信息技术研究和顾问公司 Gartner 公布的《2020 年重要战略科技发展趋势》①，未来 5~10 年，以泛在化、智能化为特点的 IT 与互联网技术融合的新兴数字场景业态是科技产业的重要发展方向。

二、全球科技创新产业发展趋势

（一）社会经济发达的核心应用场景——数字场景

数字技术通过与新产品、新业态、新模式逐渐融合，正不断地革新和重建全球产业系统。随着大数据、云计算、人工智能、物联网等新一代数字技术持续迭代发展，3D 打印、无人驾驶、超宽带、精确定位等前沿技术逐步实现了人员、机器、信息的有机结合。其中智能工厂是应用最广泛的领域，高精尖技术重塑了工业经济的流程和生态；数字经济正在彻底改变零售和消费形式；共享经济将闲置资源进行重整利用从而满足多样化的社会需求；融合了人工智能、互联网和新材料的新一代数字技术正赋能制造业各个方面，并加速其转型②。

（二）产业创新，智能化时代席卷而至

产业创新是指以技术创新为焦点，通过载体之间产生的协同效应，实现技术的创造发明和产业化应用过程。现代产业创新的演进趋势体现在互联网技术的突破、新兴产业的形成和传统产业的生产组织方式的转变。产业创新与技术创新有关，但也有其自身发展特点。目前看，产业创新是指产业链中特定环节的创新，或者是为响应市场需求而形成的新兴产业所触发的整体产业创新。以人工智能和量子技术为主导的新一代信息技术产业正在步入快车

① Gartner. 2020 年十大战略科技发展趋势 [J]. 软件和集成电路，2020（1）：42-44.

② 赵春哲，李丹. 全球高技术产业发展趋势与经验启示 [J]. 全球化，2019（11）：71-83+135.

道，自动驾驶和车联网等新业态不断涌现，使远程协同研发成为可能。军事和民用综合技术不断向深空、深海、深地等领域拓展，开辟了人类感知和资源利用的新领域。海洋技术、地质勘探等技术极大地提高了能源勘探和利用能力，优化了世界能源供需结构。新材料和储能方式的发展大大提高了太阳能的利用效率，极大地缓解了能源瓶颈压力①。

（三）物联网突破新阶段——跨领域推广与普及

物联网（Internet of Things，IOT）是第四次信息技术革命的缩影，具有重大的创新和应用价值。国际电信联盟将物联网定义为：实现物到物（T2T）、人到物（H2T）和人到人（H2H）的互联。国际电信联盟在 2005 年发布的物联网报告②中正式提出物联网的概念，并指出：通过一些关键技术，用互联网将世界上的物体都连接在一起，使世界万物都可以上网。这些关键技术包括通信技术、RFID（射频识别）传感器、机器人技术、嵌入式技术和纳米技术等。当前，物联网技术正在进入“物联网 3.0 时代”，物联网技术已经从基于 RFID 技术的信息交换和通信过渡的早期阶段发展到当前的智能识别、定位、跟踪、监控和管理的综合技术阶段（见表 6-2）。

表 6-2　物联网 1.0~3.0 阶段发展主要特征

发展阶段	主要特征
1.0 阶段	逐步搭建互通互动的物联网系统，主要解决基础采集设备布设的问题。会有大量的采集和感知节点被工程化实施，并形成各自领域的数据采集的框架结构
2.0 阶段	模型搭建已经初见规模，各行业各领域在正确数据的基础上都有了自己的框架模型，并开始深入地扩充和发展不同的信息处理应用
3.0 阶段	物联网技术和云计算、人工智能等技术深度融合，对数据分析的智能化发展产生重要影响

资料来源：乾坤有象《物联网发展的阶段特点》。

物联网技术发展的 3.0 阶段具有两方面的突出特征：首先，物联网技术解决方案和云端移动技术趋于融合，物联网技术框架下的解决方案源于云计算中的云端。其次，物联网平台的大数据分析逐渐步入更深层的发展阶段，以物联网为平台，大数据正在改变信息的挖掘和处理，并且基于详细的分析和可执行的洞察力来改变物理世界。为了构建更安全、更高效的云平台，需

① 钟书华．物联网演义（二）——《ITU 互联网报告 2005：物联网》［J］．物联网技术，2012，2（6）：87-89.

② 赵春哲，李丹．全球高技术产业发展趋势与经验启示［J］．全球化，2019（11）：71-83+135.

要在物联网数据处理中深耕现有技术，并且需要不断创新 IT 技术。未来技术创新包括三个重点方向：一是传统 IT 数据处理技术处理结构化数据，而新的 IT 需要紧急处理物联网上大量非结构化数据。二是在物联网中引入物理模型仿真物理世界。三是把诸如认知计算之类的核心数据处理技术整合到物联网的数据分析中，从而使 3.0 系统能够自行学习。

近年来，全球物联网的研究与开发已进入快速发展阶段，技术研发的突破高度集中在美国、欧洲、日本、韩国和中国等国家（见表 6-3）。关键开发的核心技术包括 RFID 技术、传感技术和 M2M 技术等。各国均将物联网建设上升到国家发展的战略层面，促进了物联网应用和产业发展。

表 6-3 各国物联网策略部署及发展态势

国别	战略部署	发展趋势	核心竞争力
美国	“智慧地球”	传感器嵌入到铁路、电网、桥梁等物体，通过超级计算机和云计算将物联网整合，实现“智慧地球”战略	技术研发在全球领先
欧盟	“欧盟物联网行动计划”	开始部署智能电子系统，为用户提供实时的消费信息。在零售、制造、物流等行业，提高了生产周期的效率	长期战略和规划完善
中国	“感知中国”	开展物联网体系、系统集成和测试评估等领域研究，在技术、标准、产业及应用与服务等方面，使中国占据价值链高端	在产业应用方面与城镇化战略相结合
日本	“i-Japan”	以人为本，实现人与物之间的连接。为了实现 u-Japan 战略，日本进一步加强官、产、学、研的有机联合	重视技术应用战略
韩国	“u-Korea”	在信息家电和汽车电子等领域领先，计划营造物联网扩散环境；大力发展智能家居和智能汽车以服务带动产业，打造物联网服务强国	选择重点领域推广应用

资料来源：国开联研究中心。

（四）可持续性发展和绿色技术

随着科学技术的突飞猛进和知识经济的迅速发展，由资源和环境带来的压力同时也在成倍增加。面对高速发展带来的生态影响，绿色低碳和智能制造已成为各国主要发展的方向。例如，欧美提出了“绿色供应链”和“低碳革命”，日本则提出了“零排放”。在新形势下，资源和环境压力的制约已成为所有国家面临的最重要问题之一，绿色复苏和增长是全球新冠疫情后经济高质量发展的首要推动力。现如今，各国均致力于通过发展低碳节能先进制造业，逐步改善生态环境，从而实现周期性环境友好型发展模式。在生态和环境保护方面开展国际合作以促进经济社会高质量发展已经成为世界各国需共同肩负的历史责任。

三、关键国家支持科技创新的战略及规划产业发展方向

在新科技革命和数字经济飞速发展的背景下，传统发达国家借助其优势和强大的研发实力，已经掌握了前沿技术，并在新兴产业中占有优势地位。与此同时，发展中国家得益于数字技术的涟漪效应，并依靠庞大的市场规模和消费能力，持续夯实创新实力，并加速投入新兴产业，在应用技术创新领域取得丰硕成果，成就了像中国这样的新兴经济体逐步从“跟跑”转变为某些领域“领跑”局面。这些后发者在世界经济体量和创新格局中的分量越来越重，逐步推动国际创新格局的改变。

（一）美国

1. 颁发以应用性、前瞻性和战略性为导向的产业政策

作为世界领先的科技强国，美国不断审视和调整其科技产业创新政策，以保证其在全球科创竞争中的前沿地位。美国政府通过巨额投资实现战略引导，强调了金融支撑和对基础科学的重视。美国多届政府通过制定中长期计划以扶持科技产业发展，陆续颁发了《先进制造业国家战略计划 2012 年》《美国国家创新战略 2015》《国家人工智能研发战略规划（2016 年）》等综合性战略规划文件。

同时，美国高度注重科技创新政策的前瞻性，为继续强化其技术优势，美国在 2016 年公布了一份长达 35 页的《2016—2045 年新兴科技趋势报告》。该报告基于过去五年政府、咨询和科研机构的研究成果，前瞻性地指出新兴科技产业发展领域，为将来美国科技和社会资本的投入指明了前进的方向。

2. 高度强调风险投资对高技术产业创新的重要性

美国的风险投资体系在指导科技创新方面起着重要作用。美国相继出台

一系列政策文件，积极支持科技创新。例如，部分财政政策内容提出要对部分研发支出进行税收减免，并增加了研发税收抵扣力度，提出要将研发税收抵免政策永久化立法，以鼓励企业的研发经营活动。

政府从法律和政策角度积极支持风险投资体系的建立，支持和引导美国科技创新。重点战略措施包含以下两方面：一是制定吸引风险投资的高技术产业发展计划，建立健全科技咨询服务体系，为投资者提供咨询和必要服务。二是颁发一系列推进风险投资的法律文件，例如收入法、经济恢复税法和小企业投资鼓励法等。

（二）英国

1. 布局一系列产业发展战略

英国于 1998 年、2000 年、2001 年和 2019 年分别发布四份政府白皮书，重点提出将英国建设成“全球最具创新能力”的经济体。此外，白皮书还强调企业是技术创新的主体，应加强营造有利于科技创新的环境。通过制定一系列有利于创新的法律法规，大力发展风险投资，解决企业技术创新资金问题，将研发资金占 GDP 比重提高到 3%。

同时，英国政府还相继出台《促进增长的创新和研究战略（2011）》《英国产业战略：行业分析报告》《我们的增长计划：科学和创新（2014）》等规划文件，鼓励企业科技创新。2017 年 1 月，英国政府发布《产业振兴战略》绿皮书，提出发展现代产业的十大举措，为英国的科研、开发、创新和基建等方面进行有机统一的战略部署。

2. 针对新冠疫情 Covid-19 推出未来基金和研发计划

2020 年 4 月，英国政府启动总额 12.5 亿英镑的援助计划以帮助英国初创型企业渡过新冠疫情难关并维持后续发展。该计划分为两部分：一是“未来基金”计划，该计划将由英国政府提供 2.5 亿英镑的初始资金，其余部分由私人投资者提供。二是针对创新型中小企业提供的 7.5 亿英镑的辅助计划，该计划由英国研究与创新署从现有客户中选择符合要求的单位，进行总额上限 2 亿英镑的拨款和贷款支持。

（三）德国

1. 制定科技创新战略，高度引领产业发展

德国一直将科技创新作为国家发展的战略重点，多项创新驱动发展战略和规划相继出台，德国建立了引导和保障创新驱动发展的国家政策体系。德国在 2006 年，颁布了《德国高技术发展战略》，首次在国家层面确立旨在加强德国创新力量的政策路线。此后，德国在 2010 年颁布《德国 2020 高技术战略》，明确新能源、生物技术、纳米技术等新的未来科技重要领域，并制定了具体行动路线图。2019 年，德国发布《德国工业战略 2030》，重点提出在人工智能、新材料、数字技术、生物技术、轻质建筑技术等领域寻求突破性创新。

2. 德国政府为产学研合作提供法律制度保障

德国政府颁布了一系列法律文件，为产学研合作提供了良好的法治环境保障。例如，德国颁布的《德国经济稳定与增长促进法》规定可以使用财政补助促进高新技术企业的发展，特别优先鼓励使用新研发的科学技术和生产设备。此外，《科学技术法》《专利法》《版权法》等法律都有专门章节为促进科技进步和产学研合作提供法律支撑。

（四）日本

1. 向创新型国家科技战略发展迈进

日本一直从国家层面关注科技创新，特别重视基础科学研究。早在 1995 年，日本就颁布《科学技术基本法》，首次明确日本科技创新基本战略是加强科学技术基础研究为核心，通过科技创新促进高等学校和企业机构协同合作。2019 年 10 月，日本文部科学省发布《面向知识密集型价值创造实现社会 5.0 以引领世界的科技创新政策研究中期报告》，重点指出建设先进科学技术与社会包容并存的社会是日本首要任务。同时，日本最新一次《科学技术预测调查综合报告》显示人工智能、健康医疗与生命科学、食品与生物工程、环保与新能源、材料工艺、城市建筑和地球科学等七大领域为科技研发的重点方向。

2. 发布一系列鼓励企业科技创新的政策

日本政府为鼓励科技企业创新发展，陆续颁布了《外汇及对外贸易管理

法》《基础技术研究顺利进行法》《产业竞争力强化法》《小规模企业者等设备引进资金助成法》等一系列政策文件，这些政策文件为日本科技企业的创新发展提供了有力的法律保障土壤。

此外，为了促进全社会科技研发投入的增长，日本采取了以下措施：一是加强国立研发法人机构的改革，国立研发法人的职能和使命必须满足国家总体战略的需求，实现公共研发成果的最大利益。二是促进国立大学的改革，以国立大学使命为基础，制定发展愿景、目标和策略，并建立独立自主的发展改革体制。三是促进产学研合作，加强重组高校学科建设，注重与创新型企业的合作。同时，设立“学术转型研究”项目，引领学术体系转变方向，促进青年学者自主研发。

第二节　我国科技产业发展重点

当前世界经济增长速率持续放缓，全球经济处于后金融危机深度调整阶段，中国作为全球第二大经济体，正处于经济高速增长转向高质量发展阶段，新一轮全球科技产业革命、中美两强之争、新冠疫情为社会经济发展增添诸多不确定性，面对日益复杂、动荡的国际政治、经济环境，如何实现科技自立自强，发展下一代信息技术、智能制造、生命健康等高科技产业就显得尤为关键。

一、“十四五”规划前沿领域

2020 年 11 月《中共中央关于制定国民经济和社会发展第十四个五年规划和 2035 年远景目标的建议》发布。“十四五”规划建议重点提出要大力发展前瞻性科技领域、深化科技管理体制改革、加强基础研究、从区域上搭建科技创新中心平台等方面深化创新发展，持续为经济高质量发展增添活力与动力。其中，“十四五”规划建议明确聚焦光子与微纳电子、量子信息、网络通信、人工智能、生物医药、现代能源系统等重大创新领域组建国家实验室。同时，还确立在新一代人工智能、量子信息、集成电路、脑科学与类脑研究、基因与生物技术、临床医学与健康、深空深地深海和极地探测等 7 类科技前沿领域进行攻关，不断提升中国自主创新能力（见表 6-4）。

表 6-4 “十四五”规划建议重点关注七大前沿技术领域

七大前沿领域	主要内容
新一代人工智能	◆新一代人工智能在七大科技前沿领域中被首要提及先落地智慧医疗、智能汽车、智能机器人及智慧工厂等领域
量子信息	◆量子信息技术有望在“新基建”的发展中，结合 5G、物联网、人工智能、云计算、区块链等，加深推动信息安全行业和通信行业融合
集成电路	将在关键技术集中攻关，加强在产业链和供应链方面的自主可控能力
脑科学与类脑研究	主要为探索大脑、攻克脑疾病和将人工智能应用在脑类研究
基因与生物技术	重点推动生物技术创新，在创新疫苗、体外诊断、抗体药物等方面加速研发进展
临床医学与健康	◆重点加强癌症和心脑血管、呼吸和代谢性疾病等发病机制的基础研究 ◆在再生医学、微生物组、新型治疗方法上进行技术突破
深空深地深海和极地探测	◆加强深空领域探索，如开展对地球外行星探索计划、航天商业化路径等 ◆推动深地深海地球内部的可利用资源探索，保证国家能源资源安全等

资料来源：鑫创科技产业研究院整理。

二、战略性新兴产业

根据国家统计局 2018 年 11 月发布的《战略性新兴产业分类（2018）》，战略性新兴产业战略性新兴产业包括新一代信息技术、新材料、高端装备制造、新能源汽车、生物、新能源、节能环保、数字创意、相关服务业等九大领域。“十四五”战略性新兴产业主要关注两大领域：一是国家发展战略对于新兴产业提出全新要求，在长江经济带、长三角一体化、粤港澳大湾区、京津冀协同等战略中均对战略性新兴产业产业发展提出了对应布局要求。二是战略性新兴产业产业本身布局着力点发生变化，随着产业规模快速扩大，产业布局关注层次业快速提升，由具体产业项目转向区域集群建设。2019 年国家发改委重点在 12 大领域发布首批国家级战略性新兴产业产业集群建设名单，共覆盖 22 个省（区、市）的 66 个集群（见表 6-5）①。

表 6-5 首批国家级战略新兴产业集群建设重点领域分布

领域	个数
人工智能	4
集成电路	5

① 马跃 .2021 中国战略性新兴产业发展报告［M］. 北京：科学出版社，2020.

续表

领域	个数
新型显示器	3
下一代信息网络	3
信息技术服务	7
网络安全	1
生物医药	17
节能环保	3
先进结构材料	5
新型功能材料	9
智能制造	7
轨道交通装备	2
合计	66

资料来源：马跃.2021 中国战略性新兴产业发展报告［M］. 北京：科学出版社，2020。

三、数字经济及其核心产业

根据国家统计局发布《数字经济及其核心产业统计分类（2021）》，数字经济是指以数据资源作为关键生产要素、以现代信息网络作为重要载体、以信息通信技术的有效使用作为效率提升和经济结构优化的重要推动力的一系列经济活动。总体来看，数字经济发展呈现“快”状态，一是从数字经济自身看，我国数字经济规模快速增长，与实体经济深度融合，多方共建合力发展、自主创新的趋势正在加快显现。二是从各级政府层面看，中央政府在加快构建数字经济扶持政策体系的同时也在加快启动建设 6 个国家数字经济创新发展试验区，而各省市也加快规划引领和政策扶持，加速布局智能制造、人工智能等重点业态。三是数字经济成为经济增长的重要力量，推动了经济社会数字化转型。以人工智能、大数据、物联网、VR、移动互联网等为代表的数字技术在推动数字技术产业蓬勃发展的同时，与社会各领域融合，催生以线上线下一体、信息与物理相融合为特征的新产品、新模式，涌现出网络直播、共享经济、网络出版、在线游戏等新业态。2014—2020 年中国数字经济规模及 GDP 占比见图 6-1。

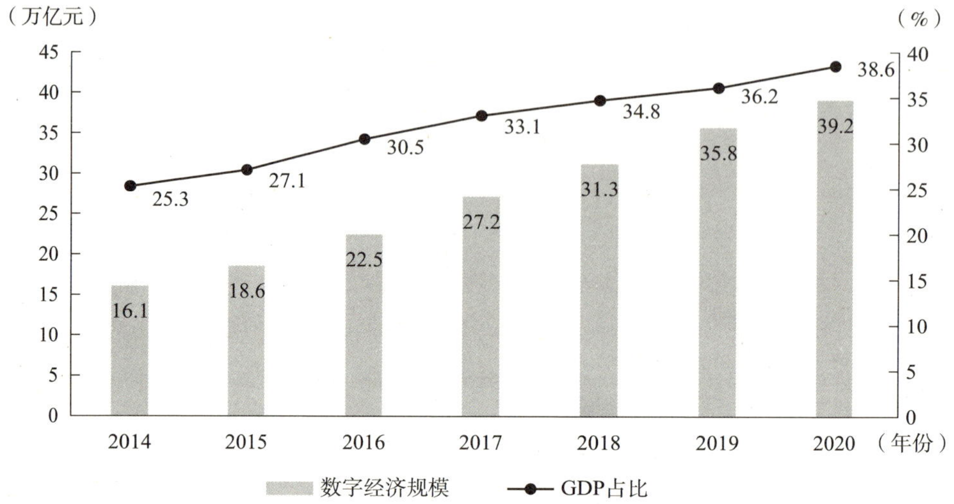

图 6-1 2014—2020 年中国数字经济规模及 GDP 占比

资料来源：鑫创科技产业研究院整理。

第三节 四大热点产业发展趋势

一、人工智能产业

（一）人工智能产业定义

根据中国国家标准化管理委员会发布《人工智能标准化白皮书 2018》的定义，“人工智能是依靠数字计算机的机器模拟、延伸和扩展人类智能，获取知识、使用知识获得最佳结果的理论、方法、技术和应用系统。”根据其学习能力和认知能力的强弱可以分为强人工智能和弱人工智能。

强人工智能是指通过模仿人类大脑神经结构，使机器具有认知能力和深度学习能力，面对变化的环境能够实现思维转换、认知能力大幅提升。目前人类技术水平尚无法令人工智能的发展水平达到强人工智能层面，且强人工智能在科学研究和社会伦理方面仍存在较大挑战。

弱人工智能是指机器人不具有认知能力。目前的人工智能技术手段停留在计算和感知层面，能够进行相对复杂的运算，并且在文学、语音、图像识别方面有较高的准确率，但学习能力相对较弱，对于复杂环境和动态数据需要通过人工干预来进行功能的调整。目前人工智能技术仍处于该阶段，对于其计算和感知能力的利用是其商业化应用的主要形式。

（二）全球人工智能发展概况

1. 人工智能产业飞速发展，成为各国战略竞争焦点

人工智能是新一轮科技革命的核心力量，作为一种赋能技术，人工智能广泛应用于社会的各个领域，与传统产业不断深度融合，重塑生产、分配、交换和消费等经济各环节，催生新业务、新模式、新产品。根据普华永道数据，2015 年全球人工智能产业市场收入规模持续增长，2020 年约为 8920 亿美元，同比增长 35. 9%。预计 2024 年将突破 3 万亿美元，到 2030 年人工智能将为全球带来 15. 7 万亿美元的市场规模（见图 6-2）。发达国家纷纷布局人工智能，力求在全球竞争中占据主导地位。美国主要聚焦人工智能对国家安全和社会稳定的影响，欧洲注重人工智能的社会伦理和标准，日本则以“超智能社会”为引领，利用人工智能解决教育、养老及商业领域等方面的问题。

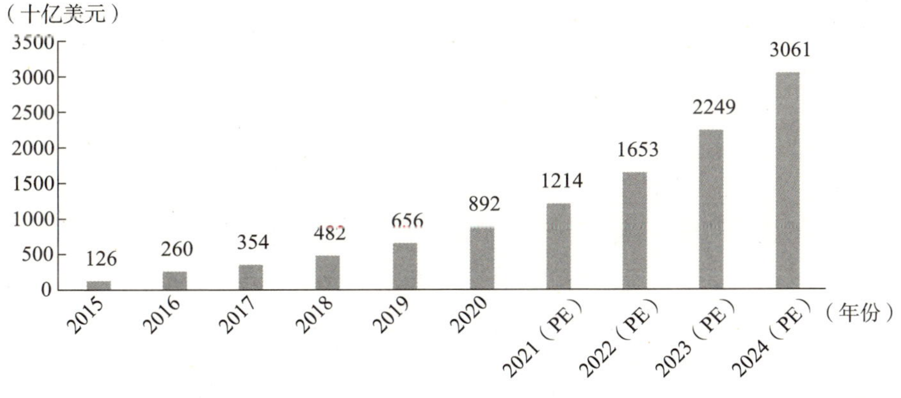

图 6-2　2015—2024 年全球人工智能市场规模及预测

资料来源：PWC《全球人工智能行业报告》。

2. 美国和中国成人工智能超级两强，北美洲、亚洲、欧洲是主战场（见图 6-3）

根据中国信通院报告《全球人工智能产业数据报告》，截至 2019 年 3 月底，全球活跃人工智能企业达到 5386 家。其中以美国和中国产业发展态势最

为突出，企业数量分别为 2169 家和 1189 家，分别位居全球第一和第二。英国、加拿大、印度企业数量分列第三到第五位，分别为 404 家、303 家和 169 家[①]（见图 6-4）。

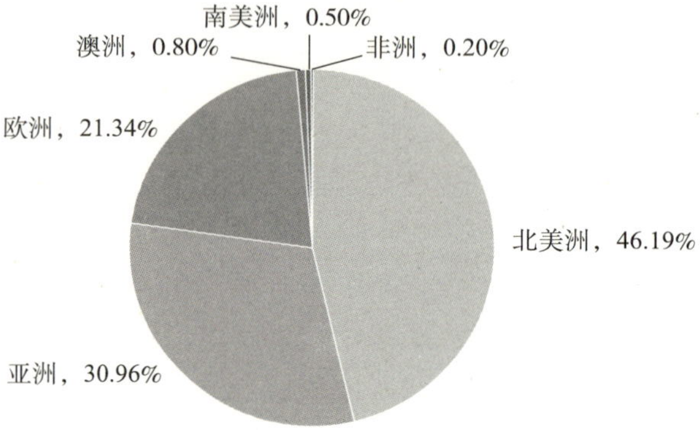

图 6-3　全球人工智能企业分布

资料来源：中国信通院《全球人工智能产业数据报告》。

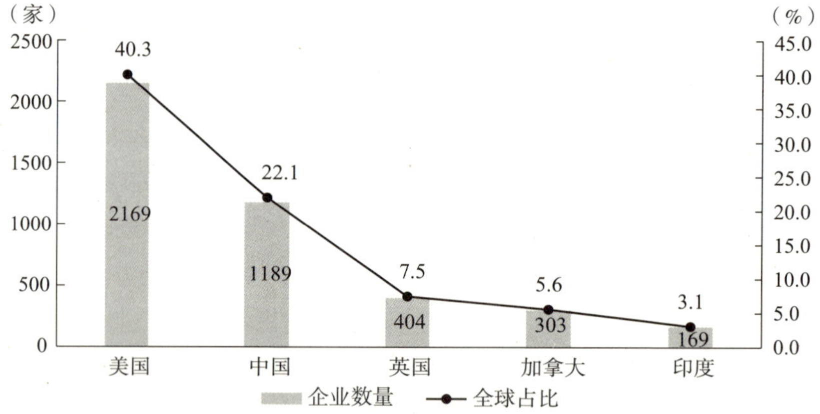

图 6-4　截至 2019 年 3 月全球人工智能企业数前五国家

资料来源：中国信通院《全球人工智能产业数据报告》。

（三）我国人工智能发展概况

1. 人工智能产业呈现爆发增长态势，发明专利位居全球首位

据中国信通院数据，2019 年我国人工智能总规模超 510 亿元，预计到 2030

① 全球人工智能产业数据报告［R］. 中国信息通信研究院，2019：1-42.

年行业规模将过万亿元（见图 6-5）。截至 2019 年底，中国人工智能企业数达 2000 家，正逐渐从底层基础、核心技术创新、顶层行业应用间建立产业链条。2019 年中国人工智能申请专利达 14.6 万件，同比增长 36.7%（见图 6-6）。截至 2019 年底，中国人工智能技术专利申请总量达 59.2 万件，首次超过美国，成为全球专利最多的国家。

2010—2019 年中国人工智能专利统计显示，云计算专利占比最多，为 18.38%；AI 视觉作为核心应用技术，居第二位，占比达到 17.72%。深度学习、自动驾驶及智能机器人占比分别为 14.52%、12.36%和 9.55%。其后按照占比数值排序分别是占比 7.58%的交通大数据、占比 5.72%的智能推荐、占比 5.65%的自然语言处理、占比 5.35%的智能语音、占比 3.17%的知识图谱技术[①]（见图 6-7）。

图 6-5　2015—2019 年中国人工智能产业市场规模

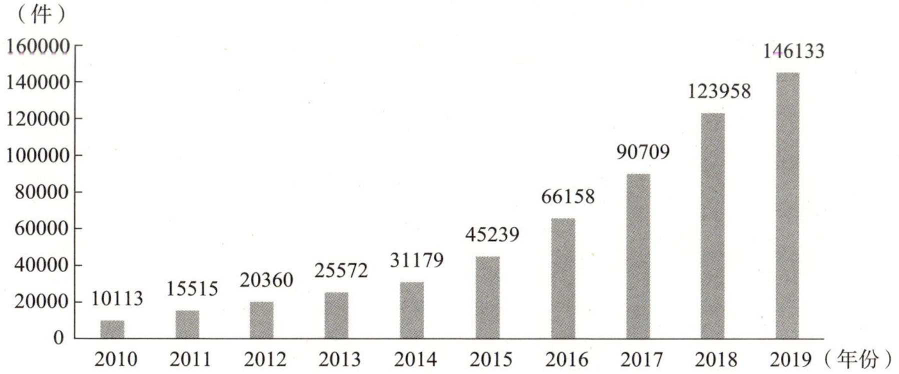

图 6-6　2010—2019 年中国人工智能发明专利申请量

资料来源：中国信通院《全球人工智能产业数据报告》。

① 全球人工智能产业数据报告［R］. 中国信息通信研究院，2019：1-42.

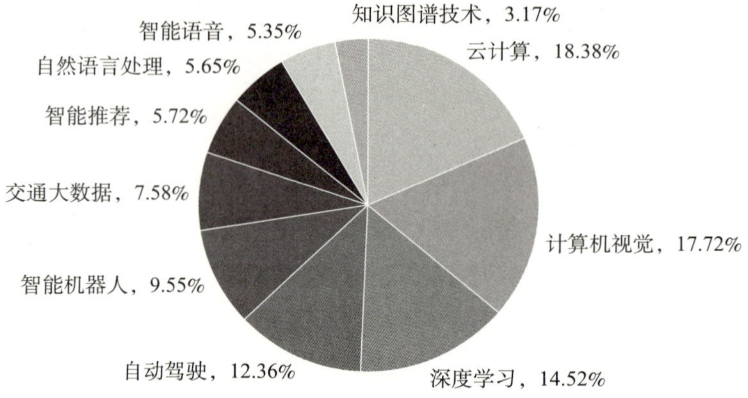

图 6-7　2010—2019 年中国人工智能专利申请领域分布统计

资料来源：中国信通院《全球人工智能产业数据报告》。

2. 行业融资额持续增长，在基础、技术、应用层领域涌现一批人工智能龙头企业

据中国信通院数据，2019 年中国人工智能领域共融资 1311 亿元，增长率超过 80%，投资者普遍看好人工智能行业的发展前景（见图 6-8）。基础层方面，涌现出地平线机器人、深鉴科技、寒武纪科技、西井科技、耐能等一批高新技术企业。应用方面，旷世科技、格灵深瞳等深耕 AI 视觉，科大讯飞、搜狗、百度等在语言处理领域领先，华为、阿里、腾讯等在云计算和机器学习方面占优势地位。应用方面，中国在智能金融、智能安防、智能医疗、智能机器人、智能教育、自动驾驶等领域涌现一批代表性龙头企业。

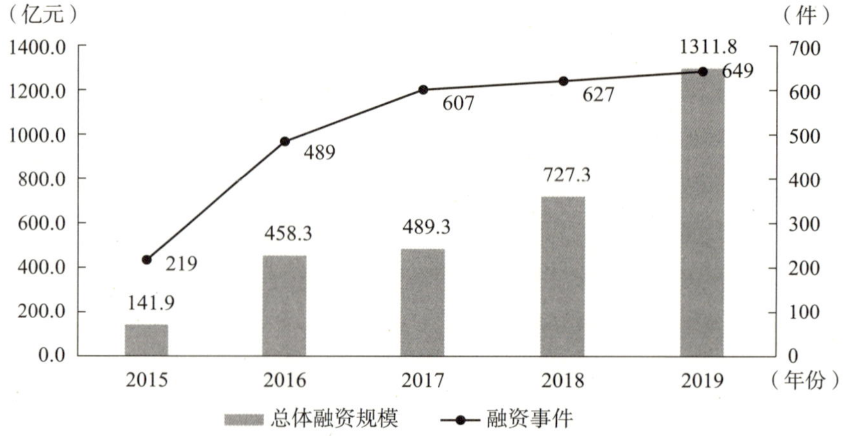

图 6-8　2015—2019 年中国人工智能行业融资额和事件统计

资料来源：中国信通院《全球人工智能产业数据报告》。

3. 人工智能产业区域集聚度差异明显，主要集中京津冀、长三角、粤港澳三大城市群

在人工智能区域产业集聚方面，我国 AI 产业集聚效应凸显，重点聚焦在京津冀、长三角、珠三角三大区域，北京、上海、广东、天津、浙江、安徽等已逐渐形成人工智能产业集群。前瞻人工智能产业分布热力图显示，人工智能企业主要分布在京津冀、长三角、珠三角、川渝四大城市群。根据中国人工智能研究院数据，截至 2019 年底，我国共有 745 家人工智能相关企业，从地域分布看，京津冀、长三角、珠三角和川渝四大区域 AI 企业占比分别为 44.8%、28.7%、16.9%、2.6%（见图 6-9）。

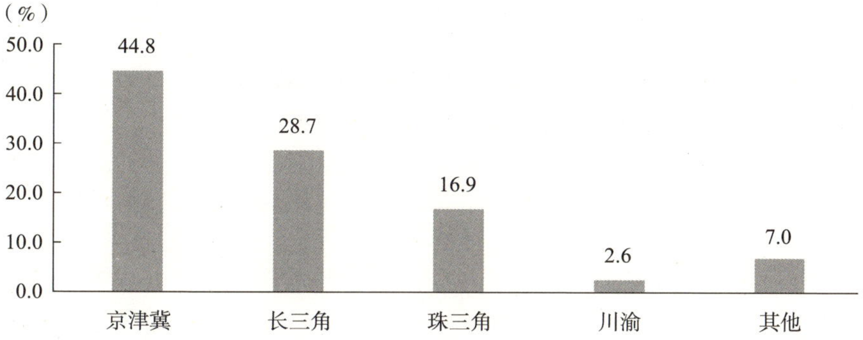

图 6-9　中国人工智能企业区域分布

资料来源：前瞻产业研究院《中国人工智能行业报告》。

具体从人工智能企业层次数量区域分布来看，京津冀地区的基础层、技术层、应用层企业数量最多，分别为 14 家、76 家、248 家，共有 338 家；长三角人工智能企业数量位居第二，为 212 家，基础层、技术层、应用层企业数量分别为 3 家、41 家、168 家；珠三角地区的人工智能企业数量位居第三，为 126 家，基础层、技术层、应用层企业数量分别为 3 家、31 家、92 家；川渝地区人工智能企业数量最少，三层次人工智能企业数量仅为 19 家（见图 6-10）。

截至 2018 年 12 月，在各省市自治区中，人工智能企业主要分布在北京市、广东省、上海市、浙江省、江苏省、四川省、湖北省。在各城市中，人工智能企业主要分布在北京市、上海市、深圳市、杭州市、南京市、广州市、成都市（见图 6-11 至图 6-13）。

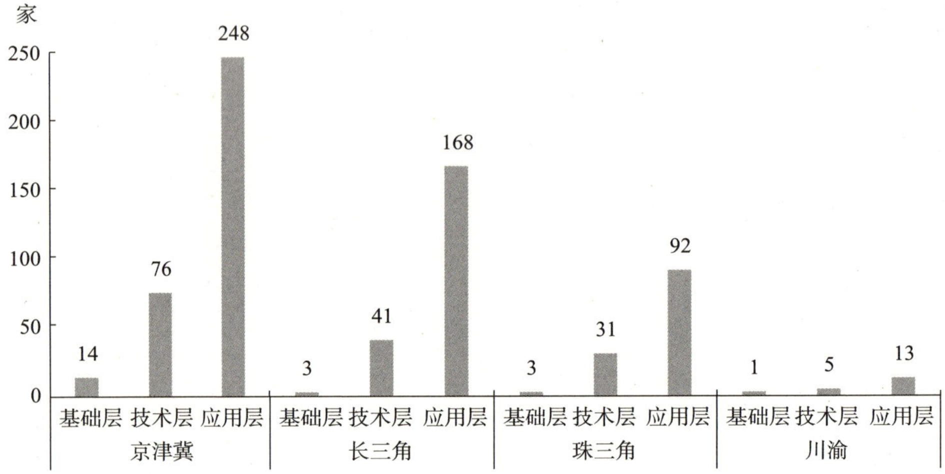

图 6-10　中国人工智能企业层次数量区域分布

资料来源：前瞻产业研究院《中国人工智能行业报告》。

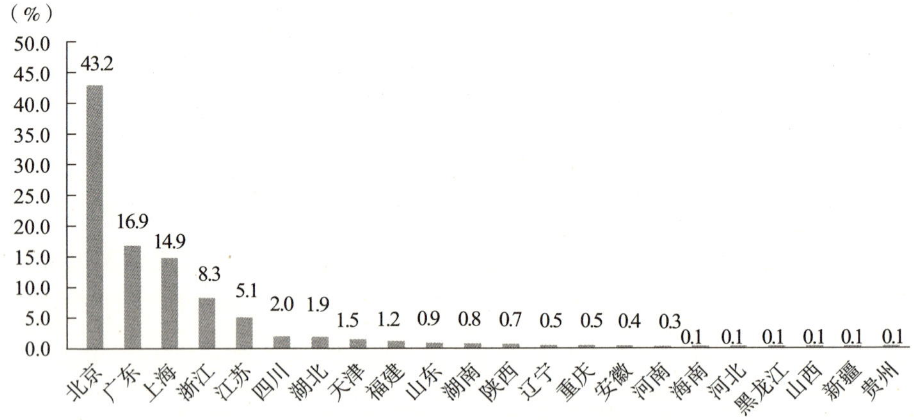

图 6-11　中国人工智能企业省市自治区分布

资料来源：前瞻产业研究院《中国人工智能行业报告》。

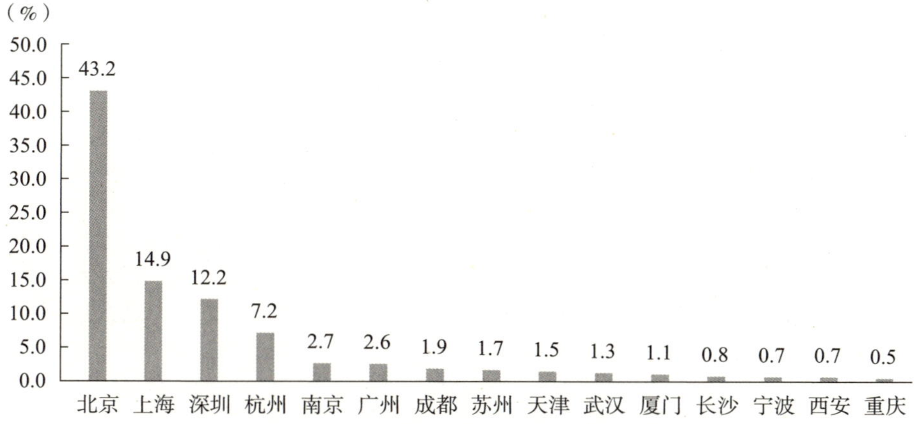

图 6-12 中国人工智能企业城市分布

资料来源：前瞻产业研究院《中国人工智能行业报告》。

（四）人工智能产业链发展情况

总体来看，人工智能行业可分为基础层、技术层和应用层（见图 6-13、表 6-6）。

基础层提供算力，重点涵盖人工智能芯片、大数据及云计算、传感器。目前该层级的主要贡献是英特尔、Mobileye 和 Nvida 在内的国际巨头，中国在基础层的实力相对薄弱。

技术层解决实际问题。该层级重点依靠计算平台和海量数据资源进行识别训练和机器仿真建模，开发面向不同对象的 AI 技术，涵盖自然语言处理、语音识别、计算视觉和机器学习技术。亚马逊、谷歌、苹果、IBM、百度、阿里等均在该层级深度布局业务。中国 AI 技术层发展迅速，目前重点聚焦于计算机视觉、语言技术处理和语音识别三大领域。

应用层聚焦行业实际问题，利用 AI 技术针对特定行业提供具体解决方案。应用层企业将 AI 技术集成到产品和服务领域，从金融、安防、交通、医疗等特定行业或场景切入。未来，场景数据完整（信息化程度原本比较高的行业或者数据洼地行业），反哺机制清晰，追求效率动力比较强的场景或将率先实现人工智能的大规模商业化。从全球来看，苹果、Facebook 等重点聚焦应用层业务，在图像识别、语音识别、智能助理等领域广泛开展布局。目前应用层的企业规模和数量在中国人工智能层级分布中占比最大。

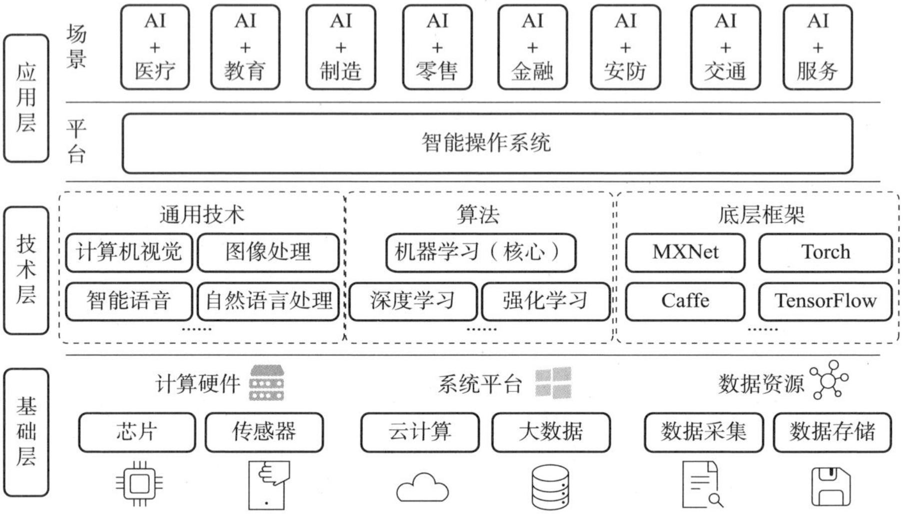

图 6-13　人工智能行业产业链示意

资料来源：鑫创科技产业研究院整理。

表 6-6　人工智能产业链分层情况

	核心能力	细分领域	产业生态搭建
基础层	计算力	芯片、传感器、云计算、大数据	以 BAT 为代表的科技巨头开始自建人工智能基础学科实验室加大研发力度，同时将触角延伸到对基础层创业公司的投资
技术层	技术开发	自然语言处理、计算机视觉、机器学习、语音识别	包括腾讯、百度、阿里在内的多个巨头开始构建自己的人工智能平台，希望在人工智能时代延续自己的产业优势
应用层	商业解决方案	无人机、机器人、智能客服、自动驾驶、智能物流、客户画像等	占据着数据优势，巨头公司开始搭建自己针对应用层的开源平台

资料来源：鑫创科技产业研究院整理。

二、金融科技产业

（一）金融科技产业定义

根据世界金融稳定理事会（FSB）定义，“金融科技是技术驱动的金融创新，运用科技成果改造并创新金融产品、经营模式、业务流程等，推动金融产业提质增效”。从主要国家和国际组织看，金融科技的实质是将科技应用于金融领域，从而创新金融产品、提升服务效率、降低成本和风险①。金融科技相关定义见表 6-7。

表 6-7　金融科技相关定义

机构名称	相关定义
金融稳定理事会	技术引至的金融创新，创造新的业务模式、应用、流程和业务产品
国际证监会组织	指有潜力改变金融行业创新的商业模式和高新技术
美国国家经济委员会	包含不同种类技术创新，将影响各类金融活动，包括支付、资本筹集、投资管理、保险、监管合规等
英国金融行为监管局	指创新公司利用科技对金融服务公司开展去中介化
新加坡金融管理局	指通过科技来设计全新金融产品和服务

资料来源：赛迪顾问《2020 金融科技发展白皮书》。

（二）全球金融科技产业发展概况

1. 金融科技产业总体呈现快速增长态势

根据 CB INSIGHTS 数据，2014—2019 年，世界金融科技融资总额增长达 5 倍。2019 年，全球金融科技融资额为 1118 亿美元，投资事件总数达 2196 例（见图 6-14），创下历史最高纪录，并诞生史上投融资额最大两笔并购事件——WorldPlay128.6 亿美元并购和蚂蚁金服 C 轮 140 亿美元融资。

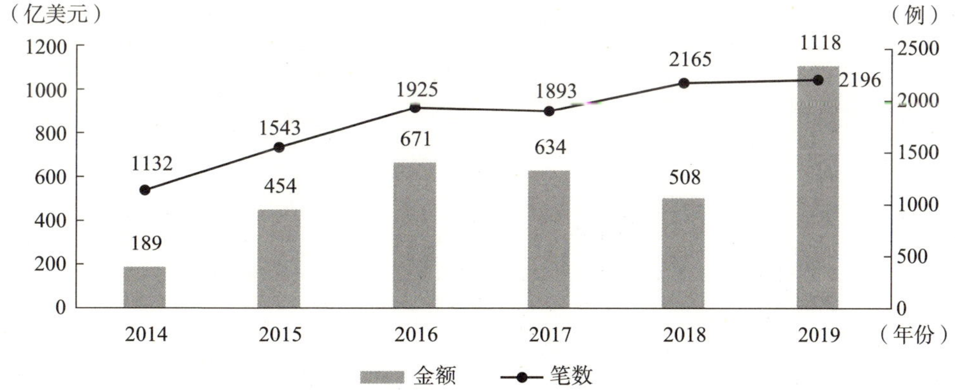

图 6-14　2014—2019 年全球金融科技融资金额与笔数

资料来源：赛迪顾问《2020 金融科技发展白皮书》。

① 2020 金融科技发展白皮书［R］. 赛迪顾问，2020：1-65.

2. 各国密集出台政策，扶持金融科技产业快速发展

各主要国家都十分重视金融科技行业应用，出台了一系列推动金融科技行业发展的具体政策措施。例如，英国金融行为监管局成立专业部门，对金融科技进行政策扶持和引导。同时，大力推动金融监管科技应用，积极利用金融科技提升英国金融监管水准。

美国政府于2017年发布《金融科技监管框架白皮书》，重点提出推进金融科技发展的相关行业扶持政策，旨在金融创新中不断巩固、强化竞争优势。新加坡在2016年设立“金融科技署”和“金融科技和创新专家组”，由政府牵头制定金融科技行业发展战略，强化对相关业务的监管，启动2700万新加坡元的产业基金从而促进人工智能、大数据等技术在相关领域应用。

3. 北美地区位居行业领先地位，亚太地区产业快速增长

从全球各地区的发展情况看，依托成熟完善的金融服务体系和深厚的技术创新积累，北美区域的金融科技发展冠绝全球。在投融资规模领域，北美、亚洲、欧洲等三大区域从2015年到2019年，投融资总额达655.62亿美元，其中北美区域占绝对高比例，达53.2%，高于亚、欧两大市场总和。亚洲区域增长最为迅速，2019年前三季度金融科技行业投融资总额为60.61亿美元，是2015年总额的6倍[①]（见图6-15）。

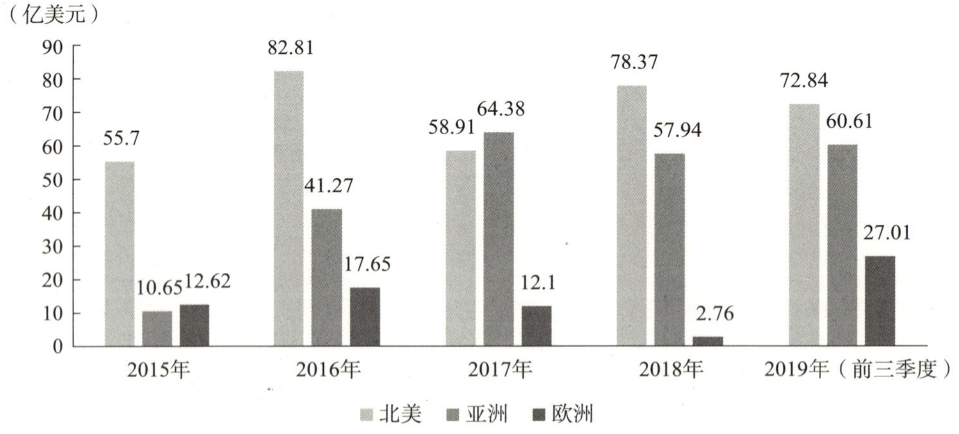

图6-15 北美、亚洲、欧洲融资总额

资料来源：赛迪顾问《2020金融科技发展白皮书》。

① 中国金融科技生态白皮书（2020）[R]. 中国信息通信研究院，2020：1-55.

4. 支付、借贷领域的金融科技应用范围最广

在金融科技各类应用领域中，支付、借贷领域的科技应用范围最广。根据毕马威发布“2019 全球金融科技 100 强”企业中，支付类型企业有 34 家上榜，企业数量远远领先于其他领域（见图 6-16）。

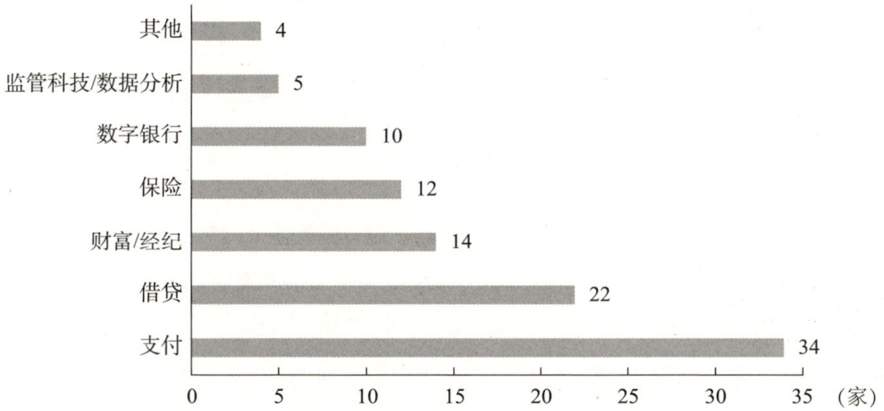

图 6-16 2019 年金融科技 TOP100 企业所属业务领域

资料来源：赛迪顾问《2020 金融科技发展白皮书》。

同时，分析 2019 年全球金融科技领域前十大融资项目可以发现，支付/交易类项目占一半，相关领域的投融资热度仍在持续（见表 6-8）。

表 6-8 2019 年全球金融科技领域前十大融资项目

序号	公司名称	金额	地区	业务领域	类型
1	Refinitiv	170 亿美元	美国	机构/B2B	B 轮
2	蚂蚁金服	140 亿美元	中国	支付/交易	C 轮
3	WorldPlay	129 亿美元	英国	支付/交易	B 轮
4	Nets	55 亿美元	丹麦	支付/交易	B 轮
5	Blackhawk Network Holdings	35 亿美元	美国	支付/交易	B 轮
6	VeriFone	34 亿美元	美国	支付/交易	B 轮
7	iZettle	22 亿美元	瑞典	支付/交易	B 轮
8	Fidessa Group	21 亿美元	英国	机构/B2B	B 轮
9	Ipero	19 亿美元	美国	机构/B2B	B 轮
10	IRISSoftware Group	17 亿美元	英国	机构/B2B	B 轮

资料来源：赛迪顾问《2020 金融科技发展白皮书》。

（三）我国金融科技发展概况

1. 我国十分重视金融科技发展，相关政策集中出台

中国十分重视技术在金融领域的应用。2017 年 5 月，央行专门成立了“金融科技委员会”，旨在加快推动金融科技应用试点，积极促进相关标准制定。2017 年 6 月，央行发布《中国金融业信息技术“十三五”发展规划》，明确提出要“规划、统筹协调金融科技的发展，紧密关注相关行业发展动向和潜在风险，强化金融科技监督管理”。此外，国务院和各有关部委也高度重视新兴技术在金融领域的应用。

2. 融资规模高速增长，中国市场居于全球领先地位

我国金融科技行业融资规模实现高速增长，2019 年我国金融科技投融资总额达 205 亿美元，相当于 2014—2018 年的投融资总量（见图 6-17）。以度小满、京东金融、蚂蚁金服等为代表的巨头公司进入爆发增长期，完成总量庞大的战略性融资。其中，蚂蚁金服完成 C 轮融资额 140 亿美元，占全球上半年融资总额的近 1/4，京东金融实现 20 亿美元战略性融资，度小满金融完成 19 亿美元战略融资。

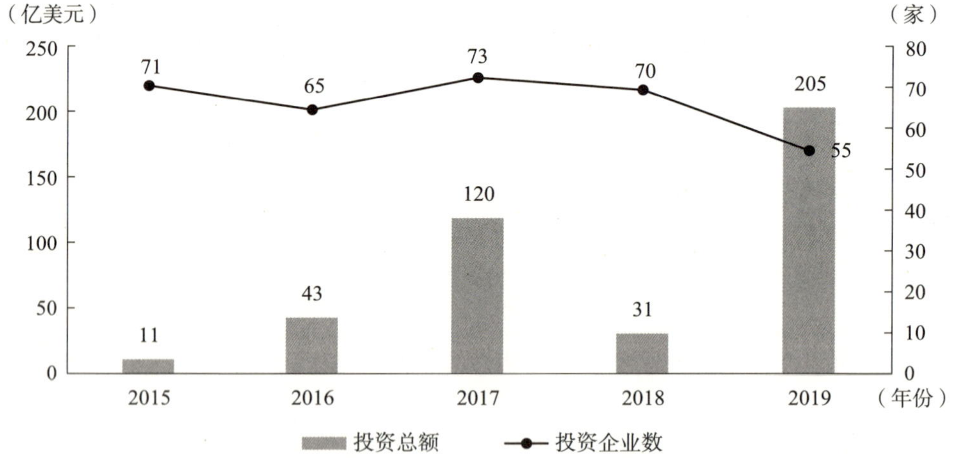

图 6-17　2015—2019 年中国金融科技投资情况统计

资料来源：中国信息通信研究院《中国金融科技生态白皮书（2020）》。

中国金融科技行业领先优势不仅体现在资本市场领域，在企业发展和用户规模领域同样优势突出。毕马威公司于 2018 年发布的《全球金融科技 100

强》报告显示，全球“50强”中，有三家国内企业位居前五；蚂蚁金服占据首位，京东金融居第二，百度排名第四。

3. 移动支付、互联网投资和网络信贷等领域发展迅速

从金融科技应用主要行业领域看，国内金融科技在移动支付、互联网投资和网络信贷领域发展最为迅速；新型移动支付已成为国内消费者应用最为普遍的支付方式。2019年中国移动支付交易总规模达277.4万亿元，同比增长了36.7%，居全球首位①（见图6-18）。

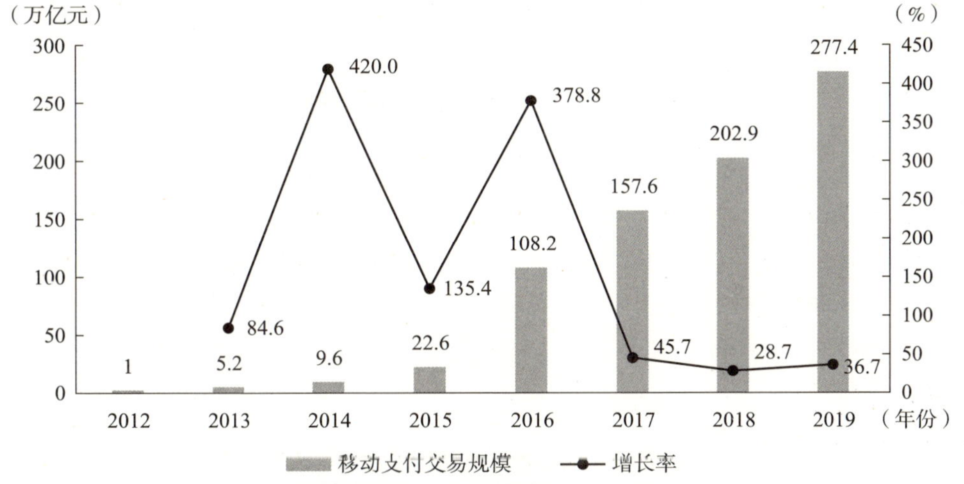

图6-18　2012—2019年中国移动支付交易规模及增长率

资料来源：中国人民银行、中国支付清算协会。

互联网信贷的交易规模呈现爆发式增长，行业规模从2011年的96.7亿元快速增长到2018年的28048亿元，增长近290倍。但是，随着监管力度不断加强，2019年行业交易规模缩减了一半，仅剩12759亿元（见图6-20）。此外，互联网理财交易规模也快速提升。国际金融实验室联合腾讯发布的理财指数显示，截至2019年底，中国互联网理财产品用户总规模达1.51亿元，同比增长17.5%。

4. 金融科技发展步入规范化阶段，风险监管不断增强

国内金融科技在经历前期快速增长后，行业整体在规模化、标准化领域滞后性越发凸显，导致应用风险日益增加，因而在数字货币、P2P网贷等热

① 中国金融科技生态白皮书（2020）［R］．中国信息通信研究院，2020：1-55.

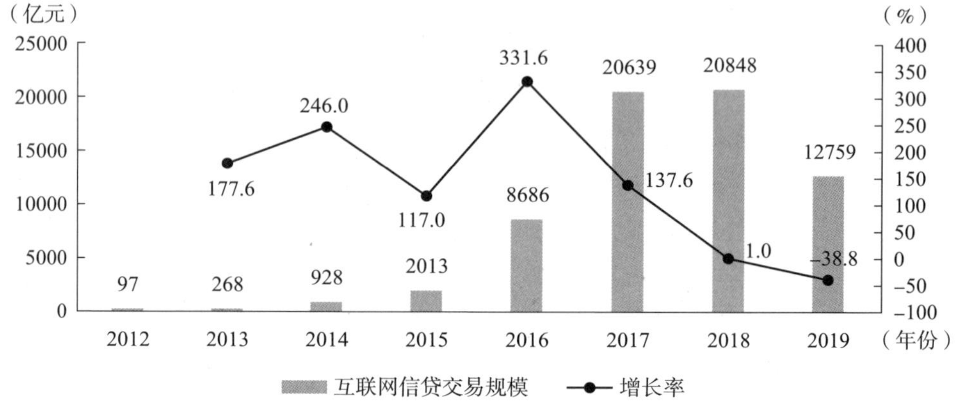

图 6-19　2012—2019 年中国互联网信贷交易规模及增长率

资料来源：中国人民银行、中国支付清算协会。

点领域，政府密集出台了一系列监管政策（见表 6-9）。

2019 年，对于金融科技强势监管仍在加码，特别是多个 P2P 平台出现"爆雷"事件，进一步加剧了行业强监管态势。总体来看，国内金融科技行业正逐步迈入更加规范化阶段，对于应用风险的识别、管理将更为严格，金融监管科技将逐渐成为行业应用的重点方向①。

表 6-9　近期中国金融科技领域部分重点监管政策

政策发布部门	颁布日期	政策名称
国家互联网信息办公室	2019 年 1 月	《区块链信息服务管理规定》
中国人民银行办公厅	2018 年 12 月	《金融机构互联网黄金业务管理暂行条例》
中国人民银行、银保监会、证监会	2018 年 10 月	《互联网金融从业机构反洗钱和反恐怖融资管理办法（试行）》
银保监会	2018 年 8 月	《关于防范以"虚拟货币""区块链"名义进行非法集资的风险提示》
中国互联网金融协会	2018 年 8 月	《关于开展 P2P 网络借贷机构自律检查工作的通知》《网络借贷信息中介机构合规检查问题清单》
P2P 网络借贷风险专项整治工作领导办公室	2018 年 8 月	《关于防范虚构借款项目、恶意骗贷等 P2P 网络借贷风险的通知》
中国人民银行办公厅	2018 年 7 月	《条码支付安全技术规范》《条码支付受理终端技术规范》

① 中国金融科技生态白皮书（2020）[R]. 中国信息通信研究院，2020：1-55.

续表

政策发布部门	颁布日期	政策名称
互联网金融风险专项整治领导小组	2018 年 3 月	《关于加大通过互联网开展资产管理业务整治力度及开展验收工作的通知》
中国互联网金融协会	2018 年 3 月	《互联网金融逾期债务催收自律公约（试行）》
中国人民银行	2018 年 1 月	《中国人民银行关于印发条码支付业务规范（试行）》
P2P 网贷风险专项整治工作领导小组办公室	2017 年 12 月	《关于做好 P2P 网络信贷风险专项整治整改验收工作的通知》
中国人民银行	2017 年 11 月	《关于进一步加强无证经营支付业务整治工作的通知》

资料来源：中国信息通信研究院《中国金融科技生态白皮书（2020）》。

（四）金融科技产业链发展情况

金融科技产业链主要分为三大层级：技术服务层、解决方案层和业务应用层。技术服务层主要包括云计算、大数据、人工智能、安全技术等技术服务商，这是行业底层架构。解决方案层包括客服、营销、获客、运营、风控等金融科技企业。业务应用层属于行业应用端，主要服务客户对象包含银行、证券、保险、基金、供应链金融等企业（见图 6-20、表 6-10）。

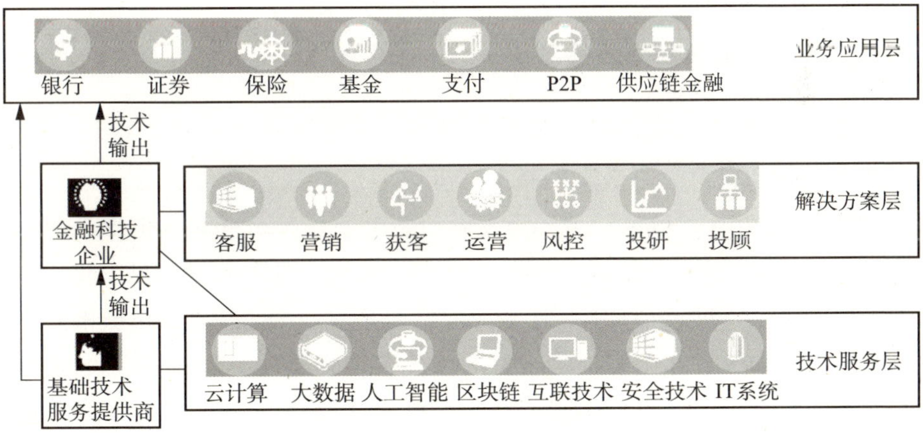

图 6-20　金融科技产业链示意图

资料来源：鑫创科技产业研究院整理。

表 6-10 金融科技产业链

产业链环节	主要内容
业务应用层	银行、证券、保险、基金、支付、P2P、供应链金融
解决方案层	客服、获客、营销、风控、运营、投研、智能投顾
技术服务层	云计算、大数据、人工智能、区块链、互联技术、安全技术、IT 系统

资料来源：鑫创科技产业研究院整理。

三、健康科技产业

（一）健康科技产业定义

目前，国家相关部门和学术界并没有给出健康科技的权威定义，从狭义上看，健康科技是指人工智能、大数据、物联网等新技术与健康产业结合，涵盖智能健康装备、智慧医疗、在线诊疗、AI 辅助诊断、AI 药物研发等的新兴业态。从广义上看，健康科技是指将科技广泛应用在生物医药、医疗器械、医疗服务、健康管理、医药流通、健康食品等大健康行业各子领域，形成所有健康产品、健康服务、解决方案等的统称。

（二）全球健康科技发展概况

1. 全球健康产业成为经济发展新引擎，市场规模持续稳定增长

健康产业已成为全球最大的新兴产业之一，健康产业大约占全球生产总值（GWP）的 1/10，成为全球经济发展的新引擎。2020 年全球健康产业总产值达到 13.4 万亿美元，为 2011 年的 1.9 倍，同时全球人均健康支出持续快速增长，到 2020 年将达到 1882.2 亿美元。发达高收入国家在全球健康医疗支出中占比最大，中等发达国家次之，发展中国家占比最小。2020 年，北美地区大健康产业总产值达 5.5 万亿美元，占全球总市场的 42%。欧洲地区大健康产业规模为 3.1 万亿美元，占全球总市场的 23%（见图 6-21）。

2. 全球生物医药格局面临变革，制造业逐渐向新兴国家转移

根据 IMS 数据，2013—2019 年全球生物医药市场规模年复合增长率约为 3.2%，2019 年行业规模超 1.2 万亿美元，且预测未来 5 年仍将保持 3%的增速（见图 6-22）。其中，创新药增速迅猛，5 年复合增长率达 8.7%。2019 年创新药行业规模达 3750 亿美元，重点产品涵盖丙肝药、抗体药物等（见图

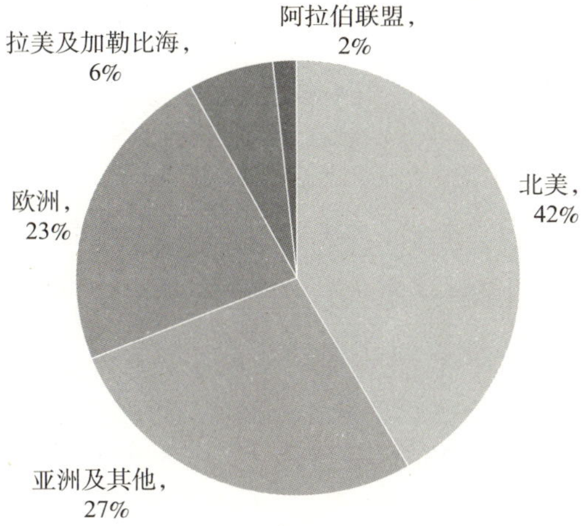

图 6-21 2020 年全球大健康产业规模分布格局

资料来源：PWC《全球大健康产业研究报告（2020）》。

6-23)。分区域看，中国等亚洲国家的医药专利制度逐步完善，依靠劳动力优势，全球医药市场正从西方转移至亚洲新兴市场。预计 3~5 年后，以拉美、东南亚为代表的新兴市场医药制造业年增速超 10%，将成为全球医药行业增长的核心驱动力。

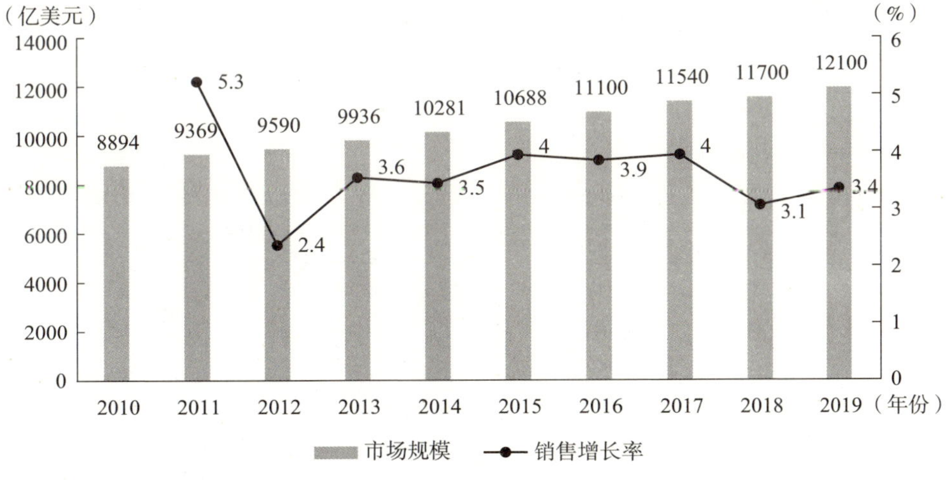

图 6-22 2010—2019 年全球医药产业市场规模及销售增长率

资料来源：PWC《全球大健康产业研究报告（2020）》。

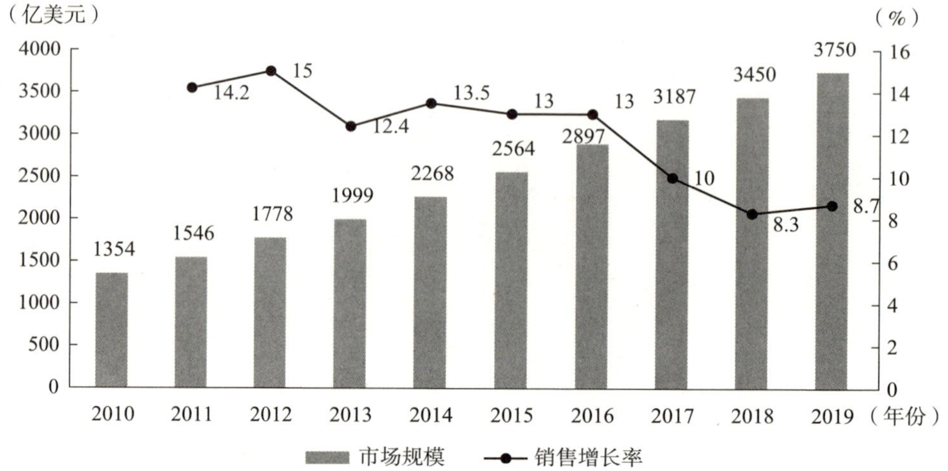

图 6-23 2010—2019 年全球创新药市场规模及销售增长率

资料来源：PWC《全球大健康产业研究报告（2020）》。

3. 全球健康医疗行业融资创历史新高，中美成为投融资两强

2020 年全球医疗健康业共有 2199 起融资事件，融资总额为历史新高，达 749 亿美元（约 5169. 3 亿元人民币），同比增长 41%；但融资事件却轻微下滑，自 2018 年起连续两年下跌（见图 6-24）。同时，2020 年第三季度，还创下了 229. 3 亿美元（1582 亿元人民币）的单季融资额新高。

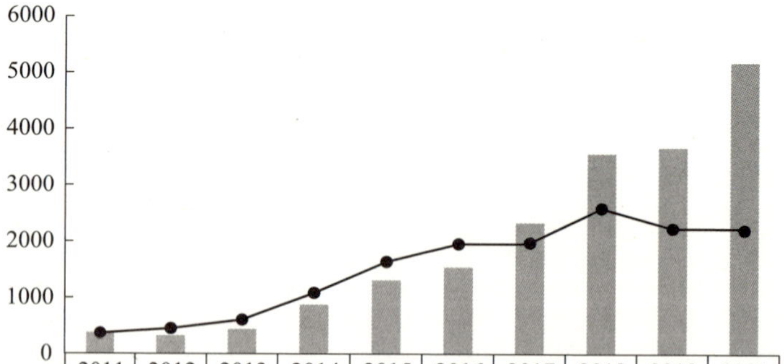

	2011	2012	2013	2014	2015	2016	2017	2018	2019	2020（年份）
总融资额（亿元）	382	323	443	880	1312	1543	2328	3557	3663	5169
融资事件数（起）	369	454	609	1086	1637	1953	1972	2583	2226	2199

图 6-24 2011—2020 年全球医疗健康产业投融资变化趋势

资料来源：蛋壳研究院《2020 年全球医疗健康产业资本报告》。

从行业投融资热点区域分布看，美国位居首位，中美两国共占全球融资额的 86%、融资事件的 89%。2020 年，美国以 980 起融资事件、443. 9 亿美

元（2841.7 亿元人民币）融资总额领先全球，中国位居第二，融资总额达1626.5 亿元人民币。英国、以色列和印度分列第 3~5 位①（见图 6-25）。

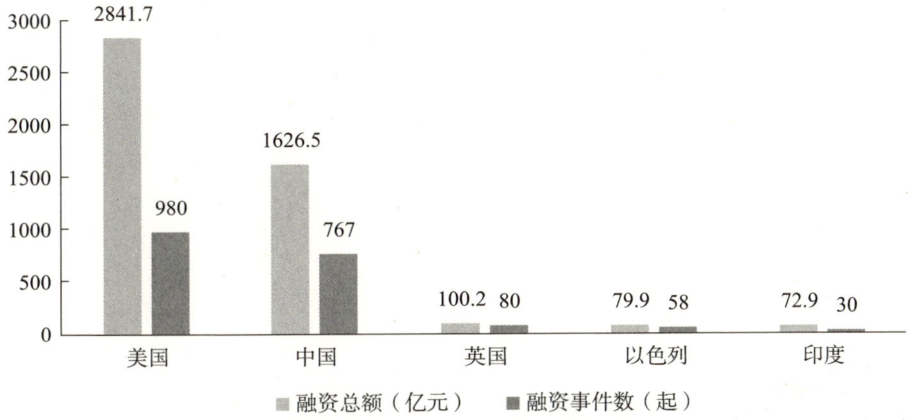

图 6-25　2020 年全球排名前 5 国际医疗健康融资额和事件数统计

资料来源：蛋壳研究院《2020 年全球医疗健康产业资本报告》。

2020 年，全球医疗健康产业单笔融资额超过 1 亿美元融资事件达到前所未有的 205 起，同比增长近 80%（见图 6-26）。据测算，这 205 家公司融资总额高达 361.9 亿美元，这表明全球范围内，投入医疗健康产业一半左右资金被不到 10%的企业所占据。受新冠疫情的影响，全球一级市场呈现出资金抱团取暖的趋势，市场分化进一步加剧。

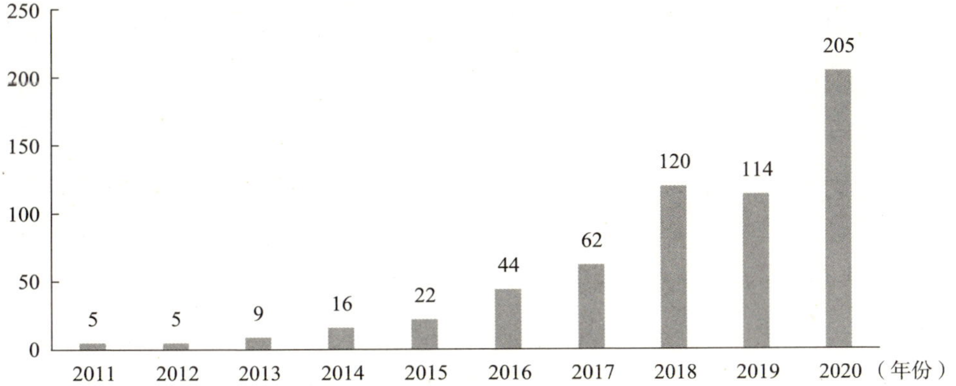

图 6-26　2011—2020 年全球健康领域融资额大于 1 亿美元融资事件

资料来源：蛋壳研究院《2020 年全球医疗健康产业资本报告》。

---

① 2020 年全球医疗健康产业资本报告［R］. 蛋壳研究院，2020：1-47.

从全球融资细分领域看，生物医药融资额高居榜首，常年占比40%，超过数字健康和医疗器械总和。2020年，全球生物医药领域以786起交易，369亿美元再次高举细分领域之首。数字健康领域以692起交易紧随其后，器械与耗材、医药商业、医疗服务分列第3~5位（见图6-27）。从轮次分布看，A轮融资事件频次最高，达601起（见表6-11）；C轮事件数量已超天使轮数量，相比初创公司，商业模式成熟公司更受资本市场追捧，这在生物制药领域尤其明显①。

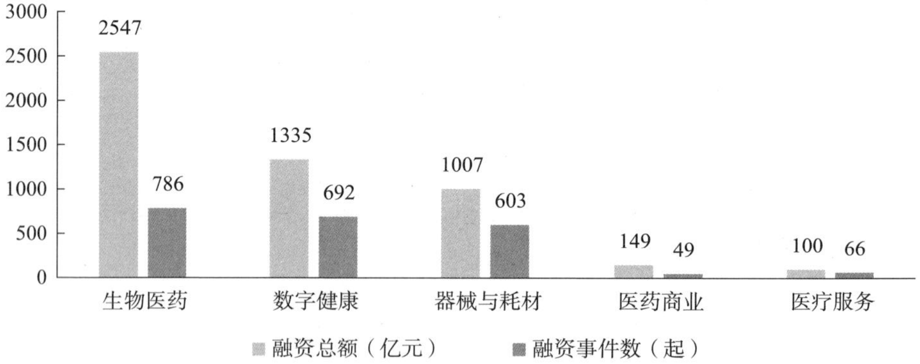

图6-27　2020年全球各医疗细分领域融资情况

资料来源：蛋壳研究院《2020年全球医疗健康产业资本报告》。

表6-11　2020年全球医疗健康投融资细分赛道交易轮次和数量统计

领域细分	天使轮	A轮	B轮	C轮	D轮及以上	其他	未公开	总计
生物制药	38	208	151	70	33	65	73	638
医疗信息化	38	79	56	30	17	32	60	312
互联网+医疗	32	66	45	23	16	15	41	238
IVD	13	56	45	20	13	27	28	202
数字疗法	26	41	22	17	6	4	26	142
治疗设备	5	17	18	10	4	9	14	77
辅助类设备	8	19	8	5	3	7	14	64
其他耗材	5	18	11	9	4	5	10	62
化学制药	4	15	6	14	2	10	8	59
研发制造外包	4	21	12	6	5	4	6	58
心血管耗材	3	8	17	9	7	4	5	53
医学影像	2	17	10	8	1	5	7	50

① 2020年全球医疗健康产业资本报告［R］. 蛋壳研究院，2020：1-47.

续表

领域细分	天使轮	A 轮	B 轮	C 轮	D 轮及以上	其他	未公开	总计
医疗服务	6	12	7	5	0	4	12	46
医疗机器人	3	14	7	4	2	4	3	37
诊断设备	2	10	4	4	2	3	6	31
总计	189	601	419	234	115	198	313	2069

资料来源：蛋壳研究院《2020 年全球医疗健康产业资本报告》。

（三）我国健康科技发展概况

1. 国家高度重视医疗健康发展，医疗费用不断增长，但相比发达国家仍有差距

根据国务院发布的《“健康中国 2030”规划纲要》，2020 年中国健康服务市场规模将达 8 万亿元，2030 年将增长到 16 万亿元，中国大健康产业将迎来快速发展。根据全国第七次人口普查数据，截至 2020 年底，我国 60 岁及以上老年人口有 2.6 亿人，占总人口的 18.4%。医疗卫生支出随着年龄增长而增加，如图 6-28 所示，65 岁及以上老年人的年均医疗支出大概是青壮年（25~34 岁）的 3 倍。老龄化加剧，必将增加医疗健康产品和服务的多层次需求，直接带动我国医疗健康产业的持续增长。同时，2020 年我国卫生总费用支出为 65841 亿元，占 GDP 比重为 6.48%，远低于美日等发达国家 10%以上的比重，仍有很大发展空间（见图 6-29）。

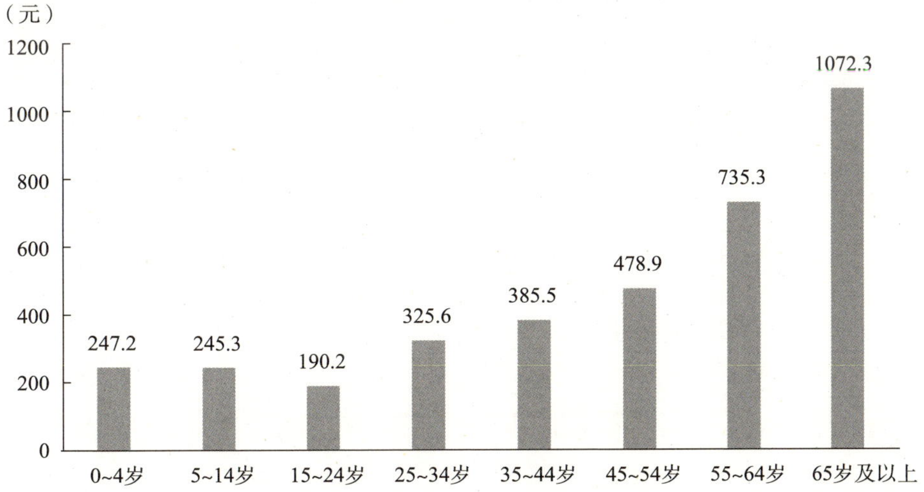

图 6-28　我国不同年龄段的年均医疗费用

资料来源：中国产业信息网。

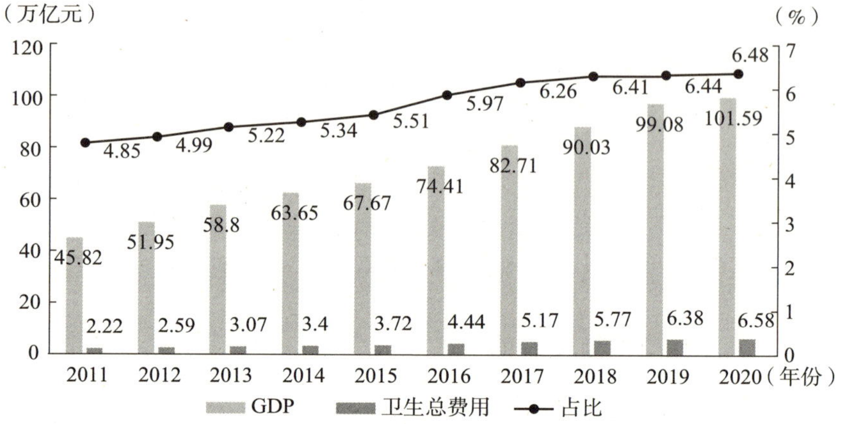

图 6-29　2011—2020 年我国卫生总费用支出占 GDP 比重分析

资料来源：国家统计局。

2. 我国医疗健康产业规模不断增长，生物医药和健康养老占据绝大比重

中国医疗健康产业营收规模大幅增长。根据艾媒咨询数据，2020 年中国大健康市场规模达 9.1 万亿元，同比增幅达 32.1%（见图 6-30）。现阶段，我国大健康行业重点聚集医药行业、健康养老，市场占比分别为 50.04%、33.04%（见图 6-31）。其中，2020 年医药制造市场规模达 17919 亿元，同比增长 9.2%，高于全球平均水平（见图 6-32）。在市场需求方面，在人口自然增长、老龄化进程加快、医保体系不断健全、居民支付能力增强、疾病谱变迁等因素的共同作用下，人民群众日益提升的健康需求逐步得到释放，我国已成为全球药品消费快速增长的地区之一。

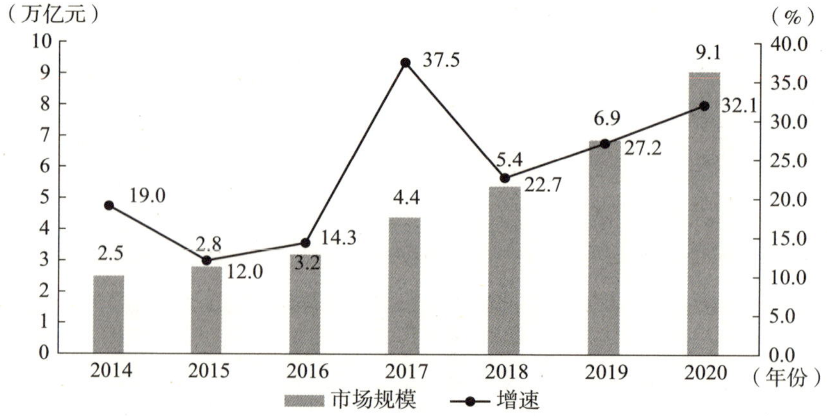

图 6-30　2014—2020 年中国大健康产业整体营收情况分析

资料来源：PWC《全球大健康产业研究报告（2020）》。

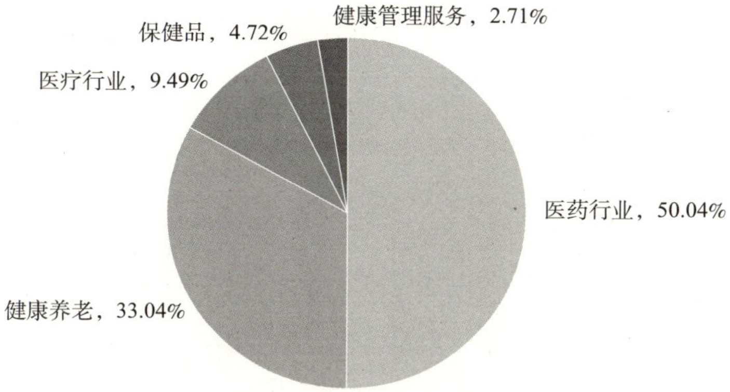

图 6-31　中国大健康产业细分行业占比分析

资料来源：PWC《全球大健康产业研究报告（2020）》。

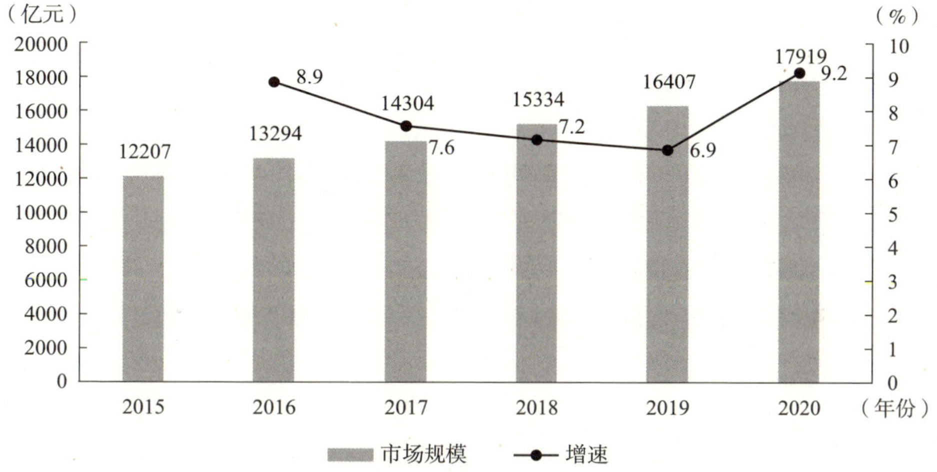

图 6-32　2015—2020 年中国医药制造业市场规模及增速

资料来源：PWC《全球大健康产业研究报告（2020）》。

3. 中国医疗健康产业融资创历史新高，智慧医疗等行业表现突出

2020 年，中国医疗健康产业投融资总额达创历史新高的 1626. 5 亿元人民币，同比增长 58%。但融资交易数仅为 767 起，同比下滑 6%（见图 6-33）。2020 年上半年新冠疫情导致资金紧张，我国医疗健康融资项目大幅下降，H1 仅 297 起交易，融资 520 亿元人民币；而在下半年涌入医疗健康产业的资金出现超强反弹，470 起融资事件筹集超过 1000 亿元人民币，使得全年融资总额飙升至历史首位。同时，2020 年第四季度的大量高额融资，使得 2020 年第四季度的 585 亿元人民币创下中国医疗健康单季融资总额新纪录。

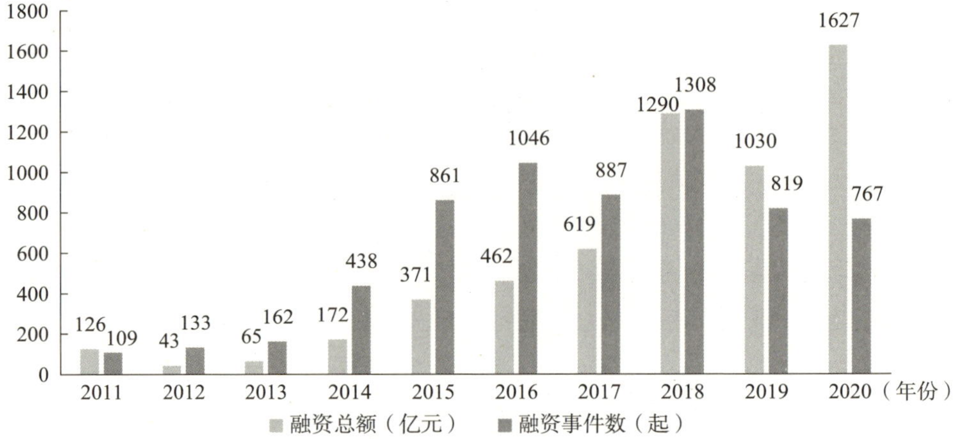

图 6-33　2011—2020 年中国医疗健康产业投融资变化趋势统计

资料来源：蛋壳研究院《2020 年全球医疗健康产业资本报告》。

从国内投融资热点来看，医疗人工智能行业融资增速反弹明显。医疗人工智能融资额在 2018 年达到 84.8 亿元，随后 2019 年一级市场遇冷，全年仅融资 38.8 亿元。2020 年行业反弹明显，融资总额达历史峰值，为 86.1 亿元（见图 6-34）。其中头部企业的融资对行业爆发起到关键作用，9 月零氪科技 D+轮 7 亿元融资、太美医疗 12 亿元融资、晶泰科技 C 轮 3.18 亿美元融资和 12 月森亿智能 D 轮 3.5 亿元、数坤科技 5 亿元等撑起了半边天①。

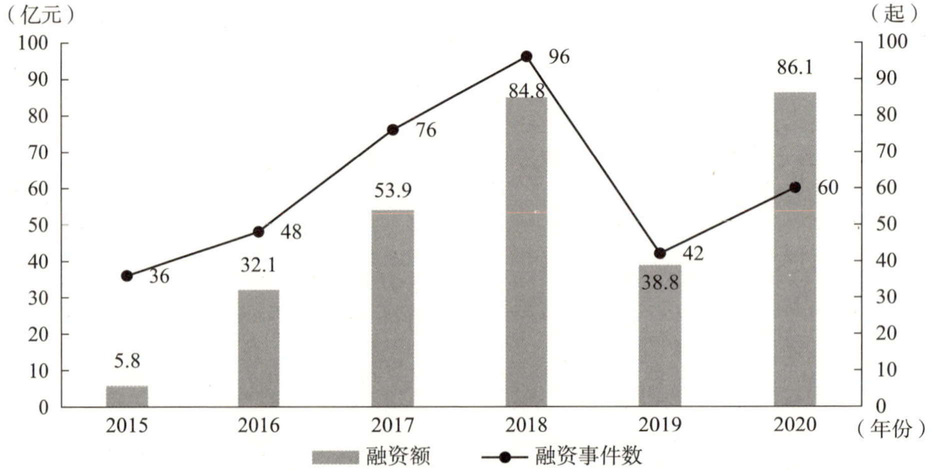

图 6-34　医疗人工智能 2015—2020 年融资事件和金额变化趋势

资料来源：蛋壳研究院《2020 年全球医疗健康产业资本报告》。

① 2020 年全球医疗健康产业资本报告［R］. 蛋壳研究院，2020：1-47.

（四）健康科技产业链概况

健康科技产业（广义）从产业链角度看，包含医药和医疗器械生产、医疗服务、医药流通、数字健康等细分领域。

医药和医疗器械生产。行业位于健康科技产业链上游。医药制造业又可以进一步细分，包含化学制剂、中成药、生物制品等细分行业。医疗器械产业从大类上可以分为医疗设备、医用耗材以及家用医疗器械产业，这三大类产业在功能、需求和商业模式特征方面各异，像常见的 DR（数字 X 射线机）属于医疗设备；心脏支架和人工膝关节属于医用耗材；血糖仪和血压计等属于家用医疗器械。

医疗服务业。行业是整个健康科技产业的下游，直接面向患者提供最终的医疗服务，因此也是最核心的部分。医疗服务机构包括综合医院、专科医院、社区卫生中心、诊所等。随着我国人均收入水平的提升，对医疗需求日趋多样化及个性化，医疗美容整形医院、口腔医院和诊所等具有消费属性的医疗服务机构得到了空前的发展。

医药商业流通。行业位于健康科技产业链中游，在健康科技产业中起到了承上启下的重要作用，主要包括医药和医疗器械的批发和零售。其中，又以医药零售的涵盖范围最为广泛，包含线下零售药店、医药电商等。医药电商是医药和医疗器械的线上销售渠道，分为 B2C、B2B、O2O 等模式。

数字健康产业。行业包括医疗信息化、互联网医疗和医疗人工智能产业。医疗信息化包含医院信息系统（HIS）、实验室（检验科）信息系统（LIS）、医学影像信息系统（PACS）以及区域信息会员系统；互联网医疗包括远程医疗、在线咨询、预约挂号、线上慢病管理、互联网医院等诸多业务形态；医疗人工智能行业则包括辅助新药研发的人工智能系统、医疗影像辅助读片系统、临床辅助诊断系统等技术和产品形态[①]（见图 6-35、表 6-12）。

① 姜天骄．重构大健康［M］．北京：机械工业出版社，2020：1-39.

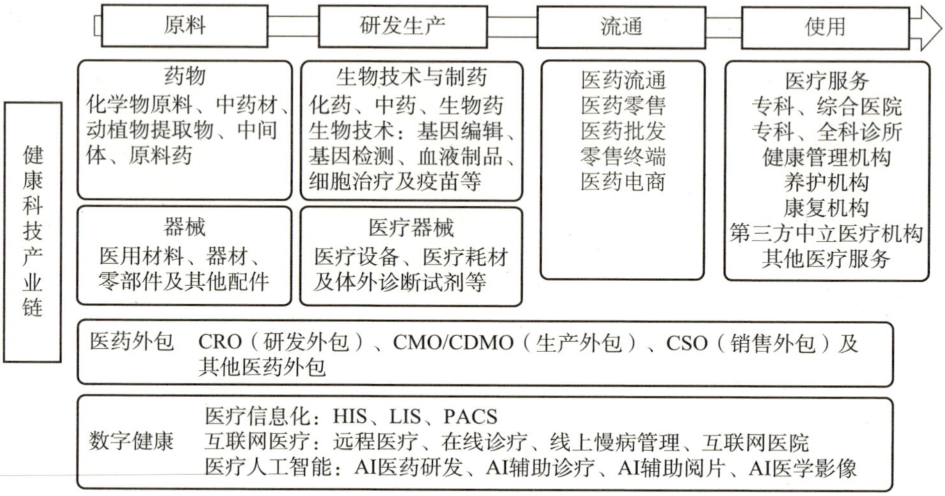

图 6-35　健康科技行业产业链示意

资料来源：鑫创科技产业研究院整理。

表 6-12　健康科技行业产业链

	细分领域	主要产品
生物医药	化学药	消化代谢药、抗感染药、心血管病药、呼吸系统药
	中药	中药饮片、民族药、中成药、原料药
	生物药	疫苗、血液制品、重组蛋白、抗体
	精准医疗	基因检测、体外诊断、细胞治疗、细胞抗衰
医疗器械	预防性器械	家用医疗器械、智能穿戴设备
	检测性器械	成像设备、诊断监护设备、检验检测设备、诊断试剂
	治疗型器械	手术器械、医用耗材、介入型器械
	康复型器械	医用康复设备、普通康复器械、智能辅助设备
医药流通	医药批发	医药商业批发
	医药零售	线下零售药店、医药电商
医疗健康服务	医疗服务	专科医院、综合医院、医疗诊所
	其他服务	健康教育培训、健康展示交易、养生康养服务
数字健康	医疗信息化	HIS、LIS、PACS
	互联网医疗	远程医疗、在线诊疗、线上慢病管理、互联网医院
	医疗人工智能	AI 医药研发、AI 辅助诊疗、AI 辅助阅片

资料来源：鑫创科技产业研究院整理。

四、智能制造产业

（一）智能制造产业定义

根据工业和信息化部、财政部发布的《智能制造发展规划（2016—2020年）》的定义，智能制造（Intelligent Manufacturing，IM）是基于新一代信息技术与先进制造技术深度融合，贯穿于设计、生产、管理、服务等制造活动的各个环节，具有自感知、自决策、自执行、自适应等功能的新型生产方式。

智能制造一般是指由智能机器人和专家构成的人机一体化智能系统，具体技术涵盖信息化、自动化、互联网和智能化四个层级，产业链包括智能装备（数控机床、机器人、自动化装备）、工业互联网（传感器、机器视觉、工业以太网）RFID、工业软件（MES/ERP/DCS 等）、3D 打印及将以上环节进行结合的自动化系统集成等。

（二）全球智能制造产业发展概况

1. 智能化是制造业升级的方向，各国将智能制造视为重要战略

以大数据、人工智能、物联网为代表的第四次工业革命为各国提供了产业升级机遇，这推动智能制造成为各国战略竞争的新焦点。2008 年金融危机爆发后，各国开始反思“产业空心化”“经济虚拟化”所产生的迫切问题，均启动“再制造业化”的进程。美国提出“先进制造业国家战略计划”，旨在支持制造业的发展①。德国提出“工业 4.0”战略，让德国制造业在全球保持领先；法国则提出“新工业法国战略”，应对新工业革命挑战（见表 6-13）。

表 6-13 全球主要国家智能制造战略汇总

时间	战略名称	相关内容	战略目标
2012 年	美国先进制造业国家战略计划	围绕中小企业、劳动力、伙伴关系、联邦投资以及研发投资等提出五大目标和具体建议	促进美国先进制造业的发展
2013 年	德国工业 4.0 战略实施建议	建设一个网络、信息物理系统，研究两大主题	通过信息网络与物理生产系统的融合来改变当前的工业生产与服务

① 中国智能制造行业报告（2020）［R］. 中商产业研究院，2020：1-20.

续表

时间	战略名称	相关内容	战略目标
2013 年	法国“新工业法国”战略	解决能源、数字革命和经济生活三大问题，确定 34 个优先发展工业项目	通过创新重塑工业实力，使法国处于全球竞争力第一梯队
2014 年	日本制造业白皮书	重点发展机器人、下一代清洁能源汽车、再生医疗及 3D 打印	重振国内制造业，复苏日本经济
2015 年	英国制造业 2050	推进服务+再制造（以生产为中心的价值链）	重塑英国制造业，提升国际竞争力
2015 年	中国制造 2025	开展新一代信息技术与制造业装备融合集成创新和工程应用	实现制造强国战略目标

资料来源：中商产业研究院《中国智能制造行业报告（2020）》。

2. 人工智能、物联网等新兴技术与制造业不断融合，全球智能制造迎来爆发式增长

随着人工智能、物联网等技术的迅猛发展，信息化与传统制造业的融合不断加速，整体向数字化、智能化、网络化方向发展。在各国大力推动下，全球智能制造工业领域市场规模实现快速增长。2020 年全球智能制造产业市场规模达到 15263 亿美元，同比增长 12.7%（见图 6-36）。全球智能制造行业十年的复合增长率达到 18.7%，预计到 2025 年，全球智能制造行业规模将突破 2 万亿美元大关①。

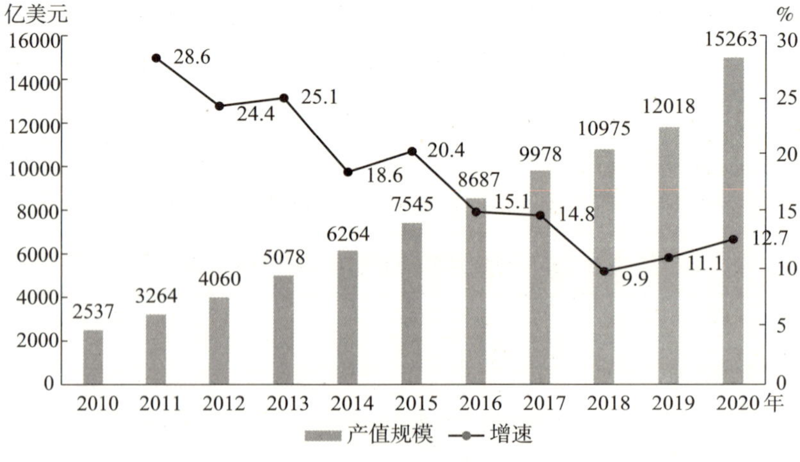

图 6-36 2010—2020 年全球智能制造产业规模及增速统计

资料来源：中商产业研究院《中国智能制造行业报告（2020）》。

① 中国智能制造行业报告（2020）[R]. 中商产业研究院，2020：1-20.

3. 机器人、智能装备等行业发达国家处于领先，中国在轨道交通等领域实现赶超

在机器人领域，2020 年全球机器人市场规模达到 294.1 亿美元，2014 年到 2020 年的复合增长率为 12.3%。2019 年工业机器人为 159.2 亿美元，服务机器人为 94.6 亿美元，特种机器人为 40.3 亿美元。以日本的安川电机、发那科，德国的库卡，瑞士的 ABB 为代表的厂商占据了全球机器人市场供应的绝大部分。

在轨道交通装备领域，2020 年全球市场规模达 2127.4 亿美元，增长率为 3.5%。预计到 2025 年，市场规模达到 4137 亿美元。中国中车、加拿大庞巴迪、法国阿尔斯通、德国西门子 4 家企业销售占比 82%，其中，中国中车位居首位，销售占比 53%（见图 6-37）。

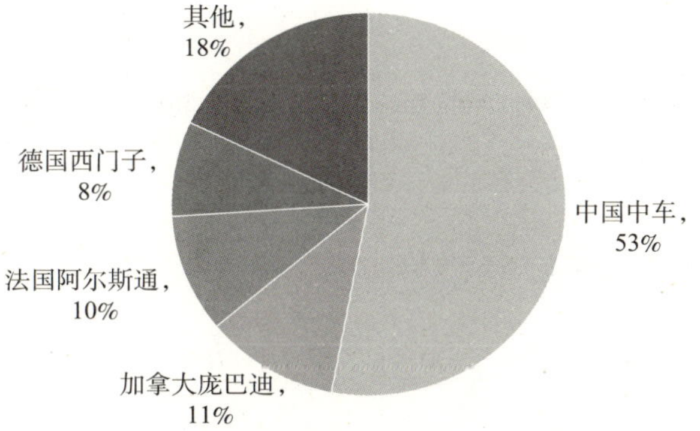

图 6-37　国际轨道交通装备产业企业竞争格局

资料来源：中商产业研究院《中国智能制造行业报告（2020）》。

2020 年全球机器人市场规模占比见图 6-38。

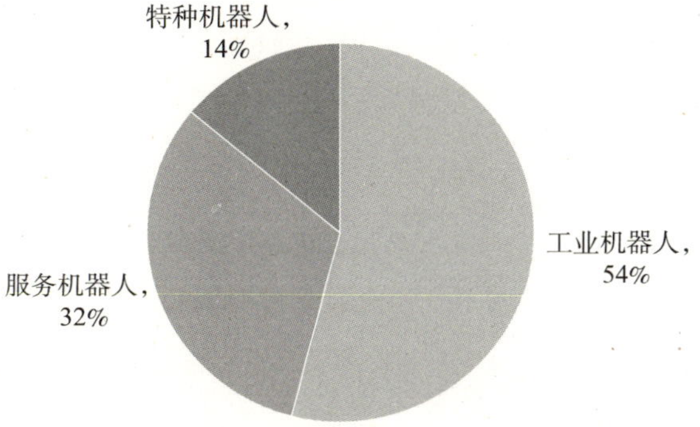

图 6-38　2020 年全球机器人市场规模占比

资料来源：中商产业研究院《中国智能制造行业报告（2020）》。

2014—2020 年中国工业机器人市场规模及增速见图 6-39。

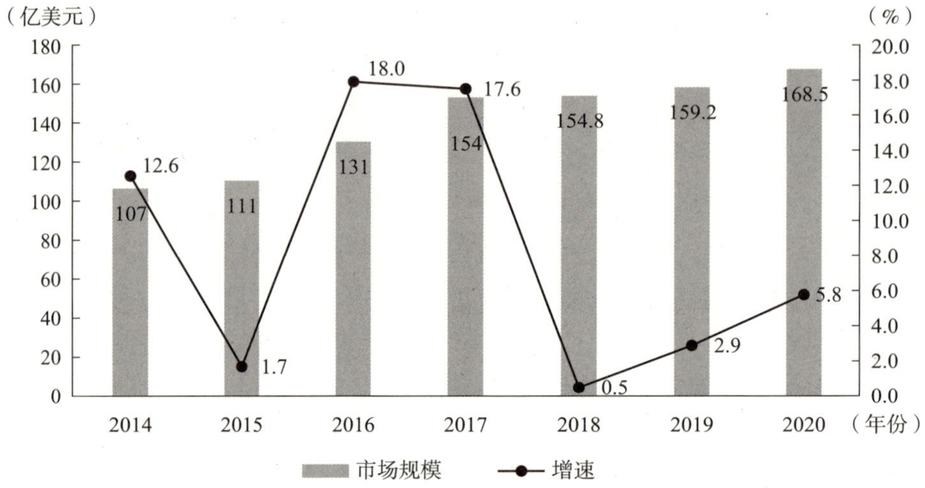

图 6-39　2014—2020 年中国工业机器人市场规模及增速

资料来源：中商产业研究院《中国智能制造行业报告（2020）》。

（三）中国智能制造产业发展概况

1. 中国智能制造行业增长迅猛，预计 2024 年突破 3 万亿元

长期以来，中国制造业以低成本为主要竞争力，通过降低人工、环保、研发等方式加入国际竞争。但目前制造业的发展面临着诸多问题，比如人口结构改变、制造业向东南亚转移、各国贸易保护加剧、能源价格上升等。智能制造利用物联网、大数据、云计算、云储存等技术，能够缩短产品上市时间，提高生产效率，增加产品附加值，提高制造业竞争力。据统计，2020 年，中国智能制造市场规模达到 21507 亿元，同比增长 11.6%（见图 6-40）。预计到 2024 年智能制造总体市场规模将突破 3 万亿元，复合增长率达 20.8%[①]。

2. 智能制造企业增长进入平缓期，广东企业数位居首位

近年来，中国智能制造行业规模增长持续提速。2014—2015 年国内智能制造新增企业数骤增。互联网科技、工业巨头等领域企业积极转型，拓展业务范围，进军智能制造业，2015 年企业新增数量为 1273 家，达峰值。此后行业新增企业数逐渐减少，开始向智能制造关键技术和应用领域拓展，到 2020

① 中国智能制造行业报告（2020）[R]. 中商产业研究院，2020：1-20.

年新增企业数量达 720 家（见图 6-41）。

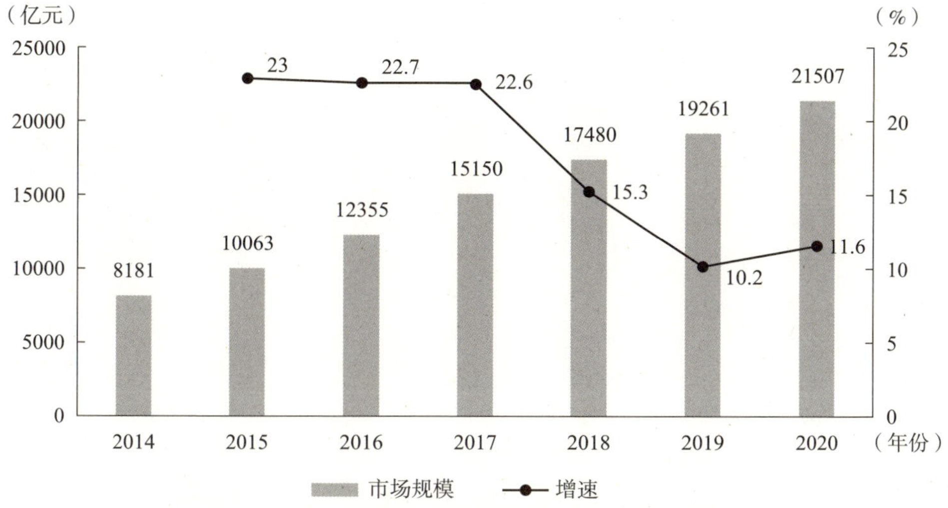

图 6-40　2014—2020 年中国智能制造行业市场规模及增速

资料来源：中商产业研究院《中国智能制造行业报告（2020）》。

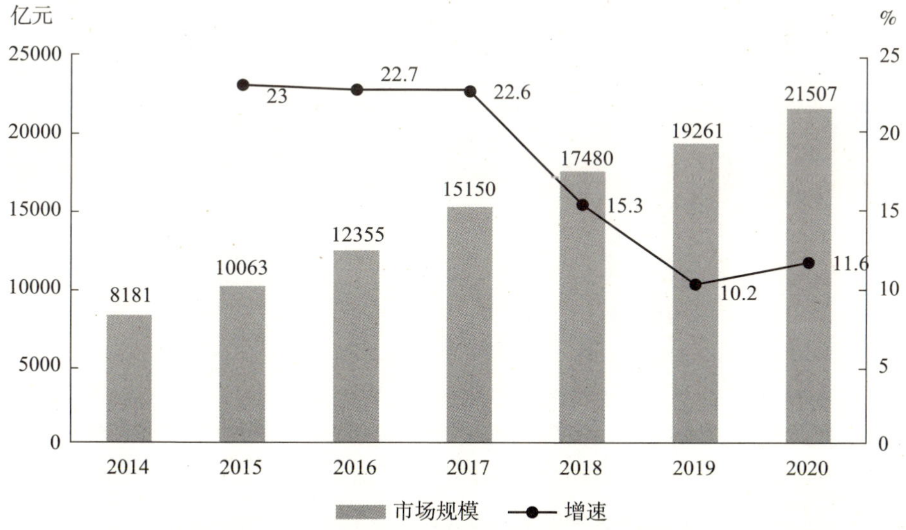

图 6-41　2015—2020 年中国智能制造系统解决方案市场规模及增速

资料来源：中商产业研究院《中国智能制造行业报告（2020）》。

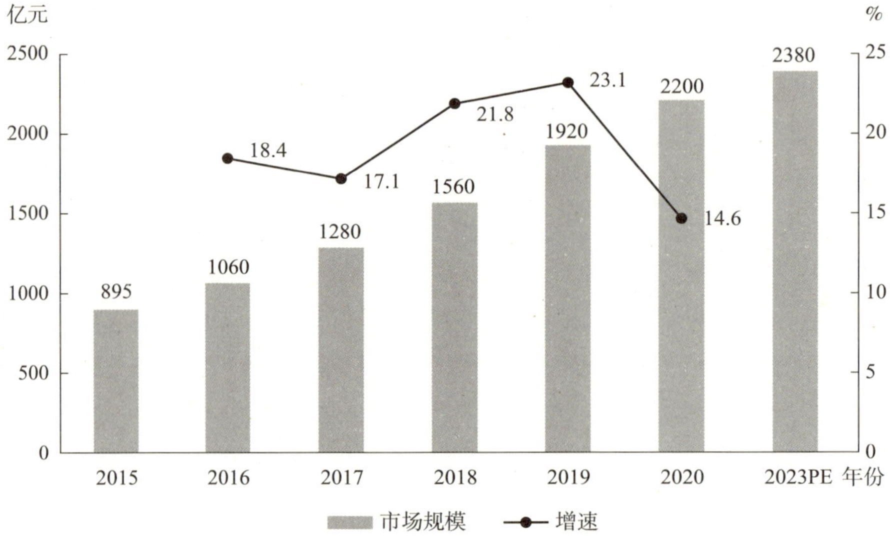

图 6-42 2011—2020 年中国智能制造新增企业数量

资料来源：中商产业研究院《中国智能制造行业报告（2020）》。

从企业分布看，国内智能制造企业地域分布存在显著差异，普遍分布于一线城市，截至 2019 年底，根据天眼查数据，广东智能制造企业数量为 2917 家，领跑全国。北京、上海、江苏、浙江分列第 2 到第 5 位，制造企业数量分别为 1819 家、1077 家、835 家、667 家（见图 6-43）①。

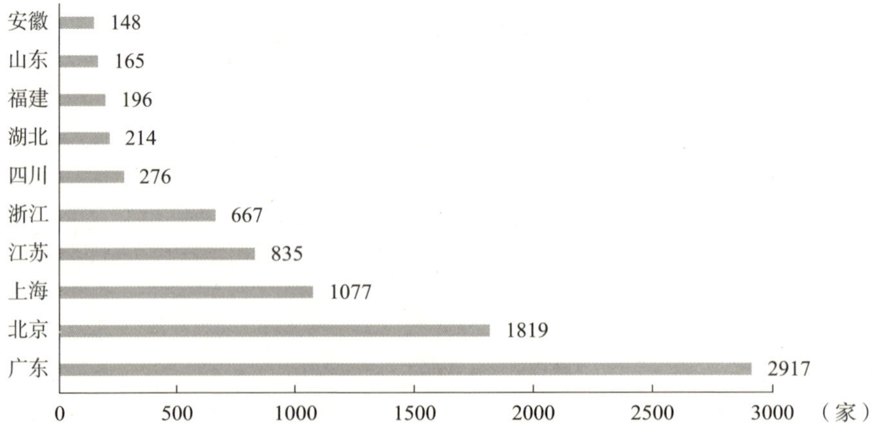

图 6-43 中国智能制造行业企业地区分布 TOP10

资料来源：中商产业研究院《中国智能制造行业报告（2020）》。

① 中国智能制造行业报告（2020）［R］. 中商产业研究院，2020：1-20.

3. 智能制造企业迎来投融资高峰期，初创企业备受青睐

自 2015 年国家发布《中国制造 2025》规划，智能制造行业备受资本市场青睐，投融资规模和数量显著增长。2019 年，国内智能制造投融资总额达 291.8 亿美元，融资数量为 861 起（见图 6-44）。从融资轮次分布看，初创企业较受关注，智能制造企业大多处于早期阶段（种子轮-A+轮），占比超 50%（见图 6-45）。

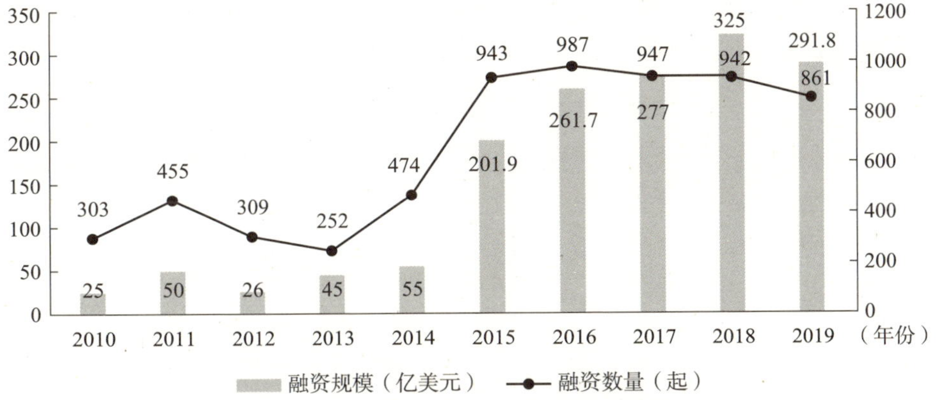

图 6-44 2010—2019 年中国智能制造企业融资规模和融资数量

资料来源：经济观察报城市与政府事务研究院《世界智能制造中心发展趋势报告（2019）》。

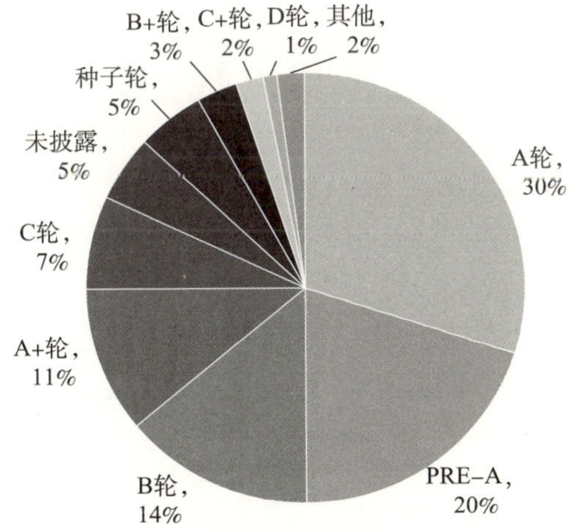

图 6-45 2019 年中国智能制造融资轮次分布

资料来源：经济观察报城市与政府事务研究院《世界智能制造中心发展趋势报告（2019）》。

4. 智造园集中布局长三角、珠三角等重点区域，聚焦大数据、机器人、新材料等新兴产业

近年来，国内各区域在智能制造领域诞生一批产业园，已成为智能制造行业重要承载地。根据《世界智能制造中心发展趋势报告（2019）》数据，目前中国总共有智能制造园区 537 个，分布在全国 27 个省份（见表 6-14）。从地域分布看，国内智造园主要集中在长三角、珠三角、中部地区、环渤海地区和西南地区五大区域[①]。

表 6-14　中国国家级智能制造试点项目分布

省份	产业园区数量（个）	省份	产业园区数量（个）
安徽	21	江西	6
北京	18	辽宁	12
福建	17	内蒙古	10
甘肃	1	山东	43
广东	59	山西	5
广西	8	陕西	17
贵州	15	上海	13
河北	18	四川	22
河南	38	天津	13
黑龙江	8	新疆	4
湖北	22	云南	6
湖南	17	浙江	39
吉林	3	重庆	23
江苏	79	合计	537

资料来源：经济观察报城市与政府事务研究院《世界智能制造中心发展趋势报告（2019）》。

从智造园区行业分布类型看，大数据数量最多，达到 111 个，占比为 21%。其次是综合型园区，占比为 18%。新材料、机器人园区数量占比分别为 17%、13%（见图 6-46）。

① 世界智能制造中心发展趋势报告（2019）［R］. 经济观察报城市与政府事务研究院，2020：1-43.

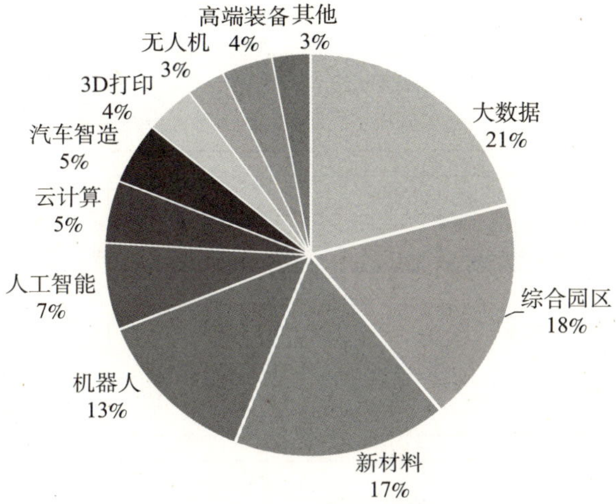

图 6-46　中国智能制造产业园类型分布情况

资料来源：经济观察报城市与政府事务研究院《世界智能制造中心发展趋势报告（2019）》。

（四）智能制造产业链概况

智能制造产业链涵盖感知层、网络层、执行层和应用层四个层次，其中感知层主要包括传感器、RFID、机器视觉等领域；网络层主要实现信息传输与处理，主要包括云计算、大数据、智能芯片、工业以太网等技术领域；执行层主要为智能制造终端集成产品，包括机器人、数控机床、3D 打印设备等；应用层主要为智能工厂，包括工体系架构、制造系统互操作性、诊断、维护与优化等（见图 6-47、表 6-15）。

表 6-15　智能制造产业链情况

物理基础	关键产品	技术链	运营商
应用层	自动生产线、智能工厂	系统集成及自动化解决方案	智能工厂系统集成商和工业智能化解决方案供应商
执行层	机器人、智能机床、自动化装备	机器人方案、智能装备方案及 3D 打印技术等	装备及零部件生产商
网络层	云计算、大数据、SCADA、工业互联网技术	信息处理技术、网络传输技术	数据硬件开发、软件企业、无线传输技术生产企业
感知层	传感器、RFID、机器视觉等	传感感知技术、信息采集技术	传感器、二维码、红外设备、射频生产商

资料来源：鑫创科技产业研究院整理。

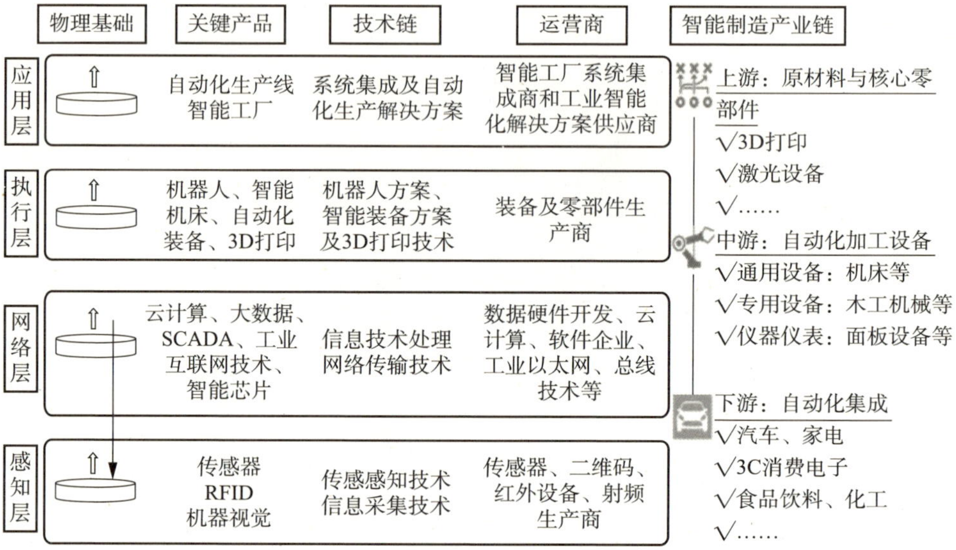

图 6-47　智能制造产业链示意图

资料来源：鑫创科技产业研究院整理。

第四节　四大区域产业发展方向

目前，我国经济正处在转变发展方式、优化经济结构、转换增长动力的攻关期，创新能力是我国经济保持韧性和潜力的强大根基，加快培育壮大战略性新兴产业，形成更多经济新增长点，成为高质量发展的必由之路。国家“十四五”规划重点提出推进产业基础高级化、产业链现代化，发展战略性新兴产业，构建一批各具特色、优势互补、结构合理的战略性新兴产业增长引擎。科技城市要围绕加快发展现代产业体系，集中于先进制造业、战略性新兴产业、现代服务业三大主线，聚焦智能制造、人工智能、金融科技等重点产业，助力区域经济转型升级。

一、东北地区重点产业

目前，东北振兴战略正在稳步推进当中，根据国家“十四五”规划要求，要“推动东北振兴取得新的突破”“健全区域战略统筹、市场一体化发展、区域合作互助、区际利益补偿等机制，更好促进发达地区和欠发达地区、东中西部和东北地区共同发展”。通过梳理近年来国家出台的关于东北振兴的一系列政策和文件，发现针对东北地区相对不合理的产业结构进行调整是一大亮点。从东三省各自的“十四五”规划来看，“十四五”期间东北地区产业都有比较明确的发展方向，其中高端制造业和服务业的升级发展是政策重点。其中辽宁省“十四五”规划期间将重点发展航空装备、海工装备及高技术船舶、节能汽车与新能源汽车、重大成套装备、高档数控机床、机器人及智能装备、先进轨道交通装备、集成电路装备、文旅消费等产业。吉林省“十四五”规划期间将重点布局汽车制造业、医药产业、能源工业（电力等）、纺织工业、食品产业、石油化工产业、文化旅游、健康养老、农产品加工、文旅消费等。黑龙江省“十四五”规划期间将重点布局绿色食品、高端装备、新材料、生物医药、信息技术、新能源、节能环保、文化旅游、健康养老等。值得注意的是，东三省在继续促进传统制造业优势产业优化升级的同时，都注重充分发挥东北地区文化资源优势，加大文化旅游产业发展以带动第三产业发展。

二、东部地区重点产业

东部地区主要包括北京市、天津市、河北省、上海市、江苏省、浙江省、福建省、山东省、广东省、海南省十个省市。我国东部地区以全国不足10%的面积，接近40%左右的人口，创造了全国经济总量的半壁江山。其中京津冀、长三角、珠三角三大经济圈是带动我国经济发展的三个动力强大的引擎，在经济转型发展的新征程中发挥着重要的作用，是引领我国新兴产业发展的重要力量，也是我国参与国际竞争的主要力量。

（一）京津冀地区

“十四五”期间北京市将加快建设国际科创中心，加快高精尖产业发展，谋划培育智能制造、医疗健康、产业互联网、智能网联汽车等万亿级产业集群，带动全市整体产业基础提升和产业结构实现优化。天津市“十四五”期间产业规划注重从“制造”向“智造”升级，即着力构建以智能科技产业为引领，以生物医药、新能源、新材料为重点，以高端装备、汽车、石油化工、航空航天为支撑的“1+3+4”现代工业产业体系。把科技创新作为第一动力，加快打造以信创产业为主攻方向、以生物医药和高端装备制造为重点的“一主两翼”产业创新格局。河北省在京津冀协同发展战略出台之后，产业结构调整速度明显加快，第三产业占比快速提升。“十四五”期间将继续落实“三区一基地”功能定位，加快建设全国现代商贸物流重要基地、产业转型升级试验区、新型城镇化与城乡统筹示范区、京津冀生态环境支撑区。大力发展战略性新兴产业，发展壮大信息智能、生物医药健康、高端装备制造、新能源、新材料、钢铁、石化、食品、现代商贸物流、文体旅游、金融服务、都市农业等 12 大主导产业。

（二）长三角地区

上海市“十四五”规划强调了四点“强化”，即强化全球资源配置功能、强化科技创新策源功能、强化高端产业引领功能、强化开放枢纽门户功能，突出了上海产业布局对长三角地区以及全国的引领作用。“十四五”期间，上海在做强知识密集型服务业的同时，将推动集成电路、生物医药、人工智能三大先导产业规模倍增，加快发展电子信息、汽车、高端装备、先进材料、生命健康、时尚消费品六大重点产业，打造具有国际竞争力的高端产业集群，推进特色产业园区建设。江苏省在产业发展上聚焦新旧动能转换，“智能+”已成为江苏制造业转型的重要趋势，“十四五”期间江苏省将加快壮大新一代信息技术、高端装备制造、新材料、绿色低碳、生物技术和新医药等高新技术产业。浙江省在产业布局上牢牢抓住数字经济这一推动质量变革、效率变革、动力变革的“牛鼻子”，全面提升数字经济集群国际竞争力，着力培育一批具有国际竞争力的数字产业集群。同时加快构建协同发展的现代产业体系，推动生产性服务业和制造业深度融合，引导科技创新、现代金融、人力资源服务实体经济发展，注重以数字化赋能产业链整合提升发展。此外，浙江省在“十四五”期间将进一步培育生命健康、新材料等世界级新兴产业集群，做强汽车、绿色石化、纺织化纤、高端装备等世界级先进制造业集群。

（三）珠三角地区

未来五年广东省产业发展方向要从以贸易为主，转变为面向全国整合产业链、创新链、供应链。以自主可控的产业链参与国际竞争，最终夯实战略性支柱产业集群基础，引领战略性新兴产业集群突破，重构广东产业体系，继续在全国起到引领作用。即明确打造新一代电子信息、绿色石化、生物医药与健康等十大战略性支柱产业集群，加快培育半导体与集成电路、高端装备制造等十大战略性新兴产业集群。同时加快推进稳链补链强链控链，壮大支柱产业链，打造新兴产业链。深入推进“广东强芯”等重大任务，加快实现重要产品和关键核心技术自主可控。

（四）其他地区

1. 山东省

以重工业居多，“十四五”期间将促进重点产业的大调整大优化大布局，坚决淘汰落后动能，改造提升传统动能，培育壮大新动能，集中打造高端装备、高端化工、新材料、现代医药等具备国际竞争力的产业集群，重点培育第三代半导体、集成电路、新型显示、声学光电等新增长极，超前布局量子信息、柔性电子、前沿材料等未来产业。

2. 福建省

近年来福建省数字经济不断提档加速、转型升级，2020 年全省的数字经济规模突破了 2 万亿元，占 GDP 的比重为 45%左右。福建省“十四五”产业布局将做大做强电子信息和数字产业置于首位，聚焦以数字化促进传统产业改造升级。同时注重发挥地缘优势，加强两岸先进制造业合作，实施新一轮闽台产业合作计划，推动电子信息、机械装备、能源石化、生物技术等优势产业对接，优化战略性新兴产业合作布局。

3. 海南省

“十四五”时期注重发展旅游业、现代服务业和高新技术产业，旅游主要打造国际旅游消费中心，高新技术产业加快发展三大战略性新兴产业，即数字经济、石油化工新材料、现代医药等。现代服务业侧重大力发展现代物流业，高质量发展医疗健康产业，加快发展现代金融业，大力发展商务服务业，以打造国际设计岛为发展重点。

三、中部地区重点产业

从区域位置看，中部地区包括山西、安徽、江西、河南、湖北、湖南六个省，地理空间上承东启西、连南接北。从发展条件看，中部地区资源丰富、交通发达，产业基础较好，具有很大的发展潜力。近年来中央聚焦中部崛起战略，明确提出要推动中部地区加快崛起，这意味着中部地区要在继续巩固粮食生产基地、能源原材料基地、装备制造及高技术产业基地和综合交通运输枢纽地位的基础上，坚持创新引领、开放发展，通过深化改革找准定位、发挥优势，推动实现中部地区绿色崛起。整体来看，中部六省在充分发挥自身制造业优势，打造一批产业集中度高、竞争力强的制造业集群的同时，均选择性地布局发展未来产业和主导产业，以培育壮大新的增长点和增长极。

安徽省充分利用被纳入了长三角一体化发展战略这一契机，“十四五”期间力争建设新显示器、集成电路、新能源汽车和智能联网汽车、人工智能和智能家电五个世界级的战略性新兴产业集群。江西省近年来产业结构逐步向中高端攀升，战略性新兴产业、高新技术产业增加值比重较“十三五”期间显著提升。

江西省近年来产业结构逐步向中高端攀升，战略性新兴产业、高新技术产业增加值比重较“十三五”期间显著提升。“十四五”期间江西省将加快形成以数字经济为引领、先进制造业为主体、先进制造业与现代服务业融合发展的现代产业体系，建设有色金属、电子信息、航空及装备制造、新能源、新材料、中医药、数字经济七个国家重要产业基地。

2020 年疫情之下湖北省各方转型升级动力更强，疫情催生新需求、新动能逆势增长成为经济复苏中的新现象。湖北“十四五”规划提出集中力量建设集成电路、新型显示器件、下一代信息网络、生物医药等四大国家战略性新兴产业集群，打造“光芯屏端网”、大健康等具有国际竞争力的万亿产业集群，同时提出培育现代服务业万千亿产业集群，大力发展现代金融、现代物流、高端商务、人力资源等知识密集型生产性服务业。

四、西部地区重点产业

国家“十四五”规划强调西部地区要“加大西部地区基础设施投入，支持发展特色优势产业，集中力量巩固脱贫攻坚成果，补齐教育、医疗卫生等民生领域短板”。从这些少数民族聚集省份各自“十四五”规划产业布局来看，均注重发展具有当地特色的优势产业。我国西部地区地处内陆，区位交通因素欠佳，地貌环境复杂多样，多年来一直是欠发达地区，长期缺乏有利的发展条件和清晰的发展定位。近年来，西南五省区市（重庆市、四川省、贵州省、云南省、广西壮族自治区）以及陕西省紧扣国家“一带一路”建设，加快内陆开放型经济高地建设和产业转型升级发展，承接国内外产业转移取得明显成效。同时，部分省市根据自身独特优势，在“大数据”“大健康”等新兴领域高屋建瓴，实现弯道超车。

重庆市“十四五”期间一方面继续巩固提升电子、汽车摩托车、装备制造、消费品、材料等优势支柱领域产业链水平，另一方面围绕新一代信息技术、新能源及智能网联汽车、高端装备、新材料、生物医药和节能环保等方向，布局一批优势产业链，力争战略性新兴产业总规模迈上万亿级台阶。值得关注的是，作为国家西部地区唯一直辖市与西部重要中心城市，重庆市紧抓打造内陆国际金融中心这一契机，加快建设立足西部、面向东盟的内陆国际金融中心。

四川省“十四五”期间积极承接东部沿海地区产业转移，加快推动经济结构转型升级，重点培育电子信息、装备制造、食品饮料、先进材料、能源化工五大万亿级支柱产业，大力发展数字经济，创新“人工智能+”“大数据+”“5G+”“清洁能源+”“供应链+”为重点的新经济新形态新场景，巩固工业无人机、卫星互联网、大健康、数字文创等优势行业，布局区块链、量子通信、氢能等新兴行业。四川省在金融业发展上紧扣国家“一带一路”建设，注重发展特色金融，力争建设“一带一路”金融服务中心。

陕西省近年来经济结构持续优化，能源化工、航空航天、装备制造、电子信息等产业集群不断壮大，但产业结构依旧偏重。“十四五”期间陕西省将从推动先进制造业集群化发展、促进能源化工产业高端发展、大力发展现代服务业等方面发力，加快构建具有陕西特色的现代产业体系，在推动新一代信息技术、高端装备、新能源、新能源汽车、新材料等支柱产业提质增效的同时，抓紧布局人工智能、氢能、未来通信技术、生命健康等新兴未来产业，着力壮大新增长点。

五、全国 31 省份重点产业

通过梳理发现 31 省份“十四五”规划均把科技创新和建设现代化产业体系摆在突出位置。围绕加快发展现代产业体系，各省份纷纷圈定产业发力重点领域，其中数字经济（26 省份）、新材料（26 省份）、文化旅游（22 省份）、现代物流（20 省份）、生物医药（20 省份）、装备制造业（19 省份）、节能环保（16 省份）、健康养老（15 省份）、人工智能（13 省份）、信息技术

（13 省份）、家政物业（11 省份）、航空航天（8 省份）、新能源汽车（7 省份）等产业被密集提及，而这些产业大都集中于先进制造业、战略性新兴产业、现代服务业三大主线。全国 4 个直辖市“十四五”重点产业如表 6-16 所示。

表 6-16　全国 4 个直辖市“十四五”重点产业

直辖市	“十四五”发展重点产业
北京	大力发展集成电路、新能源智能汽车、医药健康、新材料等战略性新兴产业，前瞻布局量子信息、人工智能、工业互联网、卫星互联网、机器人等未来产业，培育新技术新产品新业态新模式。在顺义、大兴、亦庄、昌平、房山等新城，打造具有国际竞争力的先进智造产业集群。 提升金融业核心竞争力，服务保障国家金融管理中心功能，大力发展数字金融、科技金融、绿色金融和普惠金融。加快数字货币试验区、金融科技与专业服务创新示范区、银行保险产业园、基金小镇、金融安全产业园等建设，支持各类金融企业做大做强。 稳妥推进数字货币研发应用，发展全球财富管理。激发科技服务、研发设计等服务业活力，发展全国技术交易市场和知识产权交易市场。推动商务服务业高端化国际化发展，提升北京商务中心区国际化水平，探索建立专业服务国际联合体和行业联盟
上海	大力发展知识密集型服务业，加快做强专业服务、信息服务、科技服务、文化创意等优势服务业，培育数字内容、在线服务、文体娱乐等新兴服务业，推动生产性服务业向专业化和价值链高端延伸，推动生活性服务业向高品质和多样化升级。 推动集成电路、生物医药、人工智能三大先导产业规模倍增，加快发展电子信息、汽车、高端装备、先进材料、生命健康、时尚消费品六大重点产业，打造具有国际竞争力的高端产业集群，推进特色产业园区建设。 加快数字化发展，大力发展数字经济，加快数字社会、数字政府建设，全力打造具有国际竞争力的数字产业集群。全面实施智能制造行动计划，大力发展在线新经济等新业态新模式，聚焦智能工厂、工业互联网、特色电商、网络视听等重点领域，培育壮大一批本土龙头企业，打造新生代互联网企业集群
重庆	加快壮大战略性新兴产业，支持新一代信息技术、高端装备、新材料、生物医药、新能源汽车及智能网联汽车、节能环保等产业集群集聚发展，构建一批各具特色、优势互补、结构合理的战略性新兴产业增长引擎。 推动传统产业高端化、智能化、绿色化，升级发展电子、汽车摩托车、装备制造、消费品、材料等支柱产业，发展服务型制造
天津	以信创产业为主攻方向，增强智能科技产业引领力，着力壮大生物医药、新能源、新材料等战略性新兴产业，巩固提升高端装备、汽车、石油化工、航空航天等优势产业，加快构建“1+3+4”现代工业产业体系。 做强做实世界智能大会品牌，大力发展数字经济，实施应用场景“十百千”工程，推进互联网、大数据、人工智能、区块链等同实体经济深度融合，着力打造人工智能先锋城市

资料来源：博瞻智库《31 省市“十四五”规划重点发展产业梳理及银行业对策》。

参考文献

［1］鑫苑集团．品味匠鑫［M］．北京：中信出版社，2019.

［2］鑫苑集团．技术信任创造价值：区块链技术的应用及监管［M］．北京：中国经济出版社，2018.

［3］鑫创科技．IOD·创新引领　科技城市发展模式研究［M］．北京：中国经济出版社，2019.

［4］鑫创科技．IOD·创新引领　科技城市实践与能力评价［M］．北京：中国经济出版社，2020.

［5］Hakonsson H. Industrial technological development：A network approach［M］. London：Routledge，1987：391-412.

［6］李艳．企业创新，仅研发新技术还远远不够［N］．科技日报，2018-07-09.

［7］工科所．主要发达国家创新载体运营研究［J］．工业科技研究，2017.12，工业和信息化部赛迪研究院．

［8］尚学峰，刘小青．建设科技小镇的广东路径［J］．广东科技，2017（9）.

［9］廖振峰．“产城融合”新路径：“科技小镇”的大布局［J］．房地产导刊，2018（2）.

［10］王松，胡树华，牟仁艳．区域创新体系理论溯源与框架［J］．科学学研究，2013，31（3）：344-349.

［11］赵宇，邓元慧．国家双创示范基地类型特征浅析［J］．今日科苑，2020（9）.

［12］张文雷，姜照华，李苗苗，等．科技体制与创新型城市模式——对我国16座城市的分析［J］．科技进步与对策，2010（11）：51-55.

［13］董蓓．聚焦科技创新助力企业高质量发展［N］．光明日报，2021-04-18.

［14］何亚琼，秦沛．一种新的区域创新能力评价视角——区域创新网络

成熟度评价指标体系建设研究［J］. 哈尔滨工业大学学报（社会科学版），2005，7（6）：88-92.

［15］辜胜阻，杨嵋，庄芹芹. 创新驱动发展战略中建设创新型城市的战略思考——基于深圳创新发展模式的经验启示［J］. 中国科技论坛，2016（9）：31-37.

［16］武汉大学质量发展战略研究院. 中国企业综合调查（CEGS）报告（2015—2018）［R］. 2019-12.

［17］魏守华. 国家创新能力的影响因素——兼评近期中国创新能力演变的特征［J］. 南京大学学报（哲学·人文科学·社会科学版），2008（3）：30-36.

［18］尹高磊，谭宗颖，王雪. 国家层面创新能力的评价［J］. 科技导报，2019，37（14）：11-17.

［19］http：//cpc. people. com. cn/n1/2021/0227/c436824-32038332. html.

［20］http：//www. scdjw. com. cn/portal. php？ mod=view&aid=61501.

［21］https：//baijiahao. baidu. com/s？ id = 1687995413351236166&wfr = spider&for=pc.

［22］袁晓辉. 创新驱动的科技城规划研究［D］. 北京：清华大学，2014.

［23］国务院. 关于加快科技服务业发展的若干意见［Z］. 2014.

［24］杨荣. 创新生态系统的界定、特征及其构建［J］. 科学技术与创新，2014（12-17）.

［25］科技部. 关于促进新型研发机构发展的指导意见［Z］. 2019.

［26］科技部. 国家新一代人工智能开放创新平台建设工作指引［Z］. 2019.

［27］国务院办公厅. 关于促进平台经济规范健康发展的指导意见［Z］. 2019.

［28］https：//www. sohu. com/a/433515984_ 120937309.

［29］南京市科学技术委员会. 南京市创新企业培育实施办法（试行）［Z］. 2018.

［30］国务院. 深圳建设中国特色社会主义先行示范区综合改革试点实施方案（2020—2025 年）［Z］. 2020.

［31］财政部税务总局. 关于中国（上海）自贸试验区临港新片区重点产业企业所得税政策的通知［Z］. 2020.

［32］杭州市人民政府．杭州市全面推进“三化融合”打造全国数字经济第一城行动计划（2018—2022年）［Z］．2018.

［33］国家发改委．关于扩大战略性新兴产业投资培育壮大新增长点增长极的指导意见［Z］．2020.

［34］国务院．中华人民共和国国民经济和社会发展第十四个五年规划和2035年远景目标纲要［Z］．2021.

［35］蓓青．北京市新建住宅楼必须同时配套电信设施［J］．城市规划通讯，1999（11）：7.

［36］金桦，李昭涵，陈辉．宽带北京建设进展与思考［J］．电信科学，2017，33（2）：133.

［37］https：//www. sohu. com/a/120066654_ 131990.

［38］https：//baijiahao. baidu. com/s? id = 1655579360399579826&wfr = spider&for=pc.

［39］李荣芝．上海体育设施建设与城市发展研究［J］．体育文化导刊，2014（7）：110-113.

［40］戴菲，艾玉红．日本城市绿地系统规划特点与案例解析（上）［J］．中国园林，2010（8）：83-87.

［41］郑卫民．试论城市文化与城市现代化［J］．湖南社会科学，2005（3）：119-121.

［42］杨明华．当代成都多元的城市形象［J］．巴蜀史志，2008（2）：42-44.

［43］龙静．改革开放以来深圳人才引进研究［D］．北京：中国人民大学，2009.

［44］Medical Technology Ireland. http：//www. medicaltechnologyireland. com/visit/about-galway.

［45］Medtech Rising 1916-2016，The story of how Ireland became a success in global medtech，Irish Medtech Association.

［46］Dr. Paul Anglim. How Irish MedTech came to thrive. https：//www. med-technews. com/medtech-insights/latest-medtech-insights/how-irish-medtech-came-to-thrive/.

［47］Welcome to County Galway Guide，available at：http：//www. galway-ireland. ie/.

[48] http：//www. aerogen. com.

[49] Evers N. and Giblin M. Born globals and the medical technology cluster in the west of Ireland. Chapter 7 in I. Mandl and V. Patrini （eds.） European Born Globals：Job creation in young international businesses. London：Routledge，2017.

[50] Jonathan L.，Majella G.，Mark H. Joining the Dots Business Clusters in Galway/Mayo and the UK. Available at http：//whitakerinstitute. ie/wp-content/uploads/2020/12/Business-Clusters-in-Galway-and-the-UKrev5. pdf，2020.

[51] Get Reskilled：Medical Device & Pharma Companies in Galway-Ultimate Guide，available at：https：//www. getreskilled. com/medical-device-companies-galway/.

[52] 30m funding for Galway based MedTech and Lifesciences projects，available at：https：//galwaybayfm. ie/galway-bay-fm-news-desk/e30m-funding-for-galway-based-medtech-and-lifesciences-projects/.

[53] WDC Insights Galway City's Labour Market Census，2016-10-17.

[54] Western Development Commission Insights series on Labour markets in the Western region，October 2017.

[55] Enterprise Ireland，Ireland races to produce ventilators，nebulisers and more，available at：http：//globalambition. ie/ireland-races-to-produce-ventilators-nebulisers-and-more/.

[56] 德勤咨询．中国创新崛起——中国创新生态发展报告 2019 [R]. 2019-09.

[57] 粤港澳大湾区发展规划纲要 [EB/OL]. http：//www. shunde. gov. cn/data/2019/05/23/1558575813.

[58] 深圳市 2019 年国民经济和社会发展统计公报 [EB/OL]. http：//tjj. sz. gov. cn/zwgk/zfxxgkml/tjsj/tjgb/content/post_ 7294577. html.

[59] 2019 年深圳政府工作报告 [EB/OL]. http：//www. sz. gov. cn/zfgb/2020/gb1140/content/post_ 6859311. html.

[60] 邱江平．“后危机时代”深圳产业结构与经济增长——基于创新理论的创新型产业结构调整分析 [J]. 深圳大学学报（人文社会科学版），2010（6）.

[61] 杜婷．深圳人才的经济结构与产业结构调整的关系研究 [J]. 特区经济，2013（9）.

［62］辜胜阻，杨嵋，庄芹芹．创新驱动发展战略中建设创新型城市的战略思考——基于深圳创新发展模式的经验启示［J］．中国科技论坛，2016（6）．

［63］冯国强．广深产业结构调整与金融服务业集群［J］．探求，2013，（3）．

［64］中共深圳市委关于制定深圳市国民经济和社会发展第十四个五年规划和二〇三五年远景目标的建议［EB/OL］．http：//www.sz.gov.cn/cn/xxgk/zfxxgj/zwdt/content/post_8386242.html.

［65］深圳市关于加大营商环境改革力度的若干措施［EB/OL］．http：//www.sz.gov.cn/zfgb/zcjd/content/post_4982458.html.

［66］深圳统计年鉴（2020）［EB/OL］．http：//www.sz.gov.cn/attachment/0/736/736628/8386385.pdf.

［67］李耀新．加快推进上海产业布局和结构调整［J］．科学发展，2014（1）．

［68］长江三角洲区域一体化发展规划纲要［EB/OL］．http：//www.wsyjg.sh.gov.cn/d/103/3460.html.

［69］上海市国民经济和社会发展第十四个五年规划和二〇三五年远景目标纲要［EB/OL］．http：//www.shanghai.gov.cn/nw12344/20210129/ced9958c16294fcab926751391d9db91.html.

［70］任小璋．上海：主攻产业结构调整［N］．第一财经日报，2016-03-14.

［71］昌忠泽．上海产业结构调整：成效、问题及政策建议［J］．区域金融研究，2017（2）．

［72］林兰，屠启宇．上海产业结构演变及其政策思考（1978—2010）［J］．上海经济研究，2013（8）．

［73］关于上海推动新一代人工智能发展的实施意见［EB/OL］．http：//www.gov.cn/xinwen/2017-11/15/content_5239791.htm.

［74］加快推进上海金融科技中心建设实施方案［EB/OL］．http：//www.shanghai.gov.cn/nw42229/20200823/0001-42229_1423292.html.

［75］游添茸，于儒海．成都工业历史发展概述［J］．建筑与文化，2020（2）：142-143.

［76］上下求索七十年工业征途变坦途——新中国成立七十周年成都市经济社会发展成就系列之九［EB/OL］．（2019-09-16）．http：//www.cdstats.

chengdu. gov. cn/htm/detail_ 177712. html.

［77］三线建设与成都支柱产业发展研究［EB/OL］. http：//scdfz. sc. gov. cn/ztzl/scsxjs/zjyt/content_ 32035.

［78］洞察丨成都市医药健康产业发展研究［EB/OL］. https：//www. cn-healthcare. com/articlewm/20190117/content-1044796. html.

［79］成都市人民政府．成都产业发展白皮书（2017）［M］. 成都：电子科技大学出版社，2017.

［80］成都市人民政府．成都产业发展白皮书（2019）［M］. 成都：电子科技大学出版社，2019.

［81］成都市人民政府．成都产业发展白皮书（2020）［M］. 成都：四川人民出版社，2020.

［82］党海丽，郭安东，朱星驰．英国支持科技创新的战略和财税金融政策研究［J］. 西部金融，2020（11）：38-42.

［83］郭维凯．世界各国物联网发展现状［J］. 国开联研究中心，2016.

［84］https：//baijiahao. baidu. com/s？ id = 1632527599699415485&wfr = spider&for = pc.

［85］https：//xueqiu. com/1118999957/134637485.

［86］黄烨菁．全球科技发展趋势与上海建设科创中心［M］. 上海：上海社会科学院出版社，2018：9-136.

［87］李宏，惠仲阳，陈晓怡，葛春雷．美国、英国等国家科技创新政策要点分析［J］. 北京教育（高教），2020（9）：58-63.

［88］赵春哲，李丹．全球高技术产业发展趋势与经验启示［J］. 全球化，2019（11）：71-83.

［89］钟书华．物联网演义（二）——《ITU 互联网报告 2005：物联网》［J］. 物联网技术，2012，2（6）：87-89.

［90］马跃．2021 中国战略性新兴产业发展报告［M］. 北京：科学出版社，2021.

［91］全球人工智能产业数据报告［R］. 中国信通院，2019：1-42.

［92］中国人工智能行业报告［R］. 前瞻产业研究院，2020：5-35.

［93］2020 金融科技发展白皮书［R］. 赛迪顾问，2020：1-65.

［94］中国金融科技生态白皮书（2020）［R］. 中国信息通信研究院，2020：1-55.

［95］全球大健康产业研究报告（2020）［R］. PWC，2020：1-15.

［96］2020 年全球医疗健康产业资本报告［R］. 蛋壳研究院，2020：1-47.

［97］姜天骄. 重构大健康［M］. 北京：机械工业出版社，2020：1-39.

［98］世界智能制造中心发展趋势报告（2019）［R］. 经济观察报城市与政府事务研究院，2020：1-43.

［99］中国智能制造行业报告［R］. 中商产业研究院，2020：1-20.

［100］https：//mp. weixin. qq. com/s/WNk-gxfdxjoFGsYd9orspA.

［101］新飞. 新基建助力科技腾飞［J］. 现代班组，2020（7）.

［102］发展改革委网站. 发展改革委关于印发《传统基础设施领域实施政府和社会资本合作项目工作导则》的通知.

［103］洪军. 推进广深一体化建设！［J］. 中国公路，2019（24）.

［104］王小文. 新基建并非新四万亿——城投公司如何把握政策风向［J］. 中国招标，2020（7）.

［105］王杰秀，安超. 我国大城市养老服务的特点和发展策略［J］. 社会政策研究，2019（4）：58-82.

［106］王殿秋. 物联网技术在城市规划管理中的应用研究［J］. 科技创新与应用，2012（24）：62.

EPILOGUE
后 记

2021年，是我国“十四五”规划的开局之年，拉开了全面建设社会主义现代化国家新征程、向第二个百年奋斗目标进军的序幕。在席卷全球的新冠肺炎疫情的冲击之下，我国经济展现出了强大韧性和巨大潜力，不仅在全球主要经济体中率先实现正增长，而且不断催生出新业态、新模式，充分体现出社会主义市场经济体制优势。在这次“战疫”中，新一代信息技术为疫情防控、企业复工复产和居民便捷生活提供了有力保障，科技与生产、生活加速融合。

鑫苑集团自2016年探索产城融合发展以来，不断将理论与实践相结合，持续践行国际化科技地产生态引领者使命。2017年鑫创科技成立，全面开展产城业务，致力于打造中国领先的科技城市运营商。在不到五年的时间里，鑫创科技开发、运营科技城市近十个，出版科技城市方面的专著两部，发表相关文章多篇，科技城市发展模式（Innovation Oriented Development，IOD）的业界影响力持续增大，并引发相关领域从业者的热议与思考。

本书是第三本关于科技城市研究的专著，重点探讨产业发展，产业发展是科技城市保持强大生命力和创新力的重要基础。本书的出版凝结了鑫创科技产业研究院课题组成员的智慧，得到了颇为有益的结论，给我们带来诸多启示。

从城市发展进程来看，驱动城市发展的动力不断转换，包括农耕技术、制陶技术、蒸汽机、电力、电子计算机等，与此同时，基于交通、环境、服务等的城市发展模式应运而生，如TOD模式、EOD模式、SOD模式等。经过长期的理论研究与实践探索，我们认为，在全球新一轮技术变革和产业转移的背景下，城市发展正由过去“要素驱动”转向“创新驱动”，我们提出的IOD模式是以创新为主动力的区域经济发展模式，是解决城市群和都市圈产业、人才、技术、资本与城市融合发展的有效路径。毫无疑问，在当前以及未来相当长的一段时期内，IOD 模式都具有强大生命力。

在未来的工作中，我们将从两个方面完善对 IOD 的研究：一是充分考虑人文要素，城市发展离不开历史传承与文化积淀，科技需要与人文全面融合；二是优化评价体系与方法，扩展研究样本范围，更加科学、全面地评价城市发展成效，更好地体现创新在城市发展中的重要作用。

与国内其他城市的研究专著不同，本书是在区域经济发展理论指导下，全面结合产城企业实践形成的研究成果，凝结了产城人对行业的智慧与经验。功崇惟志，业广惟勤——鑫创科技将矢志不渝地以 IOD 模式为引领，与业界同人一道，为科技与城市的融合持续贡献智慧。

本书的出版，得到了中国经济出版社编辑葛晶的大力支持，在此表示感谢。还特别要感谢中咨高技术中心、清华五道口、中国国际贸易学会以及鑫苑集团董事长、总裁等领导的悉心指导和亲切关怀，你们的长期支持是本书付梓的重要保障。

鑫创科技

2021 年 8 月